AF784147

## Die Herausgeberin

**Dr. Christine Preißmann** ist Ärztin für Allgemeinmedizin und Psychotherapie. Sie ist nicht nur eine gefragte Autismus-Expertin, die Vorträge hält, Fachartikel und Bücher schreibt, sondern auch selbst Autistin – eine Ausnahme in einer Welt von Nicht-Autisten, aber auch eine Minderheit in einer Gruppe überwiegend männlicher Betroffener. Die Autorin weiß aus eigener Erfahrung, dass Asperger-Mädchen und -Frauen es in vielerlei Hinsicht tatsächlich doppelt schwer haben. Höchste Zeit also für ein Buch, in dem es um die weibliche Sicht auf den Autismus geht.


## Danksagung

Ein herzliches Dankeschön an die Frauen, die mir seit vielen Jahren dabei helfen, trotz aller Schwierigkeiten ein schönes und erfülltes Leben zu führen:
**Frau Dipl.-Psych. Elke Sauerwein**
**Frau Meike Miller,** Ergotherapeutin
**Frau Dr. med. Barbara Liesau-Pflum.**

Ich bedanke mich außerdem herzlich bei den Mitarbeitern des TRIAS Verlags, Stuttgart, insbesondere der Programmplanerin, Frau Celestina Filbrandt, für die Unterstützung bei der Planung und Realisierung auch dieses Buchprojektes, das den erfolgreichen Band »Asperger – Leben in zwei Welten« ideal ergänzt. Mein besonderer Dank gilt aber natürlich den weiteren Autorinnen, den selbst betroffenen Frauen, den beiden Müttern junger autistischer Frauen bzw. den Therapeutinnen, die mir ihre Texte zur Verfügung gestellt und dadurch dieses Buch erst ermöglicht haben. Vielen Dank für Ihre Mitarbeit.

Dr. Christine Preißmann (Hrsg.)

# Überraschend anders – Mädchen & Frauen mit Asperger

TRIAS

6 **Vorwort**

8 **Asperger-Mädchen und -Frauen sind anders anders**

8 Typische Unterschiede
10 Gemeinsamkeiten autistischer Kinder
11 Der Weg zur Diagnose
14 Was autistische Mädchen und Frauen brauchen

15 **Die Zeit der Kindheit**

16 **Was Betroffene und Mütter berichten**

40 **Lebenspraktische Unterstützung**

40 Die Auffälligkeiten erkennen und einordnen
41 Allgemeine Hilfen für den Schulalltag
43 Die autistische Schülerin motivieren
44 Klassenkameraden zur Hilfe anleiten
46 Ausblick

51 **Die Herausforderungen der Pubertät**

52 **Wie Betroffene und Mütter die Jugendzeit erlebten**

75 **Den Weg vom Mädchen zur Frau begleiten**

76 Die Tochter auf die Veränderungen vorbereiten
79 Mit gesellschaftlichen Erwartungen umgehen
80 Eine Freundin finden, soziale Kontakte pflegen
84 Über Sexualität informieren

89 **Das Leben als erwachsene Frau**

90 **Autistische Frauen erzählen**

107 **Körperliches und seelisches Wohlbefinden**

107 Was bedeutet es, eine Frau zu sein?
109 Psychische Gesundheit
110 Wie kann ich mich entspannen?
114 Ernährung und körperliche Gesundheit
116 Wechseljahre

119 **Partnerschaft, Familie und Kinder**

119 Einen passenden Partner finden
122 Mit einem festen Partner zusammenleben
124 Kinderwunsch

127 **Arbeit und Beruf**

127 Welcher Beruf könnte passen?
128 Eine Arbeitsstelle finden
131 Mögliche Hilfen am Arbeitsplatz

132 **Das eigene Leben gestalten**

132 Wie kann und will ich wohnen?
133 Den Haushalt bewältigen
134 Die freie Zeit gestalten
136 Kontakte knüpfen, eine Freundin finden
137 Das Leben als Single
140 Das äußere Erscheinungsbild
143 Das eigene Leben gestalten


SPECIAL


47 **Therapeutische Unterstützung für autistische Mädchen**
87 **Persönliche Sicherheit – vor Übergriffen und Missbrauch schützen**
111 **Depressionen sind häufig**
169 **Psychotherapie: Was der Therapeut beachten sollte**

## Aus dem Leben

„Ich war ein ruhiges, stilles Kind, das sich große Mühe gab, nicht weiter aufzufallen, sondern in Ruhe gelassen zu werden und allein für sich interessantes Wissen zu erwerben."

„... alle neuen Situationen, auch wenn sie eigentlich aus einfachen Aktionen bestehen, sind es, die mein Leben nach wie vor so schrecklich anstrengend machen."

„Das Verhalten anderer Menschen kann viele Gründe haben. Es war ein recht schwieriger Lernprozess für mich, nicht alles auf mich selbst zu beziehen."

„Mein gegenwärtiges Leben ist mir schon längst viel zu kostbar, um noch länger über eine Vergangenheit, die ohnehin nicht mehr zu ändern ist, nachzudenken."


145 **Selbsthilfe und therapeutische Begleitung**

146 **Was erleben Asperger-Frauen?**

155 **Eine Therapiegruppe nur für Frauen**
155 Asperger-Syndrom ist männlich!?
157 Warum eine Asperger-Frauengruppe?
159 Rahmenbedingungen und Therapieansätze
161 Inhalt und Ablauf der Asperger-Frauengruppe
162 Was wirkt? Methoden und Techniken

163 **Psychotherapie für autistische Frauen**
163 Einen geeigneten Psychotherapeuten finden
164 Autismusspezifische Therapieprogramme
164 Was bringt mir die Psychotherapie?
166 Das Anderssein würdigen

171 **Ergotherapie bei Frauen mit Autismus**
171 Was ist eigentlich Ergotherapie?
172 Geschlecht und Rolle des Therapeuten
173 Sinneswahrnehmung und Reizüberflutung
174 Die Entwicklung der Wahrnehmung
177 Sensorische Diät: Reize gezielt reduzieren
178 Wie man die Reizaufnahme hemmen kann
179 Den Alltag bewältigen

183 **Hilfreiche Adressen**

184 **Verwendete Literatur**

186 **Register**

190 **Autorenverzeichnis**

# Liebe Leserin, lieber Leser,

Mädchen und Frauen im autistischen Spektrum sind die »Minderheit einer Minderheit« in der Gesellschaft, und bislang beschäftigen sich nur sehr wenige Fachleute mit diesem Thema. Zugleich aber wird die Diagnose einer Autismus-Spektrum-Störung auch beim weiblichen Geschlecht immer häufiger gestellt, sodass es sinnvoll ist zu überlegen, welche spezifischen Schwierigkeiten bei ihnen bestehen und wie die diagnostischen Überlegungen und die therapeutischen Möglichkeiten noch besser an ihre speziellen Bedürfnisse angepasst werden können.

Dafür ist ein umfassendes Verständnis ihrer Situation, ihres Verhaltens und ihrer Besonderheiten notwendig. Dieses Verständnis lässt sich erreichen, indem man betroffenen Menschen zuhört und ihre Erfahrungen in zukünftige Maßnahmen einbezieht. Hilfreich für alle Beteiligten sind ermutigende Berichte, die nichts beschönigen, die aber doch zeigen, dass in jedem Lebensalter durch geeignete Maßnahmen Verbesserungen möglich sind. Dem wird durch die ausführlichen Erfahrungsberichte von fünf Frauen mit Asperger-Syndrom Rechnung getragen. Die Betroffenen schildern rückblickend Kindheit und Jugend sowie typische Schwierigkeiten, denen sie heute im Alltag begegnen, aber auch ihre individuellen Lösungen. Es geht dabei auch um so sensible und schwierige Themen wie Partnerschaft, Kinderwunsch, Einsamkeit, gesellschaftliche Erwartungen an eine Frau, den Bereich der Frauengesundheit oder psychisches und körperliches Wohlbefinden.

Eine Besonderheit dieses Buches ist der Perspektivwechsel. Viele Bücher, die ein medizinisches oder psychologisches Thema behandeln, stellen entweder nur die Ärzte bzw. Therapeutensicht dar oder sind vollständig aus dem subjektiven Erleben des Betroffenen geschrieben. Da ich selbst sowohl Betroffene als auch Ärztin für Allgemeinmedizin und Psychotherapie bin, kenne ich beide Perspektiven aus eigener Anschauung und weiß, wie wichtig es für das gegenseitige Verstehen ist, jeweils über den eigenen Tellerrand blicken zu können und die Sichtweise des jeweils anderen nachzuvollziehen. Deshalb kommen in diesem Buch alle Beteiligten zu Wort. Nicht nur die fünf Frauen, die ihr Leben mit dem Asperger-Syndrom schildern, sondern auch zwei Mütter, die berichten, wie sie das Aufwachsen ihrer autistischen Töchter erlebt haben. Was war für sie schwierig, auch im Vergleich zu den nicht autistischen Geschwistern, was haben sie als besondere Bereicherung erlebt? Eine Psychotherapeutin, die eine Therapiegruppe speziell für autistische Frauen leitet, beschreibt, warum solche Gruppen erforderlich sind, was sie leisten können und was sich als besonders hilfreich herausgestellt hat. Eine Ergotherapeutin gibt Einblicke in ihre Arbeit und zeigt auf, in welchen Bereichen autistische Mädchen und Frauen davon profitieren können.

Daneben erhalten Sie von mir zu allen angesprochenen Themen ausführliche Hintergrundinformationen und zum Thema Psychotherapie umfangreiche Informationen sowohl für betroffene Frauen als auch für Psychotherapeuten, die mit autistischen Frauen arbeiten (wollen). Auch wird geschildert, welche Unterstützung und Hilfen in Schule, Ausbildung, Beruf und im Alltag sinnvoll sind und wie sich hier Verbesserungen erzielen lassen.

Ich bin mir sicher, dass alle Beteiligten von diesem Buch profitieren können: natürlich die betroffenen Mädchen und Frauen, aber auch die Eltern, die Geschwister und andere Familienmitglieder, Freunde, Schulkameraden, Arbeitskollegen oder Bekannte und eben auch alle Fachleute, die mit autistischen Mädchen und Frauen zu tun haben, also Therapeuten, Ärzte, Pädagogen oder Sozialarbeiter, Ausbilder, Arbeitgeber usw.

Es liegt an uns allen gemeinsam, eine Gesellschaft zu schaffen, die kreativ und innovativ, flexibel und unkonventionell genug ist, um auf die vielfältigen neuen Herausforderungen antworten zu können. Daran müssen alle Menschen beteiligt werden – diejenigen, die sich »normal« verhalten, genauso wie alle, die durch ihr Denken und Handeln, ihr Verhalten und ihre Ideen besondere und außergewöhnliche Persönlichkeiten darstellen, die diese Welt bereichern.

Ich lade Sie nun ein, mit mir die manchmal nur subtilen, in anderen Bereichen aber deutlichen Unterschiede zwischen Männern und Frauen im autistischen Spektrum, aber auch zwischen Frauen mit Autismus und anderen Frauen zu entdecken.

Darmstadt, im Juni 2020
Christine Preißmann

# Asperger-Mädchen und -Frauen sind anders anders

**Als Minderheit einer Minderheit sind Mädchen und Frauen mit Autismus doppelt benachteiligt. Da Jungen und Männer häufiger betroffen sind, beziehen sich viele Diagnosekriterien auf die männliche Ausprägung des Autismus. Bei Mädchen wird das Asperger-Syndrom oft erst sehr spät erkannt – wichtige Fördermaßnahmen bleiben aus.**

Bislang ging die Fachwelt von einem Geschlechterverhältnis von einem Mädchen auf 6–8 Jungen aus; inzwischen aber wird deutlich, dass die »wahre Verteilung« eher bei ca. 1 : 4 oder gar bei 1 : 2,5 liegt (Jenny 2011, Hubbard 2010). In vielen europäischen Ländern wird von einer steigenden Anzahl von Mädchen und Frauen mit einer Diagnose aus dem autistischen Spektrum berichtet (Gould 2011), die sich oft erst als Jugendliche zur diagnostischen Einschätzung vorstellen.

Die betroffenen Mädchen und Frauen unterscheiden sich vom männlichen Geschlecht in der Ausprägung der autistischen Symptomatik. Außerdem sind sie anderen gesellschaftlichen Erwartungen ausgesetzt. Oft erhalten sie daher erst sehr spät die richtige Diagnose und eine effektive Förderung. Die geltenden Diagnosekriterien beschreiben nämlich eher die männliche Ausprägung des Autismus. Mädchen, die sich davon unterscheiden, werden mit diesen Kriterien häufig gar nicht erfasst.

## Typische Unterschiede

Die Kernsymptome des Autismus sind natürlich bei beiden Geschlechtern dieselben, aber sie scheinen, insbesondere im Fall von High-Functioning Autismus und Asperger-Syndrom, häufig subtiler und weniger stark ausgeprägt als bei Jungen. Die betroffenen Mädchen werden daher oft lediglich als »seltsam« wahrgenommen, nicht jedoch als umfassend beeinträchtigt. Sie zeigen dieselben Auffälligkeiten wie Jungs, aber oft in anderer Ausprägung. Manches können sie besser, anderes dagegen fällt ihnen schwerer, und auch für geübte Fachleute ist es deshalb nicht selten schwierig, die Symptome richtig einzuordnen – insbesondere dann, wenn die betroffenen Frauen eben nicht in den vermeintlich typischen »Autistenberufen« wie in der Informatik oder auf ähnlichen Gebieten arbeiten, sondern manchmal auch recht erfolgreich im sozialen Bereich tätig sind.

Autistische Mädchen sind in der Regel ruhiger und können ihr Verhalten besser kontrollieren. Bei ihnen stehen daher seltener die Aggression und das Stören des Unterrichts, sondern vielmehr passives Verhalten und der Rückzug im Vordergrund. Dies entspricht dem gesellschaftlichen Rollenbild von Frauen (still, schüchtern, unschuldig, bescheiden), was auf andere Menschen weit weniger störend wirkt und daher nicht nach sofortiger Intervention verlangt. Während Jungen mit Autismus daher in der Regel bereits im Kindesalter schwerwiegende soziale und kommunikative Probleme aufweisen, fallen diese Schwierigkeiten bei autistischen Mädchen oft erst im Jugend- und jungen Erwachsenenalter auf (McLennan et al. 1993). Dann bemerkt man häufig ihre soziale Unsicherheit und Naivität, auf der anderen Seite aber auch ihre Ehrlichkeit und Hilfsbereitschaft; meist sind sie besonders darauf bedacht, dass alle gerecht und gleichbehandelt werden und können manchmal gar nicht verstehen, weshalb es »Rangordnungen« unter den Menschen geben sollte.

Auch der mangelnde Blickkontakt wird bei Frauen eher auf eine Schüchternheit geschoben, die für das weibliche Geschlecht nicht ungewöhnlich erscheint und daher nicht zu der Annahme einer autistischen Störung führt.

## Autistische Mädchen können ihre Schwierigkeiten oft »tarnen«

Betroffene Mädchen können soziale Fähigkeiten und Fertigkeiten meist schneller erlernen als Knaben. Außerdem gelingt es ihnen besser, ihre Schwierigkeiten zu »tarnen«. Sie beobachten aufmerksam und versuchen, andere Mädchen nachzuahmen oder sogar zu kopieren (z. B. deren Mimik und Gestik, aber auch soziale Verhaltensweisen), um nicht aufzufallen und »unsichtbar« in der Gruppe mitlaufen zu können. Oder sie versuchen, die Dinge auswendig zu lernen, die ihnen im sozialen Kontakt schwerfallen.

Wenn autistische Mädchen an sozialen Spielen beteiligt sind, werden sie oft von Gleichaltrigen »geführt«, sodass sie bei der Kontaktaufnahme nicht selbst aktiv werden müssen. In der Grundschule werden sie häufig von anderen Mädchen »bemuttert«, in der weiterführenden Schule von diesen jedoch eher geärgert und gehänselt. Mobbingerfahrungen beginnen also oft später als bei Jungen, nicht selten erst in der Pubertät, weil dann die Unterschiede zu den Gleichaltrigen besonders groß werden (s. u.).

Mädchen und Frauen mit Autismus sind außerdem häufiger sozial veranlagt als Knaben und können durchaus eine beste Freundin haben. Insgesamt zeigen sie oft ein größeres Interesse an Freundschaften und Beziehungen als Jungen und können soziale Situationen, soziale Kommunikation oder Freundschaft häufig gut reflektieren.

Auch sind die betroffenen Frauen oft selbstständiger und haben bessere lebenspraktische Fähigkeiten als autistische Männer. Mit Autismus werden aber in der Regel eher Unzulänglichkeiten verbunden. Auch deshalb wird die Diagnose Frauen mit guten Kompetenzen in diesem Bereich häufig vorenthalten.

### Die Spezialinteressen sind häufig alterstypisch

Die Betroffenen pflegen im Schulalter bezüglich der Themenwahl oft weniger auffällige und manchmal sogar alterstypische Spezialinteressen, nicht selten solche aus sozialen und weniger aus technischen Bereichen. Diese werden aber in der Regel genauso exzessiv, obsessiv und repetitiv ausgelebt wie die Vorlieben der Jungen. Meist ist es also nicht so sehr das besondere Interessengebiet, das autistische Mädchen von ihren Alterskameraden unterscheidet, sondern es sind vielmehr die Intensität und die Qualität dieser Interessen. Autistische Jungen dagegen wählen nicht selten solche Favoriten aus, mit denen sich Gleichaltrige in der Regel nicht beschäftigen (Toilettenspülung, Strommasten etc.).

## Gemeinsamkeiten autistischer Kinder

Autistische Mädchen und Frauen geben sich in der Regel große Mühe, die Erwartungen ihrer Umgebung zu erfüllen, es wird jedoch deutlich, dass sie dabei immer wieder an ihre Grenzen stoßen.

### Soziale Auffälligkeiten

Es fällt autistischen Menschen schwer, sich auf andere Menschen einzustellen, ein Gespräch mit ihnen zu beginnen und in Gang zu halten, obwohl sie sich oft durchaus für ihr Gegenüber interessieren. Mädchen haben auf einer ähnlichen kognitiven Ebene in der Regel bessere sprachliche Fähigkeiten als Jungen. Sie beherrschen aber ebenso wenig die Kunst des Small Talks, der von Frauen gesellschaftlich jedoch erwartet wird. Auch haben sie nur wenig Verständnis von sozialen Hierarchien und wissen oft nicht, wie man mit Personen mit einem anderen sozialen Status kommuniziert. Undeutliche, mehrdeutige Bemerkungen oder Ironie können sie meist nicht verstehen, Metaphern werden wörtlich genommen. Oft besteht ein »Denken in Bildern« (u.a. Grandin 1997, 19).

Es gelingt autistischen Menschen nur schlecht, Mimik, Gestik oder Blickkontakt anzuwenden und bei anderen richtig zu interpretieren. Daher entgehen ihnen im Gespräch viele Informationen, die andere Menschen ganz selbstverständlich nebenher aufnehmen können. Diese Schwierigkeiten werden bei betroffenen Frauen

WICHTIG

### Sozio-emotionale Unreife

Oft sind Hilfe und Anleitung bei scheinbar leichtesten Aufgaben, insbesondere alltagspraktischen Erledigungen, notwendig, während schwierige Anforderungen manchmal nahezu mühelos erledigt werden können. Auffällig ist dabei insbesondere eine sozio-emotionale Unreife. Die Betroffenen wirken daher in der Kindheit ebenso wie im Jugend- und auch noch im Erwachsenenalter auf ihre Umgebung oft merkwürdig und geben den anderen viele Rätsel auf.

noch häufiger beobachtet als bei Männern mit Autismus (Gillberg u. Kopp 2010).

Es fällt schwer, Freunde zu finden oder auch den Begriff der Freundschaft überhaupt zu definieren, auch wenn die Schwierigkeiten bei Mädchen oft nicht so auffällig sind wie bei Jungen. Autistische Menschen erscheinen als »eigen« und werden oft ausgelacht.

### Spezialinteressen

Asperger-Betroffene zeigen auffallend intensive Interessen mit repetitivem Charakter, die insbesondere dann eine große Rolle spielen, wenn sie sich unsicher, gestresst oder überfordert fühlen. Sie haben Probleme mit Veränderungen aller Art und unvorhergesehenen Ereignissen, auch wenn es sich um scheinbar banale Variationen handelt. Oft reagieren sie darauf mit großer Angst.

### Motorische und sensorische Besonderheiten

Vor allem beim Asperger-Syndrom fällt häufig eine Ungeschicklichkeit beim Gehen und bei der motorischen Koordination auf, daher haben die betroffenen Mädchen im Gegensatz zu anderen Mädchen auch oft kein Interesse an Schönschrift, Ausmalen oder Verzieren. Häufig bestehen Auffälligkeiten im sensorischen Bereich (Über- bzw. Unterempfindlichkeiten).

## Der Weg zur Diagnose

Die beschriebenen Besonderheiten bei autistischen Mädchen machen nachvollziehbar, warum das Erkennen des Asperger-Syndroms zurzeit nur selten frühzeitig gelingt. Im Moment scheinen die richtige Diagnose und die adäquate Unterstützung eher Glücksache zu sein. Die aktuellen Diagnosesysteme berücksichtigen nicht die speziellen Schwierigkeiten und Auffälligkeiten autistischer Mädchen. Notwendig wären geschlechtsspezifische Modifikationen im Hinblick auf soziale, kommunikative und fantasievolle Dimensionen, um auch bei dieser Gruppe die korrekte Diagnose stellen zu können. Bislang ist es notwendig, dafür einen ausgesprochenen Fachmann zu finden, der in der Lage ist, die richtigen Fragen zu stellen.

Das erklärt die Tatsache, dass viele Mädchen und Frauen mit Autismus still vor sich hin leiden. Sie fragen sich oft jahrelang nach dem Grund ihres Andersseins, das häufig mit großer Isolation einhergeht, da so manches an ihnen fremd wirkt und niemand das Verhalten richtig einzuschätzen weiß. Eine frühzeitige Diagnose kann viele Schwierigkeiten, Demütigungen und Verletzungen verhindern, die die Betroffenen auf ihrem Lebensweg erfahren. Sie ist zudem der Ausgangspunkt für eine angemessene Unterstützung und kann zu einer besseren Beurteilung der Bedürfnisse im Hinblick auf Bildung, Freizeit, Wohnen, soziale Beziehungen und Beschäftigung führen.

## Erste Anlaufstelle

Die erste Anlaufstelle für eine diagnostische Einschätzung ist in der Regel der behandelnde Arzt für Kinder- und Jugendmedizin, der meist eine Überweisung zum Kinder- und Jugendpsychiater ausstellen wird. Bei Unklarheiten bzw. nicht ganz eindeutigen Ergebnissen wird der Facharzt an Spezialisten verweisen, die sich besonders gut mit Autismus-Spektrum-Störungen auskennen (z. B. Autismus-Therapie-Zentren oder Fachambulanzen an Unikliniken etc.).

## Anamnese und Verhaltensbeobachtung

Dort werden dann unterschiedliche diagnostische Verfahren angewandt. Zunächst ist die Erhebung der vollständigen Anamnese notwendig, also das Kennenlernen der Krankengeschichte aus der eigenen, subjektiven Sicht der Betroffenen. Hier sollen alle Auffälligkeiten, Schwierigkeiten und auch besondere Fähigkeiten beschrieben und sämtliche Hinweise, die zur Annahme einer autistischen Störung führten, geschildert werden. Wichtig sind auch die aktuell bestehenden Probleme und deren Auswirkungen auf den Alltag und auf das eigene Befinden.

Im Gespräch mit den Eltern wird auch deren Schilderung der Besonderheiten vom Kindesalter an erfragt. Zusätzlich sind familiär gehäuft vorkommende Auffälligkeiten wichtig. Als Screening-Instrument dient z. B. der Fragebogen zur sozialen Kommunikation (FSK).

Es folgt die Beobachtung des Verhaltens und der Interaktion anhand gemeinsamen Spielens bei kleineren Kindern bzw. im Gespräch bei älteren Kindern, Jugendlichen und Erwachsenen. Aus der Sprechweise, der Verwendung von Mimik, Gestik und Blickkontakt und dem Verhalten beim Spielen bzw. im Gespräch lassen sich wertvolle Hinweise gewinnen. Anschließend werden meist testdiag-

> **WICHTIG**
>
> **Testdiagnostik**
>
> Die diagnostische Beobachtungsskala für autistische Störungen (ADOS) und das revidierte diagnostische Interview für Autismus (ADI-R) gelten inzwischen als Goldstandard der Diagnostik, sind aber relativ kosten- und zeitintensiv und bedürfen einer einführenden Schulung. Auch sind manchmal andere spezialisierte Instrumente besser geeignet, sodass es im Einzelfall sinnvoll sein kann, andere Verfahren anzuwenden bzw. ganz darauf zu verzichten.

nostische Untersuchungen durchgeführt (siehe Kasten). Als Mindestanforderung für eine qualifizierte Diagnostik werden jedoch eine vollständige Anamnese und eine strukturierte Verhaltensbeobachtung angesehen.

## Diagnostik bei erwachsenen Frauen

Schwieriger als bei Kindern und Jugendlichen ist die Abklärung der Symptomatik bei erwachsenen Frauen mit Asperger-Syndrom. Sie sollten sich in der Regel zunächst an einen Psychiater in ihrer Nähe wenden. Dort werden sie meist Unterstützung erfahren, entweder durch eine direkte Diagnose vor Ort oder durch das Verweisen an o.g. Zentren, wo allerdings in der Regel eine sehr lange Wartezeit von mehreren Monaten besteht. Manchmal ist es dann aber gut, hartnäckig zu sein, »am Ball« zu bleiben und immer wieder einmal nachzufragen, da bei einer solch langen Vorlaufzeit oft auch Termine abgesagt werden oder aus anderen Gründen ausfallen. Man darf sich also nicht entmutigen und abschrecken lassen.

Für das Asperger-Syndrom im Erwachsenenalter gibt es noch keinen Goldstandard an diagnostischen Verfahren, es stehen neben dem ausführlichen diagnostischen Gespräch und der Beobachtung unterschiedliche Möglichkeiten zur Verfügung, z.B.:

- das Asperger-Syndrom-Diagnostik-Interview (ASDI)
- die Australian Scale for Asperger's Syndrome (ASAS)
- das Adult Asperger Assessment (AAA).

Es ist wichtig, möglichst frühzeitig eine korrekte Diagnose anzustreben, denn sie stellt nicht nur in vielen Fällen für alle Beteiligten eine große Erleichterung dar, sondern sie ermöglicht oft auch erst die Einleitung effektiver Maßnahmen zur Hilfe und Unterstützung, um in allen Lebensbereichen möglichst gut zurechtkommen zu können.

## Was autistische Mädchen und Frauen brauchen

Das Fehlen einer korrekten Diagnose bedeutet auch das Fehlen adäquater Unterstützung, um im Hinblick auf Arbeit, Beziehungen, Privatleben und in anderen Bereichen möglichst gut zurechtzukommen. Wie sich im Verlauf immer wieder herausstellt, haben autistische Frauen andere Bedürfnisse im Hinblick auf Interventionen und Hilfen. Sie benötigen differenzierte Interventionen bezüglich:

- Kommunikation
- Sozialverhalten und sozialer Erwartungen
- Beziehungen, Freundschaft und Partnerschaft
- Selbstvertrauen und psychischer Gesundheit
- körperlicher Gesundheit und Wohlbefinden
- adaptiver Fertigkeiten in Zeiten der Pubertät, des Erwachsenwerdens und auch des Alterns (Menstruation, Hygiene, Sexualität erleben in den Wechseljahren, Ruhestand etc.)
- Freizeitaktivitäten und sportlicher Betätigung, die sich an ihren Interessen, Fähigkeiten und Voraussetzungen orientieren
- beruflicher Möglichkeiten und Karriereplanung
- ihrer persönlichen Entwicklung
- der vielfältigen Möglichkeiten der Lebensgestaltung.

Oft ist das Trainieren sozialer Kompetenzen in Gruppen hilfreich, wo sie sehr von den Lösungen profitieren können, die die anderen Teilnehmerinnen für sich gefunden haben, und wo insbesondere die Erfahrung, nicht allein zu sein mit den alltäglichen Problemen, wichtig und befreiend für sie sein kann. Auch die Teilnahme an einer Selbsthilfegruppe speziell für betroffene Frauen ist empfehlenswert. Zusätzlich ist aber oft auch eine Einzelmaßnahme sinnvoll, zahlreiche Ansätze aus Psycho- und Ergotherapie bieten Hilfe und Entlastung (siehe S. 163).

Wichtig sind außerdem für die Betroffenen wie für deren Umfeld detaillierte Informationen über Autismus im Sinne einer Psychoedukation, also Erläuterungen über das Erscheinungsbild, häufige Schwierigkeiten und Ressourcen, Hilfen und Erfordernisse im Zusammenleben, um so einen besseren Umgang mit den eigenen Besonderheiten zu erlernen.

Viele autistische Mädchen und Frauen benötigen außerdem Unterstützung bei der Entscheidung, wann sie versuchen möchten, sich an die bestehenden gesellschaftlichen Konventionen anzupassen, um nach ihren Wünschen teilhaben zu können, wann sie andererseits aber auch auf ihre ganz eigene Weise glücklich werden können. Es ist wichtig, dies für jede einzelne Betroffene individuell herauszufinden.

# Die Zeit der Kindheit

**Im Kindergarten und in der Schule wurden die Betroffenen oft gemobbt und ausgegrenzt. Sie erhielten kaum Unterstützung. – Was braucht es, damit ein autistisches Mädchen sich in der Schule wohlfühlt, gut lernen kann und von den Mitschülern akzeptiert wird?**

# Was Betroffene und Mütter berichten

**Autistische Mädchen sind im Umgang mit anderen Kindern, im Kindergarten und in der Schule oft genauso überfordert wie autistische Jungen. Doch anders als diese fallen sie bei Überforderung meist nicht durch störendes und aggressives Verhalten auf, sondern verhalten sich passiv und so unauffällig wie möglich. Leider werden dadurch ihre innere Not und Verwirrung oft lange Zeit nicht erkannt.**

Die betroffenen Mädchen wirken oft still, schüchtern und naiv, sie verhalten sich im Unterricht passiv, manchmal voller Angst, vom Lehrer aufgerufen zu werden. Sie geben sich daher große Mühe, alles richtig zu machen, um möglichst unauffällig zu wirken und »in Ruhe gelassen« zu werden. Sie bitten nicht um Hilfe und verbergen ihre Schwierigkeiten. Deshalb erhalten sie im schulischen Alltag meist nur wenig Beachtung und ziehen die Aufmerksamkeit der anderen auch nicht aktiv auf sich. Eher seltener fallen sie durch aggressives und störendes Verhalten auf, in diesem Fall allerdings wird die Diagnose einer Autismus-Spektrum-Störung in der Regel deutlich früher gestellt, weil die Symptomatik dann eher als autistisch erkannt werden kann (Faherty 2002, Hubbard 2010).

Die meisten autistischen Mädchen sind vor allem in »Sachfächern« erfolgreich wie Mathematik, Naturwissenschaften, Geschichte oder Geografie oder auch beim Lernen von Vokabeln und Grammatikregeln einer Fremdsprache. Viele (aber nicht alle) von ihnen erbringen ihre schwächsten Leistungen im Literaturunterricht, wenn es darum geht, Texte oder gar zwischenmenschliche Beziehungen zu analysieren und zu interpretieren, Fantasiegeschichten zu schreiben oder sich in das Gefühlsleben einer Romanfigur hineinzuversetzen. Manchmal ist es ihnen sogar möglich, durch das Lesen und Auswendiglernen von literaturkritischen Aufsätzen als Prüfungsvorbereitung die Anforderungen ansatzweise bewältigen zu können, ohne die eigentlichen Texte je gelesen zu haben (Baron-Cohen 2004, 199; Preißmann 2005).

Mädchen mit Asperger-Syndrom werden in der Kindheit viel häufiger von anderen Mädchen unterstützt, als dies bei betroffenen Jungen durch Kameraden der Fall ist. Mädchen zeigen eine stärkere Bereitschaft als Jungen, ihre autistischen Geschlechtsgenossen ins Spiel zu integrieren. Sie sind in diesem Alter toleranter gegenüber Kindern, die »anders« wirken.

## WICHTIG

### Für viele bedeutet Schule Isolation, Stress und Verwirrung

Die meisten autistischen Schülerinnen kennen die Erfahrung von sozialer Isolation, Gefühlen des Alleinseins und der Andersartigkeit sowie täglich neuen verwirrenden Situationen. Ihre Schulnoten sind meist schlechter, als es aufgrund der jeweiligen Intelligenz zu erwarten wäre. Häufig sind auch Depressionen, die sich durch einen Großteil der Schulzeit ziehen.

Auch autistische Mädchen können Freundschaften schließen. In der Regel sind sie dabei aber auf eine einzelne Freundin angewiesen, in Gruppen können sie meist nicht bestehen. Sie wollen »ihre« Freundin ganz für sich haben und sie nicht mit anderen Kindern teilen müssen. Sollte diese sich auch einmal mit Klassenkameraden unterhalten oder gar verabreden, kann das vom Autismus betroffene Kind sehr eifersüchtig reagieren. Auch umgekehrt versucht das autistische Mädchen oft nicht, noch weitere Freundschaften zu schließen. Meist kommt es ihm gar nicht in den Sinn, dass es möglich sein könnte, mehrere Freundinnen gleichzeitig zu haben.

Auffällig ist in diesem Lebensabschnitt auch die oft schlechte Handschrift der betroffenen Mädchen, die sich meist deutlich von der ihrer Klassenkameradinnen unterscheidet. Generell wird von Frauen ja eine bessere Handschrift verlangt, während man bei Männern oft über ein schlechtes Schriftbild hinwegsehen kann. Es fällt autistischen Mädchen häufig schwer, exakt auf den jeweiligen Linien ihrer Schulhefte zu schreiben oder Figuren auszumalen. Gern benutzen sie daher zum Schreiben den PC, denn hier spielen diese Schwierigkeiten keine Rolle.

Christine Preißmann

## » Ich war ein ruhiges, stilles Kind, das sich große Mühe gab, nicht weiter aufzufallen

Mit vier Jahren kam ich in den Kindergarten, wo ich zwei Jahre bleiben sollte. Meist ging ich nur morgens hin, nachmittags konnte man freiwillig kommen, musste aber nicht, und da es mir dort nicht sehr gut gefiel, war ich froh über jede Zeit, die ich nicht dort sein musste. Aber ich glaube, ich habe nie erzählt, dass ich nicht gern hinging, ich wusste nicht, dass man das tun könnte. Es kam mir nicht in den Sinn.
Als ich sechs Jahre alt war, wurde ich von einem Klettergerüst im Hof geworfen und brach mir das Bein. Ich konnte die letzten drei Monate den Kindergarten nicht mehr besuchen, was mich zunächst sehr freute. Meine Eltern und die

Erzieherinnen überlegten sich jedoch, mir vormittags zwei Kinder aus meiner Gruppe zu schicken, damit mir nicht so langweilig sein würde. Das war die schlimmste Zeit in meinem Leben. Jeden Tag saßen diese Kinder bei mir. Ich wollte sie nicht haben, aber ich konnte nichts dagegen unternehmen, was mich ziemlich verzweifeln ließ. Ich durfte nicht laufen und musste daher andere Möglichkeiten finden, um mich schnell von den anderen entfernen zu können. Also lernte ich, in Windeseile davonzukrabbeln. Oft saß ich lange auf der Toilette, oder ich verkroch mich unter dem Tisch und löste dort Rätsel in einem Heft. In diesen Momenten war ich glücklich und vergaß alles um mich herum.
Generell war ich in dieser Zeit viel lieber mit Erwachsenen zusammen als mit anderen Kindern. Ich spielte sehr gern mit meinen Eltern ein und dasselbe »Memory-Spiel«. Es durfte nichts anderes sein. Für meine Eltern war das sicher schrecklich langweilig.

## Die Pausen waren die schlimmste Zeit in der Schule

Meine Schulzeit verbrachte ich an Regelschulen. Ich war ein ruhiges, stilles Kind, das sich große Mühe gab, nicht weiter aufzufallen, sondern in Ruhe gelassen zu werden und allein für sich interessantes Wissen zu erwerben. In manchen Fächern war ich richtig gut, auf anderen Gebieten dagegen fehlten mir teilweise sogar die wichtigsten Grundkenntnisse. Das war immer wieder verwirrend für meine Lehrer und wurde mir oft als Faulheit oder Desinteresse ausgelegt. Aber insgesamt waren die schulischen Anforderungen bei Weitem nicht das Hauptproblem, viel schwieriger waren für mich die Rahmenbedingungen. So hatte ich jeweils nach den Ferien immer große Angst vor den ersten Schulstunden, wenn man sich in jedem Fach wieder einen neuen Platz im Klassenraum suchen musste. Diese ständigen Veränderungen waren nicht gut für mich; es wäre hilfreicher gewesen, wenn die Sitzordnung in allen Fächern identisch gewesen wäre. Meine Mitschüler verständigten sich offenbar immer schon vorher untereinander, wer neben wem sitzen wollte. Neben mir wollte anscheinend keiner sitzen.

**Ich flüchtete mich auf die Schultoilette, wenn das Chaos um mich herum zu groß wurde.**

Sehr schwierig waren auch die Pausen, die unkontrolliert, chaotisch und ohne jede Regel abzulaufen schienen. Manchmal saß ich in diesen freien Zeiten auf der Schultoilette, die mir zu einem ruhigen Zufluchtsort wurde, wenn das Chaos um mich herum zu groß wurde. Außerdem wollte ich nicht, dass es auffiel, dass ich keine Freundin hatte und alleine war. Im Gegensatz zu späteren Zeiten sehnte ich mich damals keineswegs nach der Gesellschaft einer Freundin, aber ich wollte nicht seltsam wirken. Eine große Hilfe wäre es für mich gewesen, wenn ich diese freie Zeit etwa im Klassenraum oder in der Schülerbibliothek hätte verbringen können.

## Mit den anderen Mädchen verband mich nichts

Meist stand ich also abseits, war nicht einbezogen und hörte nur zu, wenn die anderen Mädchen sich unterhielten. Woher hätte ich wissen sollen, welcher Junge »süß« war und aus welchem Grund? Es war mir ein ständiges Rätsel, nach welchen Kriterien meine Klassenkameradinnen hier urteilten und weshalb sie ihre Zeit mit diesen Themen verschwendeten. Von solchen Dingen hatte ich keine Ahnung, und es langweilte mich entsetzlich, darüber nachzudenken. Ich bekam immer mehr das Gefühl, es verband mich nichts mit den anderen Mädchen. Die Dinge, die mich interessierten, nämlich vor allem Weihnachtsmärkte, Pläne aller Art und große Flughäfen, schienen für sie leider eher langweilig. Meine Klassenkameradinnen und ich passten nicht zusammen; das merkten sowohl sie als auch ich.

## Bei den Jungs fühlte ich mich wohler

Etwas wohler fühlte ich mich zeitweise bei den Jungs, dort ging es eher um Faktenwissen wie Fußballergebnisse. Da konnte ich gut mithalten. Allerdings entwickelte sich aus diesen Kontakten keinesfalls eine Beziehung, die ich auch nicht gewollt und die mich bei Weitem überfordert hätte. Es gefiel mir einfach, dass die Jungen mich manchmal für »cool« hielten, da ich ohne Umschweife sagte, was ich dachte, und da ich tat, was ich tun wollte. Aber leider war diese für mich ganz angenehme Phase recht bald vorbei. Dann nämlich, als auch die Jungs wohl erkannten, dass ich nicht cool, sondern plump und naiv in sozialen Situationen war.

## Mit »Mädchenspielzeug« konnte ich nichts anfangen

Als ich mit neun Jahren zur Erstkommunion ging, konnte ich mit vielen Geschenken, die ich erhielt, nichts anfangen. Man wollte mich nämlich mit Barbiepuppen, Pferdebüchern oder sonstiger Mädchenliteratur, mit Sammeltassen oder Stofftaschentüchern erfreuen. Meine Brüder fanden schließlich die Bücher ganz brauchbar und spielten mit den Puppen, während ich später großen Gefallen an den Modellbausätzen oder Laubsägekästen fand, die sie geschenkt bekamen. Das Spiel mit einer Puppe ist das genaue Gegenteil von regelorientierten, strukturierten Spielen, die ich so liebte. Die Themen sind nicht festgelegt, erfordern Kreativität und umfassen meistens die Inszenierung von fürsorglichen emotionalen Beziehungen. Zusätzlich spielt dabei das So-tun-als-ob-Verhalten, also die Fähigkeit, im Rollenspiel kurzzeitig die geistige Perspektive eines anderen einzunehmen, eine große Rolle. Das konnte ich nicht. Es blieb mir ein völliges Rätsel, weshalb ich selbst durch eine Trinkflasche dafür sorgen sollte, dass ein lebloses Kunststoffmodell nass wurde, um dann von mir trockengelegt zu werden. Das erschien mir als sinnlos und als völlige Zeitverschwendung. Man bezeichnete mich in solchen Fällen manchmal als hartherzig, aber ich glaube,

meine Umgebung konnte damals einfach nicht nachvollziehen, welche Art von Herz ich gegenüber einem Stück Plastik für angemessen hielt.
Heute weiß ich natürlich, dass andere Kinder bei solchen Spielen eine Menge lernen und diese daher durchaus ihren Sinn haben. Ich selbst musste mir manche Dinge auf andere Weise mühsam aneignen, während die meisten Kinder sie ganz spielerisch und quasi nebenbei erlernen konnten. »Jungenspielzeug« dagegen kam meinen Interessen näher, da es ja meist auf Aktivität, technische Dinge, Experimente oder Bewegung ausgerichtet ist, was für mich viel leichter, angenehmer und passender war.

## Die schulischen Anforderungen wachsen

Mit zunehmendem Alter wurden auch die Anforderungen in der Schule höher und schwieriger für mich zu erfüllen, insbesondere in den Fächern Deutsch und den Fremdsprachen. Denn jetzt wurden immer mehr Aufsätze verlangt, die aus Interpretationen, dem Nacherzählen von Geschichten oder gar aus anspruchsvollen Verhaltensanalysen bestanden. Das alles konnte ich nicht. Lediglich aufgrund meiner nahezu perfekten Kenntnisse in Rechtschreibung und Grammatik (eben den Bereichen, die ich auswendig lernen konnte, was für mich kein Problem war) erhielt ich meist gerade noch ausreichende Bewertungen. Da meine Lehrer merkten, dass ich nicht dumm war, hielten sie meine schlechten Leistungen für Faulheit, was mich anfangs kränkte.
Demütigend waren jedoch vor allem die Stunden, in denen ich meine Aufsätze als abschreckende Beispiele vorlesen musste. Ich schämte mich, obwohl ich keine Ahnung hatte, was ich hätte anders machen können. Meine Schwierigkeiten bestanden einmal darin, dass ich den Zusammenhang eines gelesenen Textes nicht verstehen konnte, da meine Wahrnehmung zu sehr auf Details ausgelegt war. Au-

*Alles ist verworren und chaotisch.*
*Wie soll ich mich zurechtfinden, wenn alle Kinder durcheinanderrennen und schreien?*
*Dieses Chaos auf dem Schulhof verwirrt mich total.*

ßerdem hatte ich ein sehr wörtliches Sprachverständnis, sodass mehrdeutige Bemerkungen, Redewendungen oder Ironie für mich nicht richtig zu deuten waren. Wenn beispielsweise die Beziehungen zweier Paare vergleichend betrachtet werden sollten, so konnte es durchaus geschehen, dass ich beschrieb, Paar 1 küsste sich in der Erzählung genau dreimal, und zwar auf den Seiten 12, 18 und 37, Paar 2 dagegen tauschte nur zweimal Küsse aus. Damit war für mich die Anforderung ausgeführt. Was sonst noch an den Beziehungen zu analysieren wichtig gewesen wäre, war mir damals nicht klar und ist es auch heute noch nicht wirklich.

**Da meine Lehrer merkten, dass ich nicht dumm war, hielten sie meine schlechten Leistungen für Faulheit, was mich anfangs kränkte.**

## Die Schulzeit war für mich die schwierigste Zeit in meinem Leben

Heute fällt es mir auf, dass ich nie viel von der Schule erzählt habe, auch meinen Eltern nicht. Sie fragten mich immer, wie es denn in der Schule gewesen sei. Ich antwortete immer mit »schön«, auch dann, wenn es eigentlich nicht so schön war. Auch wenn ich etwas Besonderes erlebt hatte, erzählte ich das nicht. Mir wäre nie in den Sinn gekommen, dass man solche Dinge erzählen sollte. Insgesamt war die Schulzeit für mich die bei Weitem schwierigste Zeit in meinem Leben, die ich niemals noch einmal würde erleben wollen. Der tägliche Stress auf dem Schulweg, im Schulgebäude oder in den Pausen, die Angst vor den dauernden Veränderungen, die Erkenntnis, immer abseits zu stehen und anders zu sein als die Klassenkameradinnen, oder die Demütigungen durch Mitschüler und Lehrer, all das machte mein Leben damals schrecklich anstrengend. Für andere Aktivitäten blieb da keine Kraft. Aber in den letzten Jahren merke ich, dass es auch anders geht. Bei meinen Vorträgen oder bei anderen Veranstaltungen darf ich immer wieder auf nette und freundliche, kompetent wirkende, engagierte und motivierte Pädagogen treffen, die sich große Mühe geben, ihren autistischen Schülern den Unterricht etwas einfacher und angenehmer zu gestalten. Diese Erfahrungen lassen mich hoffen. In Zeiten knapper Kassen werden sich viele Wünsche und Forderungen nicht erfüllen lassen. Aber am wichtigsten sind Menschen, die unsere Bedürfnisse erkennen und sich alle Mühe geben, uns zu unterstützen, denn ohne sie geht es nicht. Mit dieser Haltung hätte man mir den Schulalltag sehr vereinfachen können, mit vielen kleinen Hilfen, die kein Geld, sondern nur ein bisschen Zeit gekostet, die ein bisschen mehr Menschlichkeit, Achtung und Respekt erfordert hätten. In manchen Fällen wäre es ausreichend gewesen, einfach meine Verhaltensweisen zuerst einmal zu hinterfragen, statt mich vorschnell zu verurteilen. Dann hätte sich vieles aufgeklärt und vielleicht anders entwickeln können. Es freut mich sehr und lässt mich für andere betroffene Menschen hoffen, wenn ich immer wieder die Erfahrung machen darf, dass es Lehrer gibt, die nach solchen Grundsätzen arbeiten.

Christine Meyer

## » Während meiner Schulzeit waren nur die Ferien schön

Anfangs hatte ich eine ganz normale Kindheit, zumindest aus meiner Sicht. Ich hatte eine kleine Schwester, die manchmal nervig war, die ich aber auch sehr lieb hatte. Mein Vater hatte wenig Zeit für uns, er musste als Pastor sehr viel arbeiten und zog sich oft zurück. Meine Mutter kümmerte sich um den Haushalt und arbeitete einmal die Woche in einer Augenarztpraxis.
In unserer Nachbarschaft lebte ein Mädchen in meinem Alter, mit dem ich gemeinsam in den Kindergarten ging, sie hieß Emma (Anmerkung der Herausgeberin: Der Name wurde geändert, tatsächlich hatte sie einen anderen Namen). Wir verstanden uns sehr gut. Als ich eines Tages krank wurde, weigerte sie sich sogar, ohne mich dorthin zu gehen. Mit den anderen Kindern konnte ich aber nicht viel anfangen, ich beschäftigte mich lieber allein oder mit Emma. Allerdings langweilte ich mich bald sehr im Kindergarten und freute mich wahnsinnig auf die Schule. Ein Fehler, wie ich noch feststellen sollte.

**Sobald wir im Klassenraum waren, ließ meine Freundin mich links liegen.**

Ich wurde zusammen mit Emma eingeschult. Leider schaffte ich es sehr schnell, meine Klasse gegen mich aufzubringen, ohne das wirklich zu wollen. Auch Emma ging bald nur noch morgens zusammen mit mir zur Schule. Sobald wir im Klassenraum waren, ließ sie mich links liegen, sie hatte nun eine neue Freundin gefunden. Sie ging auch immer öfter ohne mich zurück nach Hause. Die anderen Kinder lernten schnell, wie sie mich am besten vorführen und über mich herziehen konnten. Ich war ein einfaches Opfer: Ich war sehr gutgläubig und beschäftigte mich mit »Babykram«, weil ich mir noch die Sesamstraße ansah, Kinderkassetten hörte und Pullover mit Kindermotiven anzog.
Erst nach drei Jahren merkte ich, wie schlecht meine Stellung in der Klasse war. Bald verbreitete meine Freundin das Gerücht, dass ich geistig behindert sei. Das war für mich sehr hart. Ich erinnere mich noch gut daran, wie ich mit Tränen in den Augen vor meiner Mutter stand und sie fragte, ob ich wirklich geistig behindert sei. Sie wurde sauer und meinte, dass das Blödsinn sei. Aber für mich passte langsam alles immer besser zusammen. Ich war sehr ungeschickt, gehörte nicht dazu und war immer falsch. Und ich war dumm. Außerdem hatte ich oft mitbekommen, wie meine Eltern abschätzige Kommentare von Freunden, der erweiterten Familie und aus der Gemeinde zu hören bekamen. Man warf ihnen vor, ich sei schlecht erzogen, denn ich war sehr wählerisch mit dem Essen, trug nur die Sachen, die ich haben wollte, und klammerte mich an meine Eltern.
Die einzigen Momente, in denen ich richtig glücklich war, gab es in den Ferien, besonders im Urlaub. Am wohlsten fühlte ich mich in Spanien. Mir gefiel das Land trotz der Hitze und ich war fasziniert von der Sprache. Allerdings entdeck-

ten meine Eltern bald die Nordsee für sich. Das war für mich zwar nicht so schön wie Spanien, aber immer noch besser, als meinen Mitschülern ausgeliefert zu sein. Ich genoss die Zeit mit meiner Familie, auch wenn ich sie sicher sehr viele Nerven gekostet habe. Unsere Urlaubsreisen sind mir trotz allem Stress in guter Erinnerung geblieben. Meine Eltern unternahmen viel mit uns Kindern, es war schön, dass sie in den Ferien so viel Zeit für uns hatten. Ich konnte auch machen, was ich wollte. Hier wurde ich ja nicht von meinen Mitschülern kontrolliert.

## Das Gymnasium war ein Albtraum für mich

In dieser Zeit war ich zwar so gut wie nie allein, fühlte mich aber sehr einsam. Den Begriff »Mobbing« kannte ich damals noch nicht. Da meine Mitschüler mich nicht verprügelten, gab es auch keinen Grund, sie zu »verpetzen«. Das hätte ich mich wahrscheinlich sowieso nicht getraut. Ich dachte, die Ausgrenzung und die Sticheleien seien normal und ich hätte das verdient. Auf die Idee, mich meinen Eltern anzuvertrauen, kam ich deswegen gar nicht. Das Gefühl, dass sie mich verstanden, hatte ich sowieso nicht. Also stand ich mit meinem Problem alleine da. Umso mehr freute ich mich auf die weiterführende Schule, in der Hoffnung, alle Mitschüler loszuwerden und einen Neuanfang machen zu können. Ich hatte mich in das Gymnasium in der Stadt verliebt, Emma wollte auf eine andere Schule. Was ich noch nicht ahnte, war, dass mir das Schlimmste noch bevorstand, denn ausgerechnet die Mitschüler, die es am meisten auf mich abgesehen hatten, kamen in meine Klasse, und mit ihnen musste ich jeden Morgen zusammen mit dem Fahrrad zur Schule fahren. Es war ein Albtraum. Die anderen Mitschüler lernten schnell, und bald hatte ich wieder eine ganze Klasse gegen mich.

Ich wusch mich nur dann, wenn es unbedingt nötig war und man mich darauf hinwies.

Meine Mutter machte sich Sorgen, weil ich keine Freunde hatte und noch nicht einmal meine Schuhe zubinden konnte. Trotzdem kam ich in der Schule noch ganz gut mit, meine Noten schwankten zwischen 2 und 3. Meine Mutter hatte mich inzwischen auch schon zu einem Therapeuten geschickt, aber wirklich weitergekommen war sie damit nicht. Meine schlechten Angewohnheiten waren leider auch dadurch nicht verschwunden. Ich war immer noch sehr eigen mit Anziehsachen und Essen. Immer wieder gab es deshalb Streit. Hinzu kam, dass ich auch kein Verhältnis zur Hygiene entwickelte. Ich wusste beispielsweise lange nicht, was fettige Haare sind. Ich putzte meine Zähne nicht richtig, gerade der Umstieg auf Erwachsenenzahnpasta fiel mir schwer. Und ich wusch mich nur dann, wenn es unbedingt nötig war und man mich darauf hinwies. Ich verstand nicht, wozu dieser tägliche Aufwand gut sein sollte. Ich hatte mich inzwischen fast komplett aufgegeben und versuchte nur noch, alles irgendwie zu erdulden. Zwar hatte ich ein neues Hobby, Videospiele, aber die spielte ich auch noch, als sie schon längst wieder »out« waren.

## Verdacht auf Asperger – ein Schock

Meine Eltern brachten mich erneut zu einer Therapeutin, ich war inzwischen fast 16 Jahre alt. Ich wollte einfach nur in Ruhe gelassen werden, es war alles schon schlimm genug. Den Stempel »Klapsmühle« brauchte ich nicht auch noch, ich war doch schon das Gespött aller. Ich drohte meinen Eltern in letzter Verzweiflung, dass ich mich umbringen würde, wenn sie mich dorthin zerren würden. Es half nichts.
Die Therapeutin war sehr nett zu mir, ich war trotzdem sehr skeptisch – zu viele schlechte Erfahrungen. Neben einigen Gesprächen führte sie auch einen Intelligenztest mit mir durch. Das Ergebnis war überraschend gut, ich fiel aus allen Wolken. Ich sollte in irgendetwas gut sein? Ich konnte es nicht glauben. Aber das war es leider auch erst einmal mit den guten Nachrichten. Denn jetzt bekam ich noch einen Stempel aufgedrückt: Verdacht auf Asperger-Syndrom. Auf Anraten der Therapeutin schleppten mich meine Eltern zum Autismus-Therapie-Zentrum (ATZ) in der nächstgrößeren Stadt. Dort erwartete uns eine weitere Therapeutin. Ich war wenig begeistert, ließ aber alles über mich ergehen. Jetzt wollte ich nur noch raus aus der Schule, auch wenn ich nicht wusste, was ich danach machen sollte. Hauptsache weg! Doch da ich keine Aussicht auf eine Ausbildung hatte und noch nicht volljährig war, setzten sich meine Eltern durch. Ich musste in die Oberstufe und sollte Abitur machen.

---

Simone Pinke

# » Die Schule war für mich von Beginn an unerträglich

Auffällig war, dass sich meine Sprache erst zwischen dem dritten und vierten Lebensjahr entwickelte. Zusätzlich zeigte ich motorische Schwierigkeiten bei verschiedenen Tätigkeiten, wie zum Beispiel beim Essen, dem Treppensteigen, dem Halten eines Stiftes und dem selbstständigen Binden der Schuhe, was mir erst kurz vor Schulantritt möglich war.
Die wirklich prägnanten Probleme und Auffälligkeiten begannen aber erst mit dem Eintritt in die Schule. Wo für mich im Kindergarten die Welt noch in Ordnung war, änderte sich das mit Beginn des Schulalters abrupt. Plötzlich sollte ich inmitten von dreißig anderen Kindern sitzen und einem Lehrer zuhören, dessen Aufgabenerfüllung zu Hause ja auch noch eingefordert wurde. Damals realisierte ich erstmals, dass mit mir etwas nicht normal sein konnte, dass mich irgendetwas von diesen vielen Klassenkameraden unterschied, ohne es allerdings benennen zu können. Die Schule war für mich von Beginn an unerträglich und wurde für meine Eltern zunehmend eine Geduldsprobe bis zum Äußersten. Wenn ich mittags aus der Schule kam, fehlten grundsätzlich alle Utensilien in meinem Ran-

zen, auch meine Brille. Ich wusste weder, was der Lehrer im Einzelnen im Unterricht vermittelt hatte, noch kannte ich die vollständigen Inhalte meiner Hausarbeiten, sodass diese regelmäßig beim Nachbarkind erfragt werden mussten.
So wurden schon die ersten Schulwochen für alle Beteiligten im Elternhaus zum Stressfaktor, und auch der Lehrer zweifelte mittlerweile an meiner geistigen Schulreife, da ich ständig unaufmerksam, unbeteiligt und abgelenkt wirkte. Um meine Schulfähigkeit nochmals überprüfen zu lassen, kam ich eines Tages für einen halben Vormittag in die Vorschule, wo es unter anderem um einfachste Zahlenzuordnungen ging. Doch für mich stand wesentlich mehr auf dem Spiel. Ich erkannte für mich die einmalige Chance, der Schule wieder entgehen zu können. So schrieb ich in voller Absicht einige Angaben in verkehrter Reihenfolge auf das Arbeitsblatt, um am nächsten Tag wieder im Kindergarten erscheinen zu dürfen. Dort hatte man mich in Ruhe gelassen, es hatte niemanden gegeben, der mich zu Antworten drängte und dem ich ständig zuhören musste. Doch diese »Rechnung« ging nicht auf. Aufgrund der meisten korrekten Ergebnisse galt ich dennoch als schulreif.

**Wenn ich mittags aus der Schule kam, fehlten grundsätzlich alle Utensilien in meinem Ranzen, auch meine Brille.**

Zu den Leistungsdefiziten in der Schule kamen dann auch noch die sozialen Probleme mit den Klassenkameraden hinzu. Ich wollte unbedingt so sein wie sie und blickte immer wieder in viele sich ständig verändernde Gesichter. Ich wollte diese Kinder buchstäblich »be-greifen« und tat es sozusagen wörtlich, indem ich permanent dem am nächsten von mir befindlichen Kind mit den flachen Händen ins Gesicht fasste. Dauernd wechselnde Gesichtszüge ängstigten mich, ich wollte sie einfach nur festhalten, damit sie eben so blieben, wie ich sie gerade zuvor noch gesehen hatte. Damit erreichte ich aber natürlich genau das Gegenteil, und die Kinder, die ich sozusagen begreifen wollte, liefen stattdessen vor mir davon. Vom Lehrer gab es in dieser Hinsicht natürlich ebenfalls Ärger.
Meine Schulprobleme und die zumeist nur ausreichenden bis mangelhaften Klassenarbeiten sorgten während der gesamten Grundschulzeit auch zu Hause für entsprechende Auseinandersetzungen. Doch ich ließ nichts unversucht, Mittel und Wege zu finden, mir diese Kritik irgendwie ersparen zu können. So begann ich eines Nachts heimlich damit, die Unterschrift meines Vaters nachzuahmen, und übte diese mit für ein Kind erstaunlicher Intensität, um meine Klassenarbeiten künftig selbst unterschreiben zu können. Natürlich bemerkte der Lehrer nach der nächsten mit »Mangelhaft« benoteten Arbeit die plötzlich ungelenk wirkende Unterschrift »meines Vaters« und meldete sich bei meinen Eltern. Meinen Eltern fehlten vor Fassungslosigkeit die Worte, und immer dann, wenn sie sich in Schweigen hüllten, waren sie ernsthaft besorgt.

**Ich versuchte, die Gesichtszüge meiner Klassenkameraden zu »be-greifen«, indem ich ihnen ständig ins Gesicht griff.**

## Meine Eltern brachten mich im Internat unter

In der ersten Einrichtung wurde ich nach einer kurzen und oberflächlichen Testung sofort als intelligenzgemindert und somit auch als lernbehindert eingestuft. Bei einem Intelligenztest, den mein Vater machen ließ, stellte sich jedoch heraus, dass mein IQ-Wert absolut der Norm entsprach und ich in der Lernbehindertenklasse deplatziert war. Das Internat und die Schule waren zwei vollständig voneinander getrennte Einrichtungen. Die Schule zu verlassen, fiel mir allerdings doch ein bisschen schwer, da ich dort nicht drangsaliert worden war. Das Internat hingegen hinter mir zu lassen, war für mich eine enorme Erleichterung. Denn dort ging man allgemein nicht gerade verständnisvoll mit mir um. Der erneute Schulwechsel war ebenfalls wieder an eine Internatsunterbringung geknüpft. Meine Eltern hatten nämlich die berechtigte Sorge, dass ich den Wechsel von der Lernbehindertenklasse in eine normale Hauptschule womöglich sonst nicht würde bewältigen können, zumal nicht mehr viel Zeit vorhanden war, da ich mich schon im achten Schuljahr befand. In der neuen Schule kam ich aber wider Erwarten nach einiger Eingewöhnungszeit recht gut zurecht. Die Lehrer waren sehr um mich bemüht, da sie meinen Ehrgeiz und meine Bereitschaft zum Lernen erkannten und mich dementsprechend förderten. Auch mit den plötzlich wieder so vielen Mitschülern kam ich nach und nach einigermaßen zurecht. Doch ich war immer darauf bedacht, einen äußeren Sitzplatz zu bekommen, um nicht mitten zwischen ihnen sein zu müssen, und in den Pausen hielt ich mich ebenfalls im Hintergrund bzw. suchte mir einige wenige Kontakte unter den jüngeren Schülern.

## Im Heim war die Krankenschwester die einzig nette Person

Im Internat dagegen, bei dem es sich auch diesmal wieder um eine von der Schule unabhängige Einrichtung handelte, war es schlichtweg unerträglich. Leider erklärte sich nur ein einziges Internat dazu bereit, mich überhaupt aufzunehmen, sodass ich in einer Heim-identischen Einrichtung unterkam, in der Kinder und Jugendliche mit Schul- und Erziehungsschwierigkeiten, also hochgradig schwierige Schüler, untergebracht wurden. Der Einrichtungsleiter betonte uns jungen Bewohnern gegenüber immer wieder in aller Schärfe: »Ihr seid es nicht wert, mit Anstand behandelt zu werden!«, während man in dem vorherigen Internat in Bezug auf meine Person permanent gesagt hatte: »Dieses Kind ist einfach nur abartig.« Auch über diese und ähnliche Äußerungen schwieg ich jahrelang – in dem Glauben, keine bessere Behandlung verdient gehabt zu haben. Meine Eltern wussten nichts von dem unmenschlichen Umgang und ich war nicht in der Lage, dies anzusprechen.

Unser Heimleiter sagte: »Ihr seid es nicht wert, mit Anstand behandelt zu werden!«

Übrigens hatte ich ein für die Erzieher höchst unliebsames Spezialinteresse entwickelt, denn ich begann bereits im Alter von 12 Jahren damit, pädagogische Bücher zu lesen. Diese wurden natürlich nach einer der regelmäßigen Durchsuchungen unserer wenigen erlaubten persönlichen Gegenstände sofort eingezogen, ebenso auch mein Walkman, den ich extra noch zwischen Matratze und Bettgestell versteckt hatte. Bei jedem »Vergehen« wie Unaufmerksamkeit während der nachmittäglichen Lernstunden gab es Strafpunkte. Eine Strafmaßnahme war beispielsweise, bewegungslos und schweigsam auf einem Stuhl sitzen zu müssen, und das konnte, je nach erreichter Punktzahl, auf bis zu zwei Stunden ausgedehnt werden. Bei jeder nur kleinsten Bewegung wurde die Uhr zurückgestellt, sodass es niemals jemand von uns auch nur ansatzweise wagte, sich zu rühren.

Als einzige verständnisvolle Person dieser Einrichtung erwies sich indes die Krankenschwester, und es war mit Sicherheit kein Zufall, dass ich auf Grund ständiger Infektionen oder ähnlicher Beschwerden sehr häufig ihre Betreuung benötigte. Gelegentlich fügte ich mir sogar selbst kleinere Verletzungen zu, um in ihre Obhut gelangen zu können, und somit war das Krankenzimmer zu meinem Schutz- und Rückzugsraum geworden. Ein geringfügiger Vorteil ergab sich aus der unnachgiebigen Strenge dieser Einrichtung aber tatsächlich für mich. Ich war nämlich durch die fast minutiöse Überwachung der Erzieher größtenteils vor Übergriffen durch die Mitinsassen geschützt. Als die Schwester einmal nach mir sah, war sie entsetzt, als sie mich mit dem Finger im Mund, ins Leere starrend und mit dem Oberkörper schaukelnd im Bett vorfand. Übrigens schob man mir aus diesem Grund ein Brett zwischen Matratze und Bettgestell, damit niemand durch das Knacken der Bettfedern gestört wurde, wenn ich schaukelte. Ein Erzieher fotografierte mich eines Tages in dieser Pose im Gruppenraum und projizierte das Dia zur allgemeinen Belustigung an die Wand.

**Wenn man aber einmal in der Woche, auf dem Fußboden sitzend, zu hören bekommt, dass man keine bessere Behandlung verdient hätte, glaubt man es irgendwann und schweigt.**

Irgendwann wagte es tatsächlich jemand, sich über den lieblosen Umgang in der Einrichtung zu beklagen. Der Vorsteher explodierte förmlich: »Ich habe doch mit euch kein Liebesverhältnis! Es geht mir nur darum, dass aus euch etwas wird, und ich werde Mittel und Wege finden, um das zu erreichen und dabei vor nichts zurückschrecken!« Und später, an meine Adresse gerichtet: »Man sieht doch immer wieder, dass Simone zuvor in einer Lernbehindertenklasse verhätschelt wurde! Aber glaube ja nicht, dass du mich durch dein ständiges Tränenvergießen erweichen kannst! Ich lasse mich doch von dir nicht austricksen! Ihr wisst alle, warum ihr hier seid, also gibt es hier auch kein Wohlfühlprogramm.« Schon damals fragte ich mich, welches Vergehen eines Kindes oder Jugendlichen eine solche Erziehung überhaupt rechtfertigt. Wenn man aber mindestens einmal in der Woche, auf dem Fußboden sitzend, zu hören bekommt, dass man keine bessere Behandlung verdient hätte, glaubt man es irgendwann und schweigt – in meinem Fall waren es fast dreißig Jahre lang, und zwar genau bis zum Verfassen dieses Textes!

### Rückblick und Erklärungen

Ich denke, nach diesem Einblick aus jener Zeit dürfte bereits verständlich geworden sein, warum ich schon kurz nach meiner Entlassung aus dieser Einrichtung, die übrigens nur wenige Jahre später geschlossen werden musste, einer therapeutischen Behandlung bedurfte. Da ein Kind mit Autismus aber häufig über die selbstschützenden Ressourcen verfügt, seine Wahrnehmung situationsbedingt von seiner direkten Umgebung auszublenden, konnte ich diese schlimme Zeit ohne dauerhafte, fatale psychische Folgen überstehen.

Erst im mittleren Erwachsenenalter, also nach einigem Abstand und mit zunehmender persönlicher Reife, konnte ich irgendwann annähernd nachvollziehen, warum man mich damals überhaupt in verschiedene Einrichtungen abgegeben hatte. Ich erkenne nun, dass meine Eltern mit mir in der Vergangenheit tatsächlich überfordert waren und viele für beide Seiten schwierige Situationen aus ihrer Hilflosigkeit heraus entstanden. Zugleich realisiere ich aber auch, dass mich selbst keinerlei Schuld an den damaligen Vorkommnissen traf, und auch dieses Wissen sorgte für eine immense Erleichterung. All diese Erkenntnisse führten dazu, dass sich die Beziehung zwischen meinen Eltern und mir im Laufe der vergangenen Jahre kontinuierlich verbessert hat. So war ich anschließend auch in der Lage, diese belastende institutionelle Vergangenheit einigermaßen verarbeiten zu können, von der meine Eltern damals tatsächlich kaum etwas wussten. Meine Asperger-Diagnose erhielt ich übrigens erst Anfang 2007 im Alter von 38 Jahren.

**Ich erkenne nun, dass meine Eltern mit mir überfordert waren und viele schwierige Situationen aus ihrer Hilflosigkeit heraus entstanden.**

Mein gegenwärtiges Leben ist mir schon längst viel zu kostbar, um noch länger über eine Vergangenheit, die ohnehin nicht mehr zu ändern ist, nachzudenken. Dennoch möchte ich an dieser Stelle allen verzweifelten Eltern gerne nahelegen, sich vor einer eventuell unumgänglichen Unterbringung ihres Kindes im Heim oder Internat genau über die ausgewählte Einrichtung zu informieren und sich zu vergewissern, dass es dort Kleingruppen und fachlich qualifiziertes Personal gibt, das sich mit dem autistischen Spektrum auskennt und das in der Lage ist, kompetent und liebevoll auf die Kinder einzugehen.

Charlotte S.

## » Wie ich die Entwicklung unserer Tochter Anna erlebte

Unsere älteste Tochter Anna ist inzwischen 20 Jahre alt. Sie hat noch eine zwei Jahre jüngere Schwester und einen acht Jahre jüngeren Bruder. Es erscheint mir wichtig anzumerken, dass wir mit Anna eine mit dem vierten Lebensjahr beginnende diagnostische Odyssee hinter uns haben und erst kurz vor ihrem 20. Geburtstag die Diagnose eines Asperger-Syndroms bestätigt werden konnte. Offensichtlich bereitet es auch der Fachwelt große Schwierigkeiten, bei Mädchen eine Autismus-Spektrum-Störung zu erkennen, weshalb spezifische deutschsprachige Literatur über Asperger-Mädchen, die bisher kaum existiert, sehr bereichernd sein wird, um eine frühe Diagnose und damit auch eine gezielte Unterstützung zu ermöglichen. Dies kann helfen, den betroffenen Mädchen und ihren Familien viel Leid zu ersparen.
Die von mir geschilderten Erfahrungen sind also vor dem Hintergrund zu sehen, dass wir als Eltern uns zwar immer gefragt haben, woher Annas Probleme kamen, aber aufgrund der fehlenden Diagnose so manche Auffälligkeit selbst nicht richtig verstehen konnten und erst jetzt retrospektiv einordnen können.

### Bereits in der Babyzeit schien Anna sehr reizoffen zu sein

Sie schaute sich schon früh sehr interessiert um, und auch nur leise Geräusche oder andere Veränderungen in ihrer Umgebung lenkten sie beispielsweise vom Trinken ab und ließen sie suchend um sich blicken. In dieser Zeit, in der sie oft unruhig war und auch von Verdauungsbeschwerden geplagt wurde, entdeckte sie wohl auch ihre Vorliebe für schaukelnde Bewegungen, weshalb sie am liebsten schaukelnd in den Schlaf getragen wurde oder im wippenden Kinderwagen ihre Ruhe bei ausgiebigen Spaziergängen fand.
Als Kleinkind war sie ein überaus quirliges Geschöpf, das uns Eltern ordentlich forderte. Sie zeigte schon früh einen starken Willen und war in der Familie recht »dominant«. Anna hatte ihre speziellen Vorstellungen, welche Personen etwas nach ihren Wünschen tun sollten, und wollte dies auch stets durchsetzen. Oft war es aber für uns dennoch nicht nachvollziehbar, aus welchem Anlass sie überaus heftige Wutanfälle bekam, bei denen sie oft auch den Kopf gegen den Boden schlug und sich nur schwer beruhigen ließ.

**Auf ihre jüngere Schwester war Anna extrem eifersüchtig.**

Als sehr schwierig habe ich die Zeit in Erinnerung, nachdem Annas zwei Jahre jüngere Schwester geboren wurde. Anna war extrem eifersüchtig, und wir mussten ständig aufpassen, da man kaum vorhersehen konnte, ob sie dem Baby schaden würde. Einmal waren wir zu Besuch bei der Uromi an der Ostsee und saßen am Kaffeetisch. Annas kleine Schwester war ca. 5 Monate alt und lag in einer Babywippe, die neben dem Tisch

stand. Als das Baby fröhlich lachte, wandte sich die Uromi dem Baby zu und sagte: »Ja, du bist aber ein freundliches Baby.« Anna sprang sogleich von ihrem Stuhl auf und lief um den Tisch herum. Ich saß glücklicherweise in der Nähe der Babywippe und erkannte im letzten Augenblick, was Anna vorhatte: Sie hatte eine Kuchengabel in der Hand, und ich konnte ihr Händchen gerade noch rechtzeitig packen, da sie offensichtlich auf das Babyköpfchen einstechen wollte. Ich konnte zwar ihre Eifersucht in dieser Situation nachvollziehen, aber diese unvermittelt doch sehr aggressive Reaktion machte mich völlig fassungslos. Da wir ihre Eifersucht nach der Geburt der Schwester oft deutlich spürten, widmeten wir Anna besonders viel Aufmerksamkeit, aber ich empfand es als sehr belastend, dass sie in vielen Verhaltensweisen so unberechenbar war.
Auch nachdem die Schwester selbst zu einem »robusten« Kleinkind herangewachsen war, gab es oft Konflikte und Streit. Im Vergleich zu der Entwicklung meiner anderen beiden Kinder würde ich sagen, dass Anna schon damals weniger kompromissbereit und weniger flexibel war und nicht gut auf die Vorstellungen der kleinen Schwester oder auch auf die anderer Kinder eingehen konnte.

## Im Kindergarten spielte sie meist für sich

Beim Spielen mit anderen Kindern, z. B. im Urlaub am Strand, fiel uns auch auf, dass sie sich mitten im Spiel von den Spielkameraden abwendete, um sich alleine mit anderen Dingen zu beschäftigen. Sich drehendes Sandspielzeug oder Windräder schienen für sie viel faszinierender zu sein. Später im Kindergarten zeigte sie sich auch den anderen Kindern gegenüber oft dominant, sodass es nur wenige Kinder gab, die ihre Vorgaben zur Beschäftigung akzeptierten. Zu den Kindergärtnerinnen schien sie keinerlei Zugang zu finden, und diese waren sehr brüskiert darüber, dass Anna ihnen kaum Beachtung schenkte. Das führte leider auch dazu, dass Anna zeitweise von gemeinsamen Aktivitäten ausgeschlossen wurde. An großen Stapeln bemalter Papiere, vorzugsweise ausgemalten Mandalas, die Anna mit nach Hause brachte, konnte ich erahnen, dass sie sich oft alleine beschäftigte. Während sie innerhalb der Familie aufgeschlossen und durchaus fröhlich war, wirkte sie auf außenstehende Personen meist extrem schüchtern, sehr kritisch und zuweilen ablehnend. Manchmal hatte man auch den Eindruck, dass sie viele Mitmenschen einfach nicht wahrnahm, was teils zu sichtlicher Verärgerung derselben führte, da wohl der Eindruck entstand, dass Anna absichtlich soziale Regeln missachtete. Das wiederum wurde auf eine schlechte Erziehung geschoben und geschieht manchmal in dieser Form auch heute noch.

**Menschen, die ein echtes und herzlich gemeintes Interesse an Anna bekundeten, gelang es durchaus, einen guten Zugang zu ihr zu finden.**

Schon in der Kindergartenzeit hatten wir als Eltern jedoch auch den Eindruck, dass Anna sozusagen ein »seismografisches Gespür« dafür hatte, welche Personen sie mochten und welchen es nicht gelang, sie so anzunehmen, wie sie war. Menschen, die ein echtes und herzlich gemeintes Interesse an ihr bekundeten, gelang es durchaus, einen guten Zugang zu ihr zu finden und mit ihr zu kommunizieren. So verstand es beispielsweise ein sehr netter Logopäde, Anna aus ihrer Reserve zu locken, während andere Menschen nur Verweigerung bei ihr auslösten. Auch später in der Schule war ihre Leistungsbereitschaft immer sehr stark von der individuellen Persönlichkeit des Lehrers abhängig und besonders von der Tatsache, ob der entsprechende Pädagoge Anna wohlgesonnen schien und ihr etwas zutraute.

## In der Grundschule wurde sie wohlwollend gefördert

Nach der für Anna eher unerfreulichen Kindergartenzeit folgte der Besuch einer Vorschule, in der eine sehr freundliche Lehrerin Anna wohlwollend förderte. Die folgende Grundschulzeit gestaltete sich weitgehend positiv, da sie einerseits in einen sehr kleinen Klassenverband mit nur 15 Kindern eingebettet war und es andererseits Annas sehr einfühlsamer und mütterlich wirkender Klassenlehrerin wunderbar gelang, sie anzuspornen und zu motivieren. So war es selbstverständlich, dass alle Kinder in vielfältige gemeinsame Aktivitäten z. B. bei Schulfesten eingebunden wurden, besondere Fähigkeiten wurden gefördert und auch kleine Erfolge fanden ein motivierendes Lob. Anna hatte im Laufe der ersten Klasse rasch Lesen und Schreiben gelernt und entwickelte einen großen Ehrgeiz, alles besonders gut und sorgfältig machen zu wollen; beispielsweise legte sie im Fach Mathematik größten Wert auf akkurat untereinander angeordnete Zahlen. Die Genauigkeit ging allerdings oft zulasten der Schnelligkeit, sodass es schon in der Grundschule häufig vorkam, dass Anna beispielsweise bei Klassenarbeiten mit dem festgesetzten Zeitrahmen nicht zurechtkam. Zu Hause schien sie sich oft stundenlang mit ihren Hausaufgaben beschäftigen zu können, die Aussicht auf freie Zeit zum Spielen mit anderen Kindern reizte sie wohl nicht sonderlich.

Dass Anna keine Kontakte knüpfte oder Freunde hatte, beunruhigte und befremdete mich sehr.

Dennoch war Anna damals eine ehrgeizige und gute Schülerin und bekam trotz ihrer sehr zurückhaltenden Mitarbeit eine Gymnasialempfehlung. In ihrer Freizeit war sie gemeinsam mit ihrer Schwester in Aktivitäten wie Kindersport, Geigenstunde oder Ballett eingebunden, wogegen sie auf eigene Initiative selten den Kontakt zu Gleichaltrigen suchte, was ich selbst als eher kontaktfreudiger Mensch nicht nachvollziehen konnte. Wenn ich daran zurückdenke, beunruhigte und befremdete mich dieser Aspekt fast am meisten, denn für mich spielen gute Vertraute und Freunde eine ganz wesentliche Rolle im Leben. Ich fand es sehr schwierig zu erkennen, wie Anna selbst darüber dachte. So stellte ich mir immer wieder die Frage, ob sie wirklich lieber alleine war oder ob sie darunter litt, nicht gut Kontakte knüpfen und aufrechterhalten zu können. Daher kamen auch in dieser Zeit meist auf mein Bestreben hin Treffen mit einzelnen Kindern zustande, wobei sich die Kinder dann nicht selten mit Aktivitäten wie Malen oder Basteln oder draußen Schaukeln beschäftigten, bei denen keine intensive Kommunikation nötig war.

## Das Verhältnis zwischen den ungleichen Schwestern besserte sich

Obwohl es im Kleinkindalter viel Stress zwischen den »ungleichen Schwestern« gab, besserte sich im weiteren Verlauf das Verhältnis der beiden zum Glück deutlich. Ich hatte auch den Eindruck, dass die kleine Schwester zu einer wichtigen Stütze für Anna im Alltag wurde. Sie war manchmal die einzige wirkliche Ansprechpartnerin für Fragen aller Art. Auch heute noch ist sie die »beste Freundin«, wenn es um vertrauliche Dinge oder Fragen geht, da es trotz der Verschiedenartigkeit inzwischen eine Art gewachsenes Verständnis füreinander gibt.
Ich glaube, dass bereits seit der Kindergartenzeit die Anwesenheit ihrer kleinen Schwester bei vielen gemeinsamen Aktivitäten für Anna hilfreich war, da es ihr offensichtlich leichter fiel, gemeinsam mit einer engen Vertrauten manche Dinge zu meistern, obwohl es andererseits sicher auch schwierig war, zu sehen, dass die Schwester so ungezwungen und gesellig war und ihr anscheinend alles leichter fiel.
Trotzdem weiß ich, dass es auch für Annas Schwester oft nicht einfach war, da Annas Art oder Reaktionsweisen auch Menschen in ihrer Umgebung oft irritierten und es durchaus immer wieder einmal peinliche Momente gab, wenn sie z. B. unvermittelt ins Zimmer der Schwester kam und das Gespräch von anwesenden Freunden jäh unterbrach, um ihre Gedanken oder Ideen mitzuteilen. Außerdem sah die Schwester sich ebenso wie Anna einem ständigen Vergleich ausgesetzt und glaubte, z. B. von Lehrern ähnlich eingeschätzt zu werden wie ihre Schwester. Damals gab es ja keine Erklärung in Form einer Diagnose, die vielleicht auch Verständnis hätte wecken können.
Als Annas kleiner Bruder auf die Welt kam, als sie acht Jahre alt war, war sie unglaublich stolz und sehr behutsam im Umgang mit ihm. Während die lebhafte Schwester für die lustige Unterhaltung sorgte, half Anna beispielsweise, die Spielsachen in erreichbare Nähe zu holen oder schön nach Farbe und Form zu sortieren. Eine gewisse akribische und spezielle Ordnung spiegelte sich auch in ihrem Zimmer wider. Insgesamt zeigte sich bei Anna, dass der »Zustand« ihres Zimmers oft ein Spiegelbild ihrer inneren Verfassung war. Teils gut aufgeräumt in Phasen des inneren Gleichgewichts, teils chaotisch, wenn es ihr schlecht ging.

## Innerhalb der Familie war Anna ein durchaus fröhliches Kind

Insgesamt möchte ich uns als glückliche Familie bezeichnen, und Anna war innerhalb der Familie ein durchaus fröhliches Kind, was von außenstehenden

Personen wohl oft nicht nachvollzogen werden konnte. Die Mutmaßungen, dass ein nach außen so gehemmt wirkendes Kind definitiv unglücklich sein und aus einer Familie stammen müsse, die ihm offensichtlich keinen Rahmen zur freien Entfaltung bieten konnte, sind kontraproduktiv und belasten die Familie stark. Ebenso die Suche nach der »Schuld« oder »Verantwortlichkeit« im Hinblick auf die Ursache der Probleme. Ich empfand die Art und Weise, mit der auch unsere Familie so immer wieder in ein völlig falsches Licht gerückt wurde, als anmaßend und arrogant, und der Gedanke daran macht mich heute noch wütend. Außenstehende geben nämlich gern Ratschläge, die zwar gut gemeint sein können, aber die auch oft auf einer spekulativen Fehleinschätzung der Situation beruhen. So wurde ich beispielsweise im Urlaub auf einem Campingplatz auf meine »unglücklich und gehemmt wirkende« Tochter angesprochen, die so offensichtlich keinen Kontakt suchte, und man riet mir, sie doch »mal etwas Schönes machen zu lassen, beispielsweise einen Segelkurs«.

Ich habe inzwischen die Erfahrung gemacht, dass es positiv sein kann, wenn man in einem solchen Moment kurz auf die Ursache der in speziellen Situationen offensichtlichen »Andersartigkeit« hinweisen kann. So sprach mich eine ältere Dame während eines Geigenvorspiels meiner zwei Töchter an, da sie sehr verdutzt war über das extrem unterschiedliche Auftreten der beiden Mädchen. Nach einer kurzen Aufklärung über das Asperger-Syndrom konnte sie die Situation gleich viel positiver bewerten, lobte Annas Geigenspiel und bewunderte es, dass sie sich trotzdem traute, vor so vielen Menschen aufzutreten.

Marion Bayer

## » Der Arzt sagte, unsere Tochter sei ein besonderes Kind – womit er »behindert« meinte

Meine Tochter Christine erhielt mit 14 Jahren die Diagnose einer autistischen Störung. Endlich hatte ihre Besonderheit einen Namen, und wir Eltern lernten zu verstehen, warum Christine so anders war als gleichaltrige Mädchen. Aber bis dahin war es ein weiter Weg!

Christine wurde zwei Wochen zu früh geboren, sie war jedoch kräftig genug und entwickelte sich allem Anschein nach normal. Von Anfang an war sie ein sehr liebes und immer aufmerksames Kind. Schnell schlief sie nachts durch und lernte eigentlich alles so, wie es sein sollte. Beim Babyschwimmen lernte sie sogar schon früh das Tauchen, hatte auch keine Probleme mit Körperkontakt. Im Gegenteil, sie schien es zu genießen, dass ich sie im Tuch trug und sie so immer dabei sein und alles beobachten konnte. Ihr siebeneinhalb Jahre älterer Bruder konnte sie leicht zum Lachen bringen und Christine lachte auch alle Fremden

aus dem Buggy heraus an. Mit ihrem immer lockiger werdenden blonden Haar und dem freundlichen Wesen fiel sie überall als »süßes Püppchen« auf.
Dass sie sich anders als andere Kinder entwickelte, fiel erst auf, als sie etwa drei Jahre alt war. Bis dahin hatte Christine im Sprechen nur einzelne Worte gelernt und konnte noch keine Dreiwortsätze bilden. Auch die Aussprache war nicht einwandfrei. Der Kinderarzt sagte uns Eltern auf Nachfrage nur: »Christine ist ein besonderes Kind«. Damals wussten wir noch nicht, dass dieses Wort auch »behindert« heißen kann. Christine wurde Sprachtherapie verschrieben, die bis zur Einschulung fortgeführt wurde. Dabei lernte sie etwa jede Woche, einen neuen Buchstaben richtig auszusprechen, und konnte so nach und nach alles, was sie ausdrücken wollte, in ganzen Sätzen formulieren. Das Besondere bei ihrer Therapie war jedoch, dass sie sich weigerte, der Sprachtherapeutin auch nur ein Wort nachzusprechen. Das hatte die Therapeutin so noch nicht erlebt. Jedoch konnte Christine in der nächsten Therapiestunde immer alles anwenden, was ihr vorher vorgesprochen wurde. Es war nur ungewöhnlich, dass sie oft in einer sehr hohen Tonlage sprach.

**Dass sie sich anders als andere Kinder entwickelte, fiel erst auf, als sie etwa drei Jahre alt war.**

## Gleichgewichts- und Koordinationsprobleme

Mit fünf Jahren kam dann das nächste Problem hinzu: Christine konnte einen Stift beim Malen nur mit der ganzen Faust halten. Außerdem zeigten sich Gleichgewichts- und Koordinationsprobleme. Also verschrieb der Kinderarzt Ergotherapie, die ebenfalls bis zur Einschulung dauerte. Während dieser Behandlung wurden nicht nur die Feinmotorik, sondern auch das Gleichgewicht und die Koordination trainiert. In Tests stellte sich heraus, dass meine Tochter im logischen Denken mit ihren fünf Jahren schon weiter entwickelt war als andere Achtjährige. Zu Hause bemerkten wir, dass sie sehr schnell neue Regeln lernte. Mit ihrem großen Bruder konnte sie ohne Probleme mithalten, wenn es um Gesellschaftsspiele ging, die eigentlich erst für Zehnjährige gedacht waren. Schon damals spielte sie mit Begeisterung die »Siedler von Catan«. Auch Spiele, bei denen man rechnen musste, waren kein Problem.
Eigentlich hätten wir uns also keine Sorgen machen müssen, wenn nicht weiter die motorischen und die Gleichgewichtsprobleme gewesen wären. Sie lernte z.B. nur mit viel Mühe das Fahrradfahren und ist heute noch manchmal etwas wacklig. Aber noch problematischer erschienen die Schwierigkeiten im Umgang mit Gleichaltrigen in Kindergarten und Schule. Bevor Christine in den Kindergarten kam, war sie eigentlich immer fröhlich und lachte viel.
Als sie später mittags aus dem Kindergarten kam, hackte sie manchmal voller Wut auf ihr Mittagessen ein und schimpfte beispielsweise vor sich hin: »Du blöde Kartoffel, jetzt komm doch endlich auf die Gabel!« Auf meine Fragen, wie es

denn im Kindergarten war, erhielt ich nur die Antwort »gut« oder aber gar keinen Kommentar.
Also blieb ich ab jetzt kurz mit im Kindergarten, wenn ich sie dorthin brachte. Ich bemerkte, dass sie zwar beim Abschied nie weinte, aber danach auch nicht zum Spielen ging. Die Kindergärtnerin teilte mir mit, dass Christine nicht kreativ spielen könne. Sie baute z. B. keine Häuser aus den Bauklötzen, sondern sortierte sie nach Farben. Außerdem stand sie immer unschlüssig im Raum, wusste nicht, was sie machen sollte, hielt bei Gesellschaftsspielen die Würfel fest, statt sie zu verwenden, versteckte sich draußen in den großen Plastiktonnen und wurde lange Zeit nicht gesehen. Da sie außerdem mit niemandem sprach, wurde sie von den anderen Kindern nicht in gemeinsame Spiele integriert. Es gab nur einen türkischen Jungen, der Sprachprobleme hatte. Dem machte es nichts aus, dass Christine nicht sprach. Er mochte sie und hatte kein Problem damit, mit ihr zu spielen. Mit ihm traf sie sich auch schon mal nachmittags zum Spielen. Das wurde von uns Eltern arrangiert, weil beide Seiten froh waren, dass unsere Kinder zu einem anderen Kind Kontakt hatten. Wenige andere Kontakte ergaben sich auch später durch Verabredungen zwischen den Müttern.

**Bevor Christine in den Kindergarten kam, war sie eigentlich immer fröhlich und lachte viel.**

### Integrationsprobleme im Kindergarten

Um mein Kind etwas zu unterstützen, damit es sich im Kindergarten besser einlebte, wagte ich es einmal, mit ihr in die Gruppe zu gehen und zu versuchen, sie zu integrieren. Als Erstes sprach ich eine Gruppe von Kindern an, ob Christine beim »Mutter-Kind-Spiel« mitmachen dürfe. Christine hätte nie selbst gefragt. Die Antwort war: »Nein, wir sind schon komplett.« Dann fragte ich meine Tochter, ob sie denn beim Basteln mitmachen wolle. Da strahlten ihre Augen. Also stellte ich einen Stuhl an den Basteltisch. Dabei hatte ich die Rechnung aber ohne die Kindergärtnerin gemacht: »Das geht aber nicht, in die Bastelgruppe dürfen maximal fünf Kinder! Wenn Christine basteln will, muss sie warten, bis ein Kind aufhört.« Man kann sich vorstellen, dass das eben noch freudestrahlende Kind in sich zusammensackte. Die Kindergärtnerin nahm mich beiseite und bat mich in den Besprechungsraum. Christine musste ich ihrem Schicksal überlassen, sie blieb ratlos zurück. Mir wurde dann vorgeworfen, wie ich denn in eine bestehende Spielgruppe hineinplatzen und die bestehenden Kindergartenregeln übergehen könnte. Meine Erläuterungen, dass ich Christine nur helfen wollte, eine Beschäftigung zu finden, fanden kein Gehör. Christine sei einfach orientierungslos, sie wisse nicht, womit sie anfangen solle, wenn sie morgens komme. Ich fand, dass man eigentlich als Erzieherin den Kindern die Orientierung geben müsste, wenn sie nicht vorhanden ist.

Ein paar Tage später erfuhr ich, dass es ein Gespräch mit der Leitung gegeben hatte. Man hatte beschlossen, dass ab jetzt unser Kind morgens begrüßt würde (weil Christine sich ja nie von selbst traute, der Betreuung guten Morgen zu sagen) und man würde gemeinsam mit ihr nach einer Beschäftigung suchen. Warum nicht gleich so? Nach dieser Vereinbarung nahmen die Wutanfälle beim Mittagessen allmählich ab. Jedoch merkte ich auch weiterhin an dieser Reaktion, wenn der Morgen nicht so günstig verlaufen war. Im Kindergarten versteckte sie sich nach wie vor, wenn sie wieder einmal von den anderen Kindern ausgeschlossen wurde oder wenn ihr einfach alles zu viel wurde.

**Weil Christine nie weinte, wenn wir sie morgens in den Kindergarten brachten, merkten wir lange nicht, wie sehr sie dort litt.**

Ich finde es wichtig, dies zu erzählen, weil ich denke, dass hier schon ein wesentlicher Unterschied zu Jungen mit einer autistischen Störung deutlich wird. Bei Jungen hört man immer wieder in den Elternselbsthilfegruppen, dass sie oft aggressiv reagieren, andere Kinder angreifen, mit Gegenständen werfen und schreien. Christine zog sich einfach zurück. Weinen, wenn sie morgens im Kindergarten abgegeben wurde, kam nicht infrage. Solche Gefühlsregungen gab es bei ihr einfach nicht. Daher bemerkten wir lange nicht, wie sehr sie dort litt. Wir stellten damals nur fest, dass ihre Fröhlichkeit immer mehr verschwand.

## Zu viele Geschenke überforderten sie

Was Geschenke angeht, mussten wir im Laufe der Jahre die Erfahrung machen, dass sie für Christine eine Belastung waren, wenn es mehr als zwei oder drei waren. Sie bedeuteten für sie wohl zu viele neue Eindrücke. Mit Veränderungen konnte sie sich immer nur schwer arrangieren.

Ein besonders großes Problem waren für Christine die Geschenke zu Weihnachten. Im Kleinkindalter fiel uns auf, dass sie immer sehr schnell müde wurde und meistens nach der Bescherung über Übelkeit klagte. Anfangs vermuteten wir, dass es die Vorfreude und der Besuch der Omas waren. Beim Auspacken der Geschenke verhielt sie sich aber völlig anders, als ihr Bruder es in dem Alter getan hatte. Das fing schon mit der Wunschliste vor Weihnachten an, so hatte sie meist nur einen oder zwei Wünsche und die auch nur nach langer Beratung. Ihr Bruder dagegen hatte immer sehr viele Wünsche und packte an Weihnachten ganz schnell und aufgeregt alles aus, begutachtete den Inhalt und zeigte ihn den Omas. Hatte Christine ein Geschenk ausgepackt, wurde damit direkt gespielt, alles andere war uninteressant. Nur auf unser Drängen hin packte sie weitere Geschenke aus, ließ sie aber achtlos liegen. Das war natürlich für die Omas sehr traurig, da sie eher dachten, sie freue sich nicht, als dass sie eine Überforderung vermutet hätten. Da sich das Problem mit der Übelkeit aber mehrere Jahre wiederholte, lernten wir daraus. Die Geschenke, die sie nicht gleich auspacken wollte, konnten auch am nächsten Tag geöffnet werden. Sie bekam auch keine »Überraschungsgeschenke« mehr, sondern wurde vor Weihnachten »darauf vorbereitet«. So konnte sie sich über diese neuen Dinge freuen und war nicht von den vielen neuen Eindrücken »erschlagen«.

### Solange die Lehrerin Rücksicht nahm, lief die Grundschule gut

In den ersten zwei Jahren lief alles soweit gut. Christine war sehr eifrig und schien froh, dass sie endlich viele interessante Dinge lernen konnte. Sie konnte sich gut Neues merken und hatte keine Probleme mitzukommen. Die Schrift war nicht besonders, aber damit hatten wir ja gerechnet, und die Ergotherapie hatte schon etwas zur Verbesserung der Feinmotorik beigetragen. Die Sprachtherapie war abgeschlossen, sie konnte alles aussprechen, was sie wollte. Einziges Problem war, dass man oft etwa eine Minute warten musste, bis sie sich Antworten zurechtgelegt hatte. Wir hatten das Gefühl, dass sie zuerst immer überlegen musste, wie sie die in der Therapie gelernten Buchstaben aussprechen musste. Dann holte sie einmal tief Luft und antwortete. Nun können ein oder zwei Minuten für »normale« Menschen im Gespräch sehr lang werden. Man fragt weiter, denkt, dass der Gesprächspartner die Frage nicht verstanden hat usw. Dadurch verlor Christine ihren gedanklichen Faden und konnte gar nicht mehr antworten. Wir hatten die Lehrerin über dieses Problem informiert, sodass sie anfangs darauf Rücksicht nahm. Problematisch wurde es jedoch, als sich bei Christine zum Ende des zweiten Schuljahres immer noch keine Besserung einstellte. Wenn sie genau wusste, es sind noch zwei Schüler vor mir dran, dann komme ich mit Vorlesen einer Aufgabe dran, so ging es ganz gut. Aber das spontane Reagieren blieb schwierig.

### Christine fing an zu stottern

Was dann passierte, erfuhren wir erst zwei Jahre später von zwei Klassenkameradinnen genauer, als die Grundschulzeit zu Ende war. Den Kindern wurde Ende des zweiten Schuljahres schon gesagt, wer auf das Gymnasium wolle, müsse nun schon besonders gut im Unterricht mitmachen. Christine war sehr ehrgeizig und wollte wie ihr Bruder auf das Gymnasium. Durch den Erwartungsdruck fiel ihr das Sprechen aber immer schwerer. Die Klassenlehrerin schimpfte wiederholt mit ihr, dass sie sich nicht genug beteiligte und dass es so lange dauerte, bis sie antwortete. Christine fing an zu stottern, schämte sich dafür und sagte dann gar nichts mehr. Zu Hause sprach sie zwar weiter, stotterte aber so massiv, dass wir sie kaum verstehen konnten. Eine Nachfrage bei der Lehrerin, ob sie wüsste, warum Christine auf einmal so stotterte, ergab nur, dass sie nicht bemerkt hätte, dass unsere Tochter stotterte. Christine würde nur nicht mehr sprechen. Selbst bei einer freundlichen Ansprache auf dem Schulhof käme keine Reaktion. Wir trainierten die ganzen Sommerferien mit ihr, indem wir uns dauernd mit ihr über alle möglichen Themen unterhielten.

Es war eine Qual für uns Eltern, zu erleben, wie sie sich mit der Sprache abmühte. Zu Beginn des dritten Schuljahres begann Christine daher mit einer Stotter-Therapie. Der Therapeut lud auch die Klassenlehrerin zu einem Gespräch ein, weil sich herausstellte, dass Christine in dem Jahr Therapie allmählich wieder relativ normal sprechen konnte, aber in der Schule weiterhin nichts sagte. Leider fand der Therapeut kein Verständnis bei der Lehrerin und in den letzten beiden Grundschuljahren sprach Christine in der Schule kein Wort mehr. Die Lehrerin meinte zu uns: »Mit ihrem Kind stimmt etwas nicht, sie sollten zu einem Kinderpsychologen gehen.« Diese Aussage half uns auch nicht viel weiter. Wir ließen Christine also von einem Schulpsychologen testen, das Ergebnis war, dass sie normal intelligent, besonders gut im logischen Denken sei und nur im Sprachlichen noch etwas Übung brauche. Für das Gymnasium sei sie auf jeden Fall geeignet. So erhielt sie wegen ihrer guten schriftlichen, aber mangelhaften mündlichen Leistungen ein Zeugnis im befriedigenden Bereich mit der Bemerkung »für das Gymnasium geeignet«.

Es war eine Qual für uns Eltern, zu erleben, wie sie sich mit der Sprache abmühte.

Bei der Abschlussfeier fiel uns Eltern auf, dass ihr Problem nicht nur die fehlende Sprache war, sondern als Folge der Kontakt zu den Mitschülern kaum mehr vorhanden war. Das war uns zu Hause nicht so aufgefallen, weil sie sich öfter mit drei Klassenkameradinnen traf und auch Kontakte zu anderen Kindern außerhalb der Schule hatte. Jedoch war sie nach solchen Treffen zum Spielen immer sehr müde. Einmal erfuhren wir, dass sie bei dem Besuch bei einer Mitschülerin einen Großteil der Zeit dort mit Schlafen verbracht hatte.

Ihre Geburtstage hatte sie auch immer mit mehreren Kindern gefeiert. Die fragten Christine bei der Feier: »Warum sprichst du in der Schule nicht genauso, wie du es hier zu Hause kannst?« Darauf wusste sie keine Antwort. Die Mitschüler bemerkten jedoch, dass Christine zu Hause ein völlig anderer Mensch war. Sie blieb trotz aller Schwierigkeiten und Misserfolge in der schulischen Kommunikation zu Hause fast immer das fröhliche Kind, mit dem man herzhaft lachen konnte. Auch die Freude am Lernen wurde ihr nie genommen. Sie war sehr ehrgeizig, lernte gern und war immer interessiert.

# Lebenspraktische Unterstützung

**Wenn die autistische Störung erkannt wird, sind vielfältige Förder- und Therapiemöglichkeiten denkbar und oft hilfreich. Neben den Eltern spielen die Lehrer eine entscheidende Rolle, um die Entwicklung und Fähigkeiten des betroffenen Mädchens zu unterstützen und an den notwendigen Stellen Hilfe zu leisten. Dabei können auch die Klassenkameraden mit einbezogen werden.**

## Die Auffälligkeiten erkennen und einordnen

Zunächst ist es wichtig, durch Öffentlichkeitsarbeit, aber auch durch gezielte Aufklärung und Information der beteiligten Berufsgruppen die Kenntnisse autistischer Störungen insbesondere bei Lehrern, Kinderärzten und Schulpsychologen zu verbessern. Dabei ist auch zu beachten, dass sich die Symptomatik und das Profil aus Fähigkeiten und Schwierigkeiten bei den betroffenen Mädchen häufig viel subtiler und auch anders darstellen als bei Jungen mit einer Autismus-Spektrum-Störung.

Lehrer und Psychologen sollten bei einer Kombination der folgenden Auffälligkeiten bei einem Mädchen eine autistische Störung in Betracht ziehen. Sie sollten diese Möglichkeit und die weiteren Schritte zur Abklärung mit den Eltern besprechen:

- soziale Zurückgezogenheit und Isolation
- soziale Unreife und Naivität
- Hänseleien durch gleichaltrige Mädchen
- Unsicherheit im Kontakt mit anderen
- Passivität im Unterricht und mangelndes Interesse an außergewöhnlichen schulischen Aktivitäten
- ungewöhnliche Interessen (bzw. Interessen, die in ungewöhnlicher Ausprägung ausgelebt werden)
- mangelnder Augenkontakt
- schlechte Handschrift
- repetitive Verhaltensweisen
- motorische Schwierigkeiten
- schlechtere schulische Leistungen als aufgrund der Intelligenz zu erwarten
- insgesamt als »merkwürdig« und nicht altersgemäß beschriebenes Verhalten

Lehrer sind ja in der einzigartigen Lage, eine Schülerin mit der gesamten Klassengemeinschaft vergleichen zu können und so Auffälligkeiten wahrzunehmen, die vielleicht im Familienverbund, wo bei nur einem oder wenigen Kindern die Vergleichsmöglichkeiten oft fehlen, gar nicht als so ungewöhnlich eingeschätzt werden. Daher kommt den Pädagogen bei der Erkennung autistischer Störungen beim weiblichen Geschlecht eine entscheidende Rolle zu.

## Allgemeine Hilfen für den Schulalltag

Es kann hilfreich sein, der betroffenen Schülerin bereits im Vorfeld die für den Unterricht vorgesehenen Themen bekannt zu geben, um es ihr so zu ermöglichen, sich schon vorab damit zu beschäftigen. Das kann ihr vor allem dann helfen, Zusammenhänge besser zu verstehen, wenn sie üblicherweise etwas mehr Zeit benötigt als die meisten anderen Schüler, um schwierige Sachverhalte zu erfassen und einzuordnen.

Auch bevorstehende Veränderungen aller Art sollten der autistischen Schülerin frühzeitig angekündigt werden. Mit unerwarteten Ereignissen haben die meisten Betroffenen große Probleme. Wenn sie dagegen informiert sind, kann dies ihre Angst deutlich reduzieren. Da im Schulalltag immer wieder unvermeidliche Veränderungen anstehen werden, sollten daher beispielsweise notwendige Raumwechsel oder Änderungen des Stundenplans vorher mitgeteilt werden. Insgesamt aber ist darauf zu achten, die Abfolge der einzelnen Fächer möglichst nicht dauernd zu variieren, um dem Mädchen mit Autismus die Möglichkeit zu geben, sich auf vorhersehbare, routinierte Abläufe einzustellen, die ihm den Schulalltag erleichtern.

Die schlechte Handschrift des betroffenen Mädchens muss Berücksichtigung finden. Es ist aber nicht sinnvoll, sie gänzlich aus dem Unterricht zu verbannen, denn auch im späteren Leben wird es immer wieder Situationen geben, in denen mit der Hand geschrieben werden muss (Fragebögen, Behördenanträge, Briefe etc.). Für umfangreichere Texte kann es aber günstig sein, einen Computer oder andere Hilfsmittel zur Verfügung zu stellen.

Der Unterricht sollte unbedingt auch dazu genutzt werden, die autistische Schülerin auf das spätere Leben vorzubereiten, sodass neben den regulären Unterrichtsfächern auch Kenntnisse auf vielen weiteren Gebieten vermittelt werden sollten (Haushaltsführung, Finanzen, Behörden, Kommunikation mit anderen Menschen etc.).

### Die Kommunikation anpassen

Manche autistische Schülerinnen benötigen sehr einfache Instruktionen, andererseits haben vor allem betroffene Mädchen (und im späteren Leben auch Frauen) oft das Gefühl, sie würden wie »Babys« behandelt. Es ist also wichtig, ein Gespür dafür zu bekommen, wie das Wissen vermittelt werden muss. Dies spielt auch im späteren Leben (z. B. bei einer Berufsausbildung) immer wieder eine Rolle.

Und schließlich ist es wichtig, die Anweisungen und Aufgaben möglichst konkret zu formulieren, dabei auf zweideutige Äußerungen oder auf Redewendungen und Sprichwörter möglichst zu verzichten, da diese von autistischen Menschen oft wörtlich verstanden werden, was immer wieder Missverständnisse hervorrufen kann, die eigentlich vermeidbar wären (z. B. Preißmann 2018).

## Für Freiräume und Erholung sorgen

Viele autistische Schülerinnen sind mit der großen Menge an Hausaufgaben überfordert und finden oft kaum mehr Zeit für sich. Es ist wichtig, ihnen dabei zu helfen, wesentliche Dinge zu lernen, sich daneben aber auch Freiräume zu schaffen, um sich erholen zu können. Eine Konzentration auf nur einige Hausaufgaben kann dann besser sein, als sich wahllos mit allem zu befassen und sich damit völlig zu überfordern. Aber dies muss natürlich vorher besprochen werden.

Nach einem anstrengenden Tag in der Schule mit all den begleitenden Ängsten und dem erheblichen sozialen Stress benötigt die autistische Schülerin zunächst einmal etwas Zeit für sich, bevor sie sich an die Hausaufgaben setzen oder neue Aktivitäten planen kann. Oft ist es sinnvoll, sich in dieser Zeit mit einem eigenen Lieblingsgebiet zu beschäftigen, um Entspannung zu finden.

In der heutigen Zeit wird in unserer Gesellschaft größerer Wert gelegt auf die Selbstverwirklichung des Einzelnen als auf Regeln und Beschränkungen. Das Fehlen eines eindeutigen Regelwerks mit genauen Erläuterungen über das, was ihnen möglich und erlaubt und was dagegen nicht gestattet ist, macht das Leben für autistische Mädchen anstrengend und kompliziert, und das gilt nicht nur für die Schule, sondern für alle Lebensbereiche.

### WICHTIG

**Rückzugsräume schaffen**

Für Klassenarbeiten oder andere Leistungsbeurteilungen muss dem betroffenen Mädchen oft eine längere Zeitspanne zur Bearbeitung der Aufgaben zur Verfügung gestellt werden. Auch kann es nötig sein, sie diese Tests in einem separaten, ruhigen Raum schreiben zu lassen (vgl. Preißmann 2020). Oft führen diese und weitere einfache Maßnahmen bereits zu einer deutlichen Leistungsverbesserung. Vielleicht ist es auch möglich, für die Pausen oder für Freistunden einen ruhigen Raum als Aufenthaltsort zur Verfügung zu stellen. Viele Frauen mit Autismus betonen immer wieder, wie hilfreich eine derartige Maßnahme für sie als Schülerin gewesen wäre.

## Die autistische Schülerin motivieren

Der Motivation von autistischen Mädchen kommt im Schulalltag eine große Bedeutung zu. Wirklich motiviert werden sie nur dann sein, wenn sie aufgrund eigener Erfahrungen Freude an einer Sache empfinden, wenn sie etwas also »aus freien Stücken« machen können und nicht dazu gezwungen werden müssen. In diesem Zusammenhang sind die Spezialinteressen des Mädchens von Bedeutung. Je besser es gelingt, diese in die schulischen Anforderungen einzubeziehen und daran anzuknüpfen, desto motivierter ist die Schülerin. Die speziellen Interessen autistischer Menschen sind ein wertvoller pädagogischer Schatz und ermöglichen oft den besten Zugang zu ihnen.

Wer die betroffene Schülerin motivieren will, muss sie zuerst verstehen – und dann individuell auf sie eingehen. Es geht dabei also um maßgeschneiderte Zuwendung statt um Gleichbehandlung. Was für die eine richtig, interessant und schön erscheint, lehnt eine andere schlichtweg ab. Und so muss man für jede einzelne autistische Schülerin in Abstimmung mit den Eltern eigene Maßnahmen finden.

Für die Pädagogen bedeutet das ein Umdenken und eine grundsätzlich veränderte Arbeitshaltung, weg vom Frontalunterricht, weg von einheitlichen Aufgaben und Anforderungen für alle Schüler, hin zur individuellen Förderung, wie es auch der Grundgedanke der Inklusion fordert. Das ist zunächst eine große Herausforderung, aber es wird auch immer wieder befriedigend sein zu erleben, welch große Fortschritte man gerade bei den Schülern erzielen wird, die andernfalls zu kurz kämen.

### Grenzen erkennen

Es ist allgemein nur wenig motivierend, sich ständig an »Rivalen« messen zu müssen, in diesem Fall also an den Mitschülern. Manche Anforderungen werden autistische Mädchen einfach nicht erfüllen können, ihnen sind in einigen Bereichen Grenzen gesetzt, auch wenn sie sich noch so sehr anstrengen. Immer wieder die guten Leistungen der Klassenkameradinnen vorgeführt zu bekommen, wird sie eher frustrieren und demütigen als motivieren. Die Motivation sollte sich vielmehr ausschließlich am eigenen Fortkommen und der ganz persönlichen Entwicklung orientieren. Aber frühere Erfolge helfen den Betroffenen dabei, der Zukunft zu vertrauen – wenn sie zuletzt etwa drei Einser in Mathematik geschrieben haben, werden sie das Selbstvertrauen haben, dass sie auch erneute Anforderungen in diesem Fach bewältigen können.

## Klassenkameraden zur Hilfe anleiten

Oft ist es sinnvoll, die Klassenkameraden dabei anzuleiten, das autistische Mädchen zu unterstützen. Viele Kinder sind ausgesprochen hilfsbereit und helfen gern, wenn man sie dabei nicht allein lässt und ihnen zeigt, was sie konkret tun können.

Dabei empfiehlt sich ein dem jeweiligen Alter entsprechendes Vorgehen. Während in den ersten Klassen meist der gesamte Klassenverband angeleitet werden kann, ist es im mittleren Schulalter oft besser, mit einer kleinen Gruppe von sozial kompetenten, verantwortungsbewussten und loyalen Kameraden zu beginnen. Nach und nach kann so ein Netzwerk von Gleichaltrigen entstehen, die dem betroffenen Mädchen zur Seite stehen. Diese Paten können der Schülerin nicht nur während des Unterrichts bei Fragen zur Seite stehen und ihr so die Angst nehmen, sondern sie auch in den Pausen, beim gemeinsamen Mittagessen, bei Ausflügen und Klassenfahrten unterstützen und beschützen. Oft ist auch eine Begleitung auf dem Schulweg sinnvoll, damit andere Schüler gar nicht erst die Möglichkeit haben, das Mädchen zu ärgern oder zu hänseln. Wichtig ist es, hierfür starke und im Klassenverband anerkannte Persönlichkeiten zu finden, denen es nichts ausmacht, eine Mitschülerin zu unterstützen, die »anders« ist, und die deswegen vielleicht auch selbst in die Kritik der Mitschüler geraten könnten. In den letzten Schuljahren schließlich können dann auch einzelne Klassenkameraden als Hilfe für das betroffene Mädchen gefunden werden.

Diese Unterstützung durch Mitschüler kann es ermöglichen, die Akzeptanz der Betroffenen deutlich zu erhöhen, ihr Sozialverhalten und ihre Kompetenz im sozialen Miteinander zu verbessern, die Integration in den Klassenverband und das Selbstbewusstsein des betroffenen Mädchens zu fördern und das Risiko einer Depression deutlich zu verringern (Wagner 2006).

*Raus aus dem Knäuel.*
*Ich brauche immer wieder Ruhe und Rückzugsräume.*
*Mir helfen Eindeutigkeit, klare Anweisungen,*
*gewohnte Abläufe und Unterstützung durch Mitschüler.*

## Ausblick

Insgesamt lässt sich sagen, dass für jedes autistische Mädchen viele Hilfen möglich sind, um ihre Situation zu verbessern. Vergessen werden darf dabei aber nicht, auch die geschlechtsspezifischen Erwartungen zu hinterfragen, um bezüglich der persönlichen Entwicklung keine Grenzen zu setzen, die eigentlich gar nicht nötig wären: »In der Schule war ich schlau, aber exzentrisch. Wäre ich ein Junge gewesen, hätte man das eher toleriert. Ich hätte in die Forschung gehen können, ich bin mir sicher, ich hätte ein Kernphysiker werden können« (Orr 2008).

Trotz aller Schwierigkeiten und Hürden wird es in jedem Einzelfall Möglichkeiten geben, wenn man sich die Mühe macht, danach zu suchen: »Wer Inklusion will, sucht Wege; wer sie verhindern will, sucht Begründungen« (Hubert Hüppe, ehemaliger Beauftragter der Bundesregierung für die Belange behinderter Menschen; Referat auf der 13. Bundestagung von Autismus Deutschland e.V., Hamburg 2011).

Wichtig sind Schulen, in denen Unterschiede geschätzt werden, die weniger Wert auf Konformität legen, sondern die vielmehr die Förderung individueller Stärken und Ressourcen im Blick haben, um für jeden jungen Menschen eine bestmögliche persönliche Entwicklung zu gewährleisten.

# Therapeutische Unterstützung für autistische Mädchen

**Autistische Störungen sind nicht heilbar und nur bedingt durch Medikamente zu beeinflussen. Daher kommt therapeutischen Maßnahmen große Bedeutung zu.**

Die therapeutische Unterstützung sollte (vgl. Rittmann 2011):

- die belastende Symptomatik des Mädchens reduzieren
- neue Verhaltensmöglichkeiten eröffnen und wichtige Kompetenzen fördern
- die oft starke Belastung der Familien lindern
- nicht so sehr auf eine »Normalisierung« abzielen, sondern vielmehr Lebenszufriedenheit ermöglichen
- eine schulische (und später auch berufliche) sowie gesellschaftliche Inklusion gestatten
- die Persönlichkeit respektieren

In der Regel erfolgt die Behandlung der betroffenen Mädchen in speziellen Autismus-Therapie-Zentren, die aufgrund der großen Bandbreite des autistischen Spektrums nach dem »Multimodalen Modell« mit vielen verschiedenen Therapieansätzen arbeiten. Trotz vieler Gemeinsamkeiten unterscheiden sich nämlich die Kinder deutlich hinsichtlich der Ausprägung, des Schweregrades der Symptomatik und ihres Verhaltens im Alltag, sodass eine uniforme Behandlung nicht möglich ist (u. a. Rittmann 2011, Valerian u. Wilker 2011). Um die Mädchen bestmöglich zu fördern, müssen u. a. Alter, Intelligenzniveau, komorbide Erkrankungen und psychosoziale Faktoren berücksichtigt werden. Wichtig ist es, jedes Kind vor allem in den Bereichen zu fördern, in denen es die größten Schwierigkeiten hat.

## Oft sinnvoll: Verhaltens- und Ergotherapie

Therapieansätze, die sich bei der Arbeit mit autistischen Menschen bewährt haben, sind verhaltenstherapeutisch orientierte Maßnahmen mit einem deutlich strukturierenden und übungsbezogenen Charakter. Daneben werden aber auch Ansätze aus der Ergotherapie wie sensorische Integration oder Kreativtherapien (Kunst, Tanz, Musik, Theater) angewandt (siehe S. 171).

Zusätzlich sind familien- und umfeldorientierte Maßnahmen wichtig, es finden ein stetiger Austausch mit den Eltern sowie eine Beratung der beteiligten pädagogischen Fachkräfte in Tagesstätten, Schulen etc. statt. Es ist notwendig, dass die Eltern »eine aktive Rolle in der Therapie übernehmen, ohne dabei jedoch ihre Rolle als Eltern zu verlieren. Besonders im Austausch und im gemeinsamen Lernen voneinander liegt die Stärke einer Therapie« (Valerian u. Wilker 2011, 265).

## Wichtige Förderbereiche

Bei den meisten Kindern mit Autismus stehen folgende Schwerpunkte im Vordergrund:

- Förderung von Sprache und Kommunikation
- Förderung des Spielverhaltens
- Förderung der wechselseitigen sozialen Interaktion
- Förderung von Aufmerksamkeit, Konzentration und Wahrnehmung
- Förderung alltagspraktischer und motorischer Fähigkeiten
- Abbau von (auto-)aggressiven Verhaltensweisen
- Reduktion stereotyper Verhaltensweisen

Von den vielen unterschiedlichen Behandlungsmöglichkeiten im Kindesalter (z. B. Preißmann 2018b) soll in diesem Rahmen das Training zum Erlernen sozialer Kompetenzen dargestellt werden.

## Soziale Kompetenzen einüben

Autistische Mädchen haben in der Regel große Schwierigkeiten, altersgerechte Fähigkeiten im Hinblick auf ihre sozialen Kontakte zu entwickeln. Andere betroffene Mädchen, mit denen sie sich austauschen könnten, sind selten verfügbar, und die Chance, sich mit »typischen« Mädchen zu treffen und dabei Sozialkompetenz zu erwerben, ist gering. Viele Kenntnisse, die ihre Klassenkameradinnen ganz selbstverständlich nebenbei erwerben können, müssen sie sich mühsam erarbeiten. Das erfordert große Anstrengungen und bereitet ihnen täglich neuen Stress.

Die Fähigkeit, sich situationsspezifisch zu verhalten und flexibel auf sich verändernde Umweltbedingungen zu reagieren, wird als das Fundament sozial kompetenten Verhaltens angesehen (Biscaldi et al. 2012). Um gezielt diese Bereiche anzugehen, wurden mehrere Programme zum Trainieren sozialer Kompetenzen für unterschiedliche Altersstufen entwickelt (z. B. SOKO Autismus: Häußler et al. 2008; Frankfurter Kommunikations- und soziales Interaktions-Gruppentraining KONTAKT: Herbrecht et al. 2008). Es ist wichtig, die Betroffenen auf diesem Gebiet anzuleiten. Dies kann einzeln geschehen; als sinnvoll erweist sich oft aber auch die Teilnahme an einer Kleingruppe. Intensiv werden dabei insbesondere die Themenfelder Kontaktaufnahme und Freundschaft, Umgang mit Kritik und Konflikten sowie Stresstoleranz bearbeitet. Schwierig ist noch die Verzahnung der Programme im Kindes- und Jugendalter einerseits sowie bei erwachsenen Betroffenen auf der anderen Seite, außerdem zeigten sich in der Vergangenheit Probleme damit, die im geschützten Rahmen erlernten Fähigkeiten auch auf die alltäglichen Anforderungen zu übertragen (White et al. 2007).

Und problematisch ist natürlich auch, dass sich die entwickelten Programme in erster Linie an betroffene Jungen richten bzw. dass sich in einer Trainingsgruppe fast immer nahezu ausschließlich Jungen befinden.

## Eigene Gruppe für autistische Mädchen

Vielleicht kann also eine Gruppe speziell für Mädchen errichtet werden, wo im geschützten Rahmen in einem alltagsnahen Kontext Inhalte aus der Einzeltherapie ausprobiert werden können. Mithilfe eines oder mehrerer sozial kompetenter Mädchen, die eine Vorbildfunktion übernehmen können, sind so oft große Fortschritte möglich (Wagner 2006). Folgende Möglichkeiten sind dabei denkbar:

**Mädchen:** Man kann ein anderes Mädchen als »Modell« auswählen, darauf hinweisen, was es macht, das Verhalten analysieren und wichtige Verhaltensweisen unter Anleitung nachahmen lassen. Dies muss man oft mehrfach wiederholen, bis eine ausreichende Verhaltenssicherheit erreicht werden kann.

**Video:** Auch ist es möglich, das Verhalten, das erlernt werden soll, zu filmen und dann gemeinsam anzusehen, um es nachfolgend zu üben. Das hat den Vorteil, dass man mehrfach zurückspulen kann, um eine Sequenz erneut anzusehen, wenn etwas nicht ganz klar ist.

**Rollenspiel:** Diese Form ist besonders geeignet, um Situationen zu demonstrieren, die nur selten auftreten oder die gefährlich sind. Auch die verschiedenen Formen von Mobbing und die Möglichkeiten, richtig darauf zu reagieren, lassen sich im Rollenspiel oder Schauspiel gut darstellen.

**Film, Fernsehen:** Gemeinsam können Filme im Hinblick auf soziale Fähigkeiten besprochen werden. Auf wichtige Verhaltensweisen muss man hinweisen, auch offensichtlich fehlerhaftes Verhalten ist anzusprechen. Eltern, Lehrer bzw. Therapeuten sollten gemeinsam mit den Betroffenen analysieren, warum sich die Darsteller auf die entsprechende Weise verhalten, welchen Zweck sie mit ihrem Verhalten verfolgen, was sie vielleicht sonst noch hätten tun können etc. Für viele autistische Mädchen ist dies eine sehr geeignete Möglichkeit, soziale Fertigkeiten zu erlernen.

**Geschichten:** Man kann Kurzgeschichten über soziale Situationen schreiben und sachlich erklären, was daran wichtig ist. Gerade bei sehr persönlichen oder unangenehmen Themen kann es anfangs hilfreich sein, die Anweisungen lesen zu können, statt sie im persönlichen Kontakt gesagt zu bekommen.

Es ist notwendig, ganz konkret zu erklären und zu üben, was in spezifischen Situationen gesagt oder getan werden muss. Aber auch nonverbale Hinweise wie Mimik, Gestik, Blickkontakt oder Körpersprache müssen trainiert werden, um sie selbst anwenden und auch bei anderen erkennen zu können.

## Relevante Alltagssituationen

Beispiele für soziale Situationen und Anforderungen, die in der Gruppe geübt werden können, sind u. a.:

- Telefonate führen
- Bus- oder Zugfahrkarte kaufen und dann die Fahrt antreten
- auf die Gespräche von Gleichaltrigen antworten

- eine Einladung zum Abendessen annehmen oder eine Party besuchen
- ein Restaurant besuchen
- verschiedene Dinge einkaufen
- sich angemessen kleiden etc.

Befragt nach den Veränderungen, die sie durch ihre Teilnahme am Sozialkompetenztraining bei sich selbst bemerkten, berichteten die Betroffenen über Verbesserungen hinsichtlich ihrer kommunikativen Fähigkeiten, des Umgangs mit Gefühlen, ihrer Problemlösefähigkeiten und Entscheidungsfreudigkeit; außerdem bemerkten sie, dass ihnen der Umgang mit anderen Menschen leichterfiel, sowohl im familiären Umfeld als auch bei sonstigen Kontakten (Howlin 1997, 91).

Trotz dieser positiven Erfahrungen bleiben nach wie vor die Schwierigkeiten im Hinblick auf eine Generalisierung dieser erworbenen Fähigkeiten. Es fällt Menschen mit Autismus also sehr schwer, ihre erworbene Sozialkompetenz dann auch im normalen Alltag anzuwenden. Auf diesem Gebiet sind daher in den letzten Jahren die Bemühungen verstärkt worden, um künftig möglichst solche Programme zu entwickeln, die nicht nur in der therapeutischen Situation, sondern auch in alltäglichen Begegnungen abgerufen werden können (u. a. Biscaldi et al. 2012).

# Die Herausforderungen der Pubertät

**In der Jugendzeit nimmt die Belastung der Betroffenen durch die körperlichen und emotionalen Veränderungen und die steigenden schulischen Anforderungen deutlich zu. Sie brauchen dringend kompetente und einfühlsame Unterstützung und Begleitung.**

# Wie Betroffene und Mütter die Jugendzeit erlebten

**Die Pubertät stellt für jedes Mädchen eine Zeit des Umbruchs dar. Doch für autistische Mädchen kann sie zu einer Krisenzeit werden, weil sie durch die steigenden sozialen und schulischen Anforderungen, die beängstigenden körperlichen Veränderungen und die immer offensichtlicher werdende Andersartigkeit zu völliger Überforderung führt.**

Viele Auffälligkeiten zeigen sich beim weiblichen Geschlecht erstmals oder zumindest deutlich verstärkt im Jugendalter. Während Jungen auffällige soziale und kommunikative Beeinträchtigungen bereits in der Kindheit aufweisen, haben Mädchen oft erst in der Adoleszenz größere Kommunikations- und Interaktionsschwierigkeiten (Smith 2011).

Mädchen und junge Frauen mit Autismus haben häufig kein Interesse an den typischen »Frauen-Themen«, die sie manchmal zu oberflächlich finden: »Dieses ganze Gekichere und das ewige Gerede über Mode und Frisuren. Es war mir schleierhaft, warum sie das machten« (Baron-Cohen 2004, 200). Stattdessen verfolgen sie weiterhin ihre gewohnten Interessen und Spiele aus der Kindheit und gelten daher bei ihren Alterskameraden, die sie nun mehr und mehr meiden, als unreif und »uncool«. Einfacher sind für sie oft Spiele mit Jungen, da diese meist an Fakten und Regeln orientiert und sozial wie emotional weniger anspruchsvoll sind. Die Betroffenen lieben häufig solche Aufgaben, die ein logisches und präzises Denken erfordern, z. B. Denksportaufgaben, Zahlenlogik, mathematische Rätsel. Diese Fähigkeiten und Interessen werden in der Gesellschaft aber zum Teil noch immer eher Jungen und Männern zugeschrieben.

Es fällt den Betroffenen schwer, den Regeln der Mode ihrer gleichaltrigen Kameradinnen zu folgen, beispielsweise im Hinblick auf Kleidung, Musik, Interesse am anderen Geschlecht etc. Es gelingt ihnen nicht, den ständig wechselnden Modeströmungen zu folgen, sie ziehen vielmehr das Gewohnte und Bekannte (z. B. alte, bequeme Kleidung) vor. Sie tun sich auch schwer mit den körperlichen und seelischen Veränderungen in der Pubertät, die ihnen oft große Angst machen. Insbesondere fürchten sie sich vor dem Erwachsenwerden und wünschten sich oft sehnlichst, weiterhin ein Kind bleiben zu können, da sie sich den Anforderungen an eine Frau nicht gewachsen fühlen. Ihre pubertierenden Kameradinnen mit ihren emotionalen »Achterbahnfahrten« können sie meist nicht verstehen. Häufig bestehen Probleme mit der (Monats-) Hygiene, die vermehrte Berührungen des eigenen Körpers notwendig macht und Maßnahmen erfordert, die sich beim Tragen ungewohnt und fremd anfühlen. Es bestehen viele Unsicherheiten bezüglich der Sexualität und deren Bedeutung.

Nach wie vor haben die Betroffenen Schwierigkeiten mit der Koordination, was sich nun z. B. beim Tanzen bemerkbar macht, wo sie sich unelegant bewegen und daher als Tanzpartnerinnen unbeliebt sind. Die nicht angemessene Körpersprache bzw. der mangelnde Gebrauch derselben fallen auf. Die Probleme bezüglich der schulischen Anforderungen werden manchmal im Jugendalter größer oder auch erst dann wirklich deutlich, wenn Arbeitsplanung und -organisation sowie größere Selbstständigkeit gefordert werden. Die weiterhin angewandten Verhaltensweisen zur sensorischen Stimulation (z. B. schaukeln, mit dem Oberkörper wippen) wirken nun zunehmend seltsam und fremd auf Gleichaltrige.

Das Jugend- und junge Erwachsenenalter wird aufgrund all dieser Schwierigkeiten und Auffälligkeiten oft zu einer Krisenzeit für autistische Mädchen und Frauen. Die Freundschaften, die sie vielleicht im Kindesalter noch aufrechterhalten konnten, bröckeln nun, da die Anforderungen höher werden und sie diesen nicht mehr gerecht werden können. Vor allem die steigenden sozialen Ansprüche bezüglich Empathie oder der Entwicklung einer eigenständigen Persönlichkeit überfordern. Denn jetzt reicht die oberflächliche Sozialkompetenz, die sich durch Nachahmung erzielen lässt, oft nicht mehr. Die betroffenen Mädchen fühlen sich im Jugendalter oft besonders allein und isoliert. Sie möchten dabei sein und dazugehören, aber es gelingt ihnen nicht. Sie schämen sich und erfahren täglich neue Frustrationen. Häufig ziehen sie sich dann immer mehr zurück und entwickeln nicht selten auch Depressionen, die ein erhebliches Ausmaß annehmen und auch von lebensmüden Gedanken begleitet sein können. Es ist wichtig, diese ihre Not rechtzeitig zu erkennen, um ihnen helfen zu können und ihnen Wege aufzuzeigen, die sie voranbringen.

In dieser Zeit erhalten autistische Mädchen nicht selten auch erst dann die Diagnose einer Störung aus dem autistischen Spektrum, wenn die Situation aufgrund der bestehenden Unterschiede im Vergleich zu den Kameradinnen für sie bereits nahezu desaströs geworden ist. Dies bedeutet nun, dass sie sich neben all den für sie unverständlichen Anforderungen seitens der Umgebung auch noch mit der eigenen Behinderung beschäftigen müssen. All das überfordert sie oft deutlich. Die betroffenen Mädchen benötigen in dieser Zeit besonders umfangreiche Unterstützung und vor allem Anregungen, wie sie ihr Leben als heranwachsende und schließlich erwachsene Frau gestalten können.

Simone Pinke

## » Ich war mit 16 immer noch ein »großes Kind«

Die Jugendzeit beginnt natürlich nicht erst, wenn man mit 16 Jahren das zehnte Schuljahr abschließt. Dennoch werde ich in diesem Zeitraum mit meinem Bericht ansetzen, denn in diesem Alter, als andere sich längst schon zum Jugendlichen entwickelt hatten, war ich noch immer ein »großes Kind« gewesen. Jedenfalls verließ ich das zehnte Schuljahr der Hauptschule mit einem Notendurchschnitt, wie man ihn nicht von mir erwartet hatte. In der offenen Regelschule fand ich mich nach einiger Zeit zurecht und stieß dort stets auf verständnisvolle Lehrer. Mein Klassenlehrer sagte mir zum Abschluss, ich hätte in den drei Jahren, in denen ich an dieser Schule war, fast dasselbe gelernt wie meine Mitschüler in sechs Jahren. Das verdiene Anerkennung.

### Ich holte die mittlere Reife nach und besuchte dann ein Berufsbildungswerk

Danach entschied ich mich zunächst dafür, in einer Berufsfachschule die mittlere Reife nachzuholen. Weil ich mir nicht vorstellen konnte, wieder bei meiner Familie zu wohnen, wollte ich wieder in ein Internat. Diese Mädchenschule war auch die erste Einrichtung, in der es für mich keinerlei Mobbing durch Mitschüler gab. Ich wurde weder verprügelt, eingesperrt, drangsaliert noch in anderer Form misshandelt. Anschließend wurde ich in einem Berufsbildungswerk aufgenommen, wo man mich jedoch wegen mangelnder psychischer Ausbildungsreife zunächst in einer berufsvorbereitenden Maßnahme unterbrachte. Auf diese Weise konnte ich zumindest nach langer Zeit mal wieder die optimalen Gegebenheiten vorfinden, die sich für mich schon etliche Jahre zuvor in der Lernbehindertenklasse als äußerst hilfreich erwiesen hatten: Es gab auch hier wieder eine Klasse mit nur geringer Schüleranzahl und solchen Unterrichtsstoff, den ich mühelos beherrschte. Nach Abschluss dieses Berufsvorbereitungsjahres hatte ich, dem äußeren Anschein nach, offensichtlich genügend psychische Stabilität erlangt, um eine Ausbildung in einer der ansässigen Werkstätten des Berufsbildungswerkes beginnen zu können. Ich entschied mich dabei für den Beruf der Schriftsetzerin. Der Ausbildungseinrichtung war ein Lehrlingsheim angegliedert, in dem ich ebenfalls relativ problemlos mit sozialen Kontakten zurechtkam, aber natürlich hielt ich mich auch hier immer am Rande des Geschehens auf und verbrachte meine Freizeit zumeist nur mit einer einzelnen Freundin.

**Die anderen Heimbewohner kannten das Gefühl von Ausgrenzung und Mobbing und waren daher offen für Kontakte.**

Die sozialen Kontakte ließen sich für mich deshalb recht unkompliziert realisieren, da auch die anderen Auszubildenden Defizite in verschiedenen Bereichen zeigten, zumeist in körperlicher Hinsicht. Dadurch hatten auch sie in ihrer Biografie ganz individuelle, zuweilen auch negative, prägnante Erfahrungen mit anderen Menschen gemacht und kannten das Gefühl von Ausgrenzung und Mobbing, einhergehend mit der Empfindung des eigenen Andersseins. Vermutlich waren sie deshalb offen für Kontakte zu »gleichgesinnten« Menschen in einer überschaubaren Atmosphäre. Diese Tatsache, die ich recht bald erkennen konnte, erleichterte mir sehr die Kontaktaufnahme zu den anderen Heimbewohnern der Ausbildungseinrichtung; ich hatte dadurch weniger Angst davor, auf die Mitbewohner zuzugehen und sie anzusprechen. Schwierig waren für mich aber auch hier Gruppen von mehreren Leuten; ich bevorzugte es daher, mit einzelnen Mädchen zusammen zu sein. Eine Freundin aus dieser Zeit habe ich noch heute.

## Freundschaft und Sexualität

Parallel dazu ergab sich eines Tages der Versuch einer freundschaftlichen Beziehung zu einem jungen Mann, die allerdings schnell zu einer Enttäuschung wurde. Denn plötzlich ging es um das Thema Sexualität, mit dem ich überhaupt nichts anzufangen wusste, das aber nach Ansicht dieses männlichen Wesens doch völlig normal war und selbstverständlich dazugehörte. An dieser Stelle wurde mir wieder einmal schmerzlich bewusst, dass ich selbst wohl nicht normal sein konnte. Und auch dieser Freund sagte mir schließlich ganz direkt ins Gesicht, ich sei verhaltensgestört und gehöre »auf die Couch«. Nach dieser Aussage, die ich genau wörtlich genommen hatte, war ich zunächst völlig irritiert. Was hatte diese äußerst prekäre Angelegenheit denn um alles in der Welt mit einem Sofa zu tun? Soweit ich wusste, erledigten doch die meisten Menschen ihre Sexualität eher im Schlafzimmer.

## Ausbildung zur Schriftsetzerin

Die Setzerei gehörte zu dem Ausbildungsbereich des Berufsbildungswerkes und hatte nur einen kleinen Kollegenkreis, was ich günstig fand. Doch im Laufe der Zeit stellten sich die Nachteile dieses Berufsfeldes für mich heraus: Kaum ein Auftragsinhalt war mit dem vorherigen auch nur ansatzweise identisch, und ich hatte immense Schwierigkeiten, wenn es um flexible oder Layout-technische Arbeitsinhalte ging. Ich brauchte immer exakte und übersichtliche Arbeitsanweisungen in kleinen Einheiten und war absolut nicht in der Lage, mir die Vorgehensweise bei den jeweiligen Aufträgen selbstständig zu erarbeiten. Zugleich realisierten meine Ausbilder, dass sich auch in meinem Gesamtverhalten erhebliche Auffälligkeiten zeigten, zum Beispiel meine motorische Unruhe, die zuweilen sogar so weit ging, dass ich dadurch technische Arbeitsgeräte geringfügig beschädigte.

**Ich hatte panische Ängste vor eigenen Unzulänglichkeiten und vor den Ausbildern, obwohl ausnahmslos alle sehr freundlich und überaus geduldig waren.**

Außerdem fehlte es mir an altersgemäßer Reife und Vernunft, was sich unter anderem darin zeigte, dass ich heimlich Aufträge in meinem Schreibtisch verschwinden ließ, deren Anforderungsniveau mir zu hoch erschien. Ich hatte panische Ängste vor möglichen eigenen Unzulänglichkeiten und auch vor den Ausbildern, obwohl ausnahmslos alle sehr freundlich und überaus geduldig mit uns Auszubildenden umgingen. Nur unser Lehrmeister ging – in wohlmeinender Absicht – gelegentlich etwas zu weit. Er wollte uns den Arbeitsalltag in der freien Wirtschaft nahebringen, indem er uns auch mal unter Zeitdruck setzte. Das aber überforderte mich und führte zu unkontrollierten emotionalen Ausbrüchen. Nachdem dies ein paar Mal geschehen war, machte man sich ab dem zweiten Lehrjahr auch hier darüber Gedanken, wie ich wohl im späteren Arbeitsprozess nach der Ausbildung zurechtkommen würde.

## Zunehmende Schwierigkeiten

Und so machte ich schließlich mal wieder eine Psychotherapie, was ich zuvor bereits einige Male erfolglos versucht hatte. Es gab einfach niemanden, der mich verstand. In den Sitzungen versuchte ich nun erneut, einen Zustand zu umschreiben, für den es einfach keine Worte zu geben schien. Die einzigen klar formulierten Sätze in diesem Zusammenhang lauteten: »Ich fühle mich eingesperrt in mir selbst. Mein Kopf ist wie eine Zellentür. Hin und wieder ist sie angelehnt, aber meistens ist sie abgeschlossen.« Mit solchen Formulierungen konnte zur damaligen Zeit natürlich niemand etwas anfangen. Einige Menschen in meiner früheren Umgebung brachten des Öfteren zum Ausdruck, dass sich bei mir situationsbedingt ein übermäßiger Redefluss gezeigt hätte. Die oft unzusammenhängend und uninteressant erscheinenden Sprachinhalte mit teilweise sich ständig wiederholenden Aussagen waren jedoch vielmehr mein verzweifelter Versuch, meine innere Isolation in der Kindheit und Jugend zu durchdringen, die unsichtbare Mauer zwischen der äußeren Welt und mir zu überwinden.
Der Lehrmeister in meinem Ausbildungsbetrieb sah jedenfalls nach und nach ein, dass ich leider doch nicht so belastbar war, wie er es normalerweise bei fast erwachsenen Menschen voraussetzen konnte. Er ging fortan sensibler mit mir um, in der Hoffnung, dass es mir später gelänge, einen Arbeitsplatz zu finden, der auf meine Bedürfnisse einigermaßen zugeschnitten sein würde. Während er den anderen Auszubildenden noch zusätzliche Fertigkeiten und Kenntnisse vermittelte, arbeite er mit mir hauptsächlich auf die Abschlussprüfung hin, um mich nicht unnötig zu überfordern. Diese Prüfung schloss ich dann mit besseren Noten ab als vom Betrieb erwartet und konnte ein halbes Jahr später in einem kleinen Druckereibetrieb meinen ersten Arbeitsplatz antreten.

Nicole Höhlriegel

## »Letzte Schuljahre – Entwicklung von Bewältigungsstrategien

Im Gymnasium dauerte es mehrere Jahre, bis ich das dortige System und seine Spielregeln durchschaut hatte. Es war für mich zunächst mühsam, die fachlichen Anforderungen von den sozialen Ansprüchen zu trennen. Erst in der achten Klasse bemerkte ich, dass, wenn ich mich auf das Fachliche konzentrierte, der Inhalt ganz einfach war und ich sehr gute Noten erzielen konnte. Es war das Soziale, das Miteinander mit den anderen Schülern, das mich ständig überforderte, in meinem Kopf viele Fragezeichen hinterließ und mich regelmäßig durcheinanderbrachte. Die vielen ungeregelten Situationen wie Pausen, Klassenfahrten und zunächst auch die Schulferien warfen mein mir selbst mühsam erdachtes Ordnungssystem mit Ganztagesstundenplänen – die ich zu jedem Schulbeginn im September neu erstellte – und meine mit viel Energie gebastelten Ablaufroutinen (Anziehen, Schulweg, Heimweg, Sportverein, Besuch meiner Oma) gehörig durcheinander.

Aber ich entwickelte Lösungen, denn nach und nach entschlüsselte ich das System und fand Nischen für mich und meine Interessen. Statt mich in den Pausen in die Toiletten zu flüchten (was ich drei Jahre lang in jeder Pause tat), entdeckte ich irgendwann die Bibliothek. Es war deutlich besser, dort die freie Zeit zu verbringen. So konnte ich sehr spannende Texte aus vielen Fachgebieten lesen – einiges davon weiß ich dank meines guten Gedächtnisses bis heute. Für die Schulferien entdeckte ich die Ferienveranstaltungen der Stadt und war glücklich über die dort herrschenden klaren Angaben, was mitzubringen und wie genau der Ablauf war. Hierfür gab es schon Monate vorher klar strukturierte Broschüren, sodass ich alles gut vorplanen konnte. So lernte ich viele Aktivitäten kennen (Sport, Naturexpeditionen, Besuch im Fernsehstudio etc.), konnte dabei »Soziales« üben und hatte immer interessante, aber gut zu bewältigende Anforderungen. Heute denke ich, dass es mir dadurch möglich wurde, trotz meiner Einschränkungen für viele Lebenssituationen Bewältigungsstrategien zu entwickeln. Es erforderte einen hohen Energieaufwand, denn ich musste mir diese Lösungen meist alleine mühsam erarbeiten. Hilfreiche Unterstützung wären natürlich eine frühzeitige Diagnose meiner Behinderung und konstruktive Hilfestellungen bei der Bewältigung der alltäglichen Anforderungen gewesen. Vermutlich hätte mir dies einige schwierige Situationen und Phasen erspart; vielleicht aber hätte ich dann auch nicht so viele individuelle Lösungen gefunden?

**Die vielen ungeregelten Situationen wie Pausen und Klassenfahrten warfen mein mir selbst mühsam erdachtes Ordnungssystem durcheinander.**

## Mein Zuhause – der Hauptbrennpunkt von Verwirrung und Chaos

Hauptproblem blieb in dieser Zeit die häusliche Situation mit meinen Eltern und meiner Schwester. Meine zunächst aggressiven, mich selbst und andere verletzenden Verhaltensweisen durchschaute ich schnell als »nicht erwünscht« und begrenzte sie auf das Zuhause, wo der Hauptbrennpunkt von Verwirrung und Chaos lag. Es war mir bewusst, dass Aggression nach außen unpassend war – dennoch wusste ich keinen anderen Ausweg aus meiner Verzweiflung des Nichtverstandenwerdens.

Unzählige Male wurde mir nämlich gesagt, dass es an diesem Ort nicht laut sei, es in jener Situation nicht chaotisch und undurchschaubar sei, dass die Schwarzwälder Kirschtorte nicht nach Leberwurst und das Vanilleeis nicht nach Fisch schmeckten. Für mich aber war es doch so (heute ist es erklärt durch meine sehr niedrige Wahrnehmungsschwelle im Bereich dieser Sinneseindrücke). Aber wie sollte ich damals, ohne Diagnose, ohne eigenes Verstehen und ohne jegliches Verständnis durch mein Umfeld mit diesen Erlebnissen umgehen?

**Ich bestrafte mich selbst für mein »Falsch-Sein«, in der Hoffnung, dann »normal« zu werden.**

Eine meiner Reaktionen war, mich selbst für meine Wahrnehmung zu bestrafen. Wenn ich wegen des (angeblich nicht vorhandenen) Lärms durch die Toilettenspülungen aller Nachbarwohnungen des Wohnblocks in der Nacht nicht schlafen konnte, dann legte ich mich ab einem bestimmten Zeitpunkt zur Strafe ohne Decke neben das Bett auf den kalten Fußboden. Es brauchte keine Demütigung und keine Sanktionen mehr von außen. Ich selbst übernahm es, mich für mein »Falschsein« zu bestrafen – aus Verzweiflung oder vielleicht eher in der Hoffnung, dass ich dann endlich »normal« würde.

Immer wieder suchte ich nach Verständnis, Liebe und Zuwendung in meiner Umgebung. Es endete immer in Verzweiflung und Hoffnungslosigkeit. Ich verfiel sogar darauf, mich selbst zu verletzen und mir zum Beispiel die Finger absichtlich in der Autotür einzuklemmen, damit sich jemand um mich kümmerte. Endlich nahm mich mal jemand wahr, als Menschen mit Schmerzen. Doch es war nur ein kleiner Trost, dass meine äußerlichen Wunden versorgt wurden. Denn ich als Mensch und als verzweifelte Persönlichkeit suchte in dieser Zeit nach Hilfe, nach Verstehen, nach Geborgenheit und nach einem sicheren Zuhause. Es sollte noch lange dauern, bis ich dieses »Gefühl von Zuhause« finden sollte.

Ab jener Zeit der verzweifelten Suche wurde ich in weiten Bereichen meines Lebens zur Schauspielerin. In der Pubertät beschloss ich, dass mein Weg der des »normalisierten Wesens« sein sollte. Seither versuchte ich, so gut ich konnte, die wahrgenommenen Ansprüche von außen zu erfüllen. Ich war fleißige Schülerin, ich war höfliche Studentin und hilfsbereite Nachbarin. In meinem späteren Job als Ärztin konnte ich diese Rolle bis zur Perfektion ausüben – ohne eine Sekunde am Tag zu fragen, wer ich selbst war oder was ich selbst brauchte.

### Die Autismusdiagnose – die größte Erleichterung meines Lebens

Es folgte ein bitteres Erwachen – fast zu spät – durch die Autismusdiagnose. Gleichzeitig war dies die größte Erleichterung meines Lebens; denn endlich wurde mir gesagt, dass es wirklich eine Schauspielrolle war, die ich lebte, und dass in Wahrheit meine Wahrnehmung für mich so in Ordnung war. Dass es doch laut war, wenn ich es so empfand, und dass doch das Eis nach Fisch schmeckte, wenn beides nebeneinander im Gefrierfach lag. Der Autismus erklärte meine Wahrnehmung und mein Sein, und nach 32 Jahren Verzweiflung durfte ich endlich beginnen, mir und meiner eigenen Wahrnehmung zu trauen und Rücksicht auf mich und meine Grenzen zu nehmen. Seither nutze ich Ohrenstöpsel, wenn es mir zu laut ist, und käme niemals mehr auf die Idee, mich für eine Lärmbelästigung auch noch selbst zu bestrafen. Heute glaube ich, dass ich als Jugendliche schon schwer krank war – nicht durch die angeborene autistische Behinderung, sondern durch die Tatsache, dass keiner in meinem Umfeld die andere Wahrnehmung erkannte und als solche dem Autismusspektrum zuordnete oder zumindest als »okay« tolerierte.

In meiner Jugend bestand mein Weg aus Rückzug und Flucht.

In meiner Jugend bestand mein Weg aus Rückzug und Flucht, nur unterbrochen vom schulischen Alltag und den regelmäßig eskalierenden Familiensituationen. Innerhalb dieses Rahmens fand ich meinen Weg. Noch während der Schulzeit zog ich in ein Studentenwohnheim, denn die dauerhaft eskalierende häusliche Situation war für niemanden mehr zu tolerieren. Somit fand ich Ruhe, Ordnung und Struktur, die mich immerhin zu einem Abitur führten, mit dem ich problemlos Zugang zu meinem heiß ersehnten Medizinstudium bekam.

### Die Kommunikation – ein Buch mit sieben Siegeln

Gleichzeitig war für mich die Kommunikation schon immer ein Buch mit sieben Siegeln. Natürlich konnte ich Worte und Sätze wiederholen. Mein Gedächtnis war sehr gut, sodass ich auch ganze Texte, Radioberichte, Vorträge bis ins Detail wiedergeben konnte. Allerdings wurde das Problem deutlich, sobald es um das Verstehen und um spontane zielgerichtete Antworten ging. Was bedeuteten all die ausgeschmückten, mit Höflichkeitsfloskeln angereicherten und verblümten Äußerungen meiner Mitmenschen? Klar, so grob verstand ich, worum es ging – allerdings nur grob. Mein häufiges Treten in verbale Fettnäpfchen zeigte, dass es für mich schon immer schwierig war, zwischen den Zeilen zu lesen. Dank meiner hohen Auffassungsgabe konnte ich Sprichworte auswendig lernen und mit etwas Unterstützung (besonders durch meinen Opa) deren Bedeutung in mein Hirn trichtern.

Wenn ich Stress habe oder schwer krank bin, benutze ich Floskeln wie »passt schon«.

Wenn ich Stress habe oder schwer krank bin (was leider schon mehrfach vorkam), bin ich der spontanen Verbalsprache nicht gut mächtig. Meist benutze ich dann nur Floskeln, die ich mir angewöhnt habe, wie z. B. »passt schon«. Leider passierte mir dies auch, als ich mit einer schweren Kolitis (Darmentzündung) in der Klinik lag. Mein ständiges »passt schon«-Sagen wurde leider allzu ernst genommen mit der Folge, dass es mir täglich schlechter ging und ich wirklich fast gestorben wäre, ohne dass es jemand bemerkte. Zum Glück besuchte mich mein Freund, mit dem ich schon seit vielen Jahren zusammen war und der daher in der Lage war, die Situation einzuschätzen. Er spürte an der Art, wie ich nonverbal kommunizierte (z. B. hielt ich immer mein Halstuch in der Hand, was ich nur mache, wenn es mir sehr schlecht geht), dass etwas so gar nicht stimmte, und informierte die Ärzte. Labor und weitere Untersuchungen bestätigten, dass mein »passt schon« ganz und gar unangemessen war.
Anhand solcher Situationen wird mir immer wieder deutlich, wie eingeschränkt meine verbalen Kommunikationsmöglichkeiten sind und wie sehr ich auf Menschen angewiesen bin, die meine nonverbalen Äußerungen wahrnehmen und korrekt zuordnen.

**Alle wichtigen Entscheidungen treffe ich ausschließlich in schriftlicher Form und mit genügend Bedenkzeit.**

Bis heute fällt mir die schriftliche Form der Kommunikation deutlich leichter als die spontane Verbalsprache. Alle wichtigen Entscheidungen treffe ich ausschließlich in schriftlicher Form und mit genügend Bedenkzeit. Somit bestand schon immer ein schwerwiegendes Kommunikationsproblem, das weder in meiner Kindheit noch in der Jugendzeit von außen bemerkt wurde; vermutlich überdeckt durch meine hohe Kompetenz in der Verwendung von detailreicher direkter Fachsprache, die meine Kommunikation in weiten Teilen kennzeichnete und mich letztlich zu schulischem und universitärem Erfolg führte. Dass ich kaum über Kompetenzen in Alltagssprache, Small Talk und unter Zeitdruck verfüge, wird bis heute von meinem Umfeld kaum erkannt.

### Lernen als Ersatz für partnerschaftliche Kontakte

Abschließend bleibt zu meiner Jugend noch zu sagen, dass ich weder Pubertät noch erste »Paarungsversuche« meiner Schulkameraden verstand. Mein Weg war das Lernen für die Schulfächer (abgesehen davon, dass ich mit der Flucht aus dem Elternhaus beschäftigt war und kaum Zeit für solche aus meiner Sicht »nebensächlichen« Themen wie Pubertät hatte). Allerdings kam dies später in Form von Depression, Verzweiflung und Einsamkeit zurück, denn bis heute weiß ich keine Lösung für solche Dinge und für einen Umgang damit. Einer meiner Wünsche ist es daher, Unterstützung bei der heutigen Beschäftigung mit dieser verpassten bzw. anders genutzten Lebensphase zu finden.

Christine Preißmann

## » Freundschaft und Anderssein

Im Jugendalter hatte ich meine erste große Krise durchzustehen. Nach und nach wurde mir immer stärker bewusst, dass meine Klassenkameradinnen Freunde hatten und ich nicht, dass sie sich anders verhielten, andere Interessen und andere Vorlieben hatten. Diese Erkenntnis tat mir weh, zumal ich keine Ahnung hatte, wie es mir gelingen könnte, auch dazuzugehören. In dieser Zeit entfernte ich mich viel weiter von den Gleichaltrigen als in jeder anderen Phase meines bisherigen Lebens. Der Unterschied war so groß wie nie zuvor, und es waren erstmals wirklich bedrohliche Zeiten für mich. Ich wusste nicht, was ich tun sollte. Ich merkte nur, dass ich irgendwie anders war, und ich begann, mich dafür zu hassen.

Schwierig wurde nun die Freizeitgestaltung, was die Nachmittage, Abende und Wochenenden betraf. Ich bekam mit, dass die anderen sich verabredeten, um ins Kino, in die Disco oder zum Tanzkurs zu gehen. Manchmal ging auch ich abends weg, erzählte dann meinen Eltern, ich ginge zu irgendwelchen Klassenkameradinnen. Meine Eltern sollten glauben, ich hätte Freunde gefunden.

Manchmal, wenn ich sehr einsam war, ging ich mit in die Disco, obwohl es dort bei weitem zu laut für mich war. Meine Kleidung stank noch tagelang nach kaltem Rauch, wovor ich mich ekelte. Tanzen konnte ich auch nicht, es war eng und dämmrig, sodass ich oft mit anderen zusammenstieß. Ich fühlte mich dort nicht wohl, meine Klassenkameraden aber schon. Manchmal betrank ich mich ein bisschen, da mir entsetzlich langweilig war. Ich hatte keine Ahnung, welche Menge ich vertrug. Einerseits wollte ich gleich wieder weg, andererseits wollte ich ja dazugehören. Manchmal saß ich stundenlang auf der Toilette. Man vermisste mich nicht, und wenn man nicht sah, dass ich mich langweilte, war alles in Ordnung für die anderen. Für mich dagegen war überhaupt nichts in Ordnung in dieser Zeit. Ich verstand nicht, warum ich kein Interesse an den Aktivitäten hatte, die den anderen Mädchen so gefielen. Vor allem verstand ich nicht, was sie an Jungs fanden.

> **Manchmal, wenn ich sehr einsam war, ging ich mit in die Disco, obwohl es mir dort viel zu laut war und ich mich nicht wohlfühlte.**

### Körperliche Attraktivität und »weibliche« Verhaltensweisen

Ein wichtiger Punkt war für sie dabei der Aspekt der körperlichen Attraktivität. Männer wünschen sich ja in der Regel ein »weibliches« Auftreten und ein ansprechendes Äußeres. Nun ist es aber so, dass sich viele autistische Mädchen und Frauen, wie auch ich selbst, nur sehr wenig für äußerliche Attraktivität interessieren. Ich hatte noch nie den Wunsch, ein hübsches Kleid anzuziehen oder mich zu schminken. Ich laufe am liebsten in bequemer Trainingskleidung herum, und eine Gesichtscreme ist das Einzige, das ich auftrage, und auch das noch nicht sehr lange.

Ich glaube, es ist wichtig, jedes einzelne betroffene Mädchen in dieser Hinsicht individuell zu beraten. Es wird immer wieder Zeiten geben, in denen die Sehnsucht nach Freundinnen oder einem Partner so stark ist, dass man viele Anstrengungen dafür auf sich nehmen will. So ging es auch mir im Jugendalter, damals aber hatte ich niemanden, der mir dabei hätte helfen können. Heute ist es für mich stimmiger, mich nach meinen Bedürfnissen zu kleiden. Das heißt aber nicht, dass ich nicht inzwischen auch einen kurzzeitigen festlichen Anlass mit der entsprechenden Kleidung genießen kann. Ich habe noch nie Lippenstift, Wimperntusche oder ähnliche Dinge ausprobiert. Erst vor wenigen Monaten ließ ich mir von meiner Ergotherapeutin zeigen, welche Möglichkeiten hier bestehen, warum es sinnvoll sein kann, sich zumindest ein bisschen zu schminken, und welche Produkte man dann wählen könnte. Das war hilfreich und interessant für mich.

**Ich hatte noch nie den Wunsch, ein hübsches Kleid anzuziehen oder mich zu schminken. Ich laufe am liebsten in bequemer Trainingskleidung herum.**

### Naivität: Ich erledigte die Hausaufgaben für meine Mitschüler

In der Schule hatte ich, da ich mich meist langweilte, es mir nun zur Aufgabe gemacht, die Handschrift sämtlicher Mitschüler zu kopieren, und es gelang mir nach nur kurzem Üben nahezu perfekt. Freudestrahlend berichtete ich davon, aber das war vermutlich ein Fehler. Ich war nämlich sehr naiv und bemerkte meist gar nicht, wenn man mich ärgern oder auch ausnutzen wollte. Da ich aufgrund von Knieproblemen glücklicherweise über viele Jahre hinweg vom Sportunterricht befreit war, fanden meine Mitschüler, dies sei der geeignete Zeitpunkt, für sie alle die Hausaufgaben in Mathematik zu erledigen (ich war gut in Mathe), andernfalls müsste man meine Pausenbrote in der Türe zerquetschen. Also erledigte ich für sie in »ihrer« jeweiligen Handschrift die Hausaufgaben, fand das auch nicht weiter schlimm, denn es machte mir einerseits Spaß, meine Kenntnisse zu perfektionieren, und auf der anderen Seite genoss ich es manchmal auch ein bisschen, für meine Fähigkeiten bewundert zu werden, was selten genug vorkam. Erst im Erwachsenenalter habe ich gemerkt, dass das nicht ganz richtig war, was sich damals abgespielt hatte.

**Meine Klassenkameradinnen fanden die Frage, welcher Mann »süß« war, entscheidender als alles andere.**

Manchmal durfte ich nun auch mitgehen ins Kino, es gab bei uns ein Kinoprojekt von der Stadtjugendpflege. Dort bekam man einen Stempel auf die Hand als »Eintrittskarte«. Da ich alles kopieren konnte, ging das auch bei Stempeln, niemand hat es je gemerkt. Ich war zu diesem Zweck also gern gesehene Kinobegleitung, aber ich litt dort entsetzlich, da ich den Filmen nicht folgen konnte und sie nicht im Zusammenhang verstand, mir blieben nur anscheinend irrelevante Kleinigkeiten in Erinnerung. Meine Klassenkameradinnen fanden die Frage, welcher Mann »süß« war, entscheidender als alles andere. Wie also hätte ich eine gemeinsame Basis mit ihnen herstellen können, wenn ich mich stattdessen mit der für mich viel wesentlicheren Frage beschäftigte, welche Flugziele die Lufthansa wohl im kommenden Jahr zu welcher Uhrzeit ansteuern würde?

## Laura – meine erste Freundin?

Dennoch war ich mir immer sicher, dass ich irgendwie Freundinnen hätte, wenngleich auf einem anderen Niveau als die anderen Mädchen. Erst später, gegen Ende meines Studiums, begriff ich, dass das nicht der Fall war. Erst dann wurde mir klar, war es bedeutet, eine Freundin zu haben. Ich begann damals mit dem Praktischen Jahr meines Medizinstudiums und musste dafür an ein kleineres Krankenhaus, wo ich im Wohnheim ein Zimmer bekam. Eine Studienkollegin (die ich hier Laura nenne, tatsächlich hieß sie anders), die ich nett fand und die auf der Nachbarstation arbeitete, fragte mich eines Tages, ob wir nicht mal gemeinsam zu Abend essen wollten. Ich freute mich sehr über dieses Angebot, und in der Folge trafen wir uns öfter zum Abendessen und tauschten uns dabei über unsere Erfahrungen beim Praktikum und auch über unsere Schwierigkeiten aus. Nach einiger Zeit gelang es mir recht gut, mich ihr gegenüber zu öffnen. Es war eine schöne Zeit für mich, ich mochte Laura sehr gern und hatte das Gefühl, dass ich jetzt endlich eine Freundin gefunden hätte. Nie zuvor hatte ich so gute Gespräche mit einer Gleichaltrigen geführt. Dieser Kontakt aber war für mich auch deswegen einfacher, weil wir nur zu zweit waren und ich nicht mit einer ganzen Gruppe von Mädchen zurechtkommen musste. So, genau so stellte ich mir eine Freundschaft vor. Nach einiger Zeit aber fragte Laura mich immer öfter, ob wir uns auch mal außerhalb unserer Zimmer treffen wollten, um ins Kino oder sonst wohin zu gehen. Da bekam ich Angst, weil ich das Gefühl hatte, es würde mir zu viel, ihr dagegen könnte das Wenige, was ich zu geben im Stande war, wohl nicht reichen. Ich hatte ein ungutes Gefühl und ahnte, dass dies der Anfang vom Ende unserer freundschaftlichen Beziehung war. Leider sollte ich recht behalten. Laura fand andere Leute, mit denen sie mehr anfangen konnte, und es war sehr schwer für mich, als ich sah, wie gut es ihr damit zu gehen schien. Seither habe ich sie leider nicht mehr gesehen. Ich konnte diese Problematik mit meiner Psychotherapeutin besprechen, einer sehr lieben und verständnisvollen Psychologin, die mich seit vielen Jahren sehr unterstützt. Ich fand sie eher zufällig, als es mir schlecht ging und mein damaliger Psychiater mir eine Therapie empfahl.

**Ich bekam Angst, weil ich das Gefühl hatte, es würde mir zu viel, ihr dagegen könnte das Wenige, was ich zu geben im Stande war, wohl nicht reichen.**

Aber nun hätte ich zusätzlich jemanden gebraucht, der mir ganz konkret dabei geholfen hätte, eine Freundin zu finden, der mich im konkreten Fall ganz kleinschrittig hätte begleiten und es mir so vielleicht hätte ermöglichen können, die Freundschaft zu gestalten und möglicherweise auch fortzusetzen. Dazu aber hätte ich damals bereits die Fähigkeit gebraucht, all dies analysieren und verbalisieren zu können. Und mir ist durchaus auch bewusst, dass das ein aufwändiger und langfristiger Prozess gewesen wäre. Aber ich glaube auch, es wäre nicht unmöglich gewesen. Und vielleicht ergibt sich ja irgendwann eine neue Chance. Eine liebe Freundin, das wäre immer noch mein größtes Glück.

### Pubertät, Sexualität und Missverständnisse

Ich erkenne im Rückblick, dass sich die Pubertät bei mir deutlich später einstellte als bei den anderen Mädchen in meinem Alter. Auch das Interesse an der Sexualität gehörte dazu, die für mich noch lange kein Thema war und erst viel später eine Rolle spielte. Allerdings hatte ich auch lange Zeit keine Ahnung von der Vorgehensweise bei einem intimen Kontakt. So erinnere ich mich noch gut an eine Fortbildung, die ich mit etwa Mitte Zwanzig besuchte. Im Hotelfernsehen entdeckte ich erstmals den Videokanal, in dem Pornofilme liefen. Es entsetzte mich, was die Darsteller miteinander machten, und ich konnte mir gar nicht vorstellen, dass es mir jemals möglich sein würde, dies alles auch selbst zu tun. Ein sexueller Kontakt schien in unerreichbare Ferne zu rücken, was mich ein bisschen frustrierte. Aber ich versuchte, mir einzuprägen, in welcher Reihenfolge die Schauspieler die Stellungen durchspielten, man konnte ja schließlich nie wissen. Irgendwann erzählte ich meiner Therapeutin davon und erfuhr erleichtert von ihr, dass es keinesfalls nötig ist, all diese Techniken anzuwenden. Außerdem stellt die Darstellung in Pornofilmen nicht die Realität eines normalen sexuellen Kontaktes dar, sondern ist extrem übertrieben.

*Manchmal hilft nur radikaler Rückzug, auch wenn dann die Verbindung ganz abreißt. Gerade in der Pubertät komme ich selbst nicht mit mir klar – verschont mich mit Gefühlsduselei und Liebesgeflüster.*

Für mich wäre es also wichtig gewesen, eine für mich verständliche Sexualberatung zu erhalten, allerdings zu einem späteren Zeitpunkt als meine Klassenkameraden. Als ich an diesem Thema ein Interesse entwickelte, war eine solche Beratung und Aufklärung nicht mehr vorgesehen, dann hatte man über diesen Bereich Bescheid zu wissen. Ich glaube, viele Ängste ließen sich vermeiden, würde man mehr auf die jeweiligen Bedürfnisse zur entsprechenden Zeit achten.

### Wörtliches Sprachverständnis

Ich habe außerdem, wie die meisten anderen autistischen Menschen, ein wörtliches Sprachverständnis, was immer wieder zu beiderseitigen Missverständnissen führt. Beispiele dafür sind Zeitangaben wie »eine gute halbe Stunde« (einunddreißig Minuten? Fünfunddreißig? Vierzig oder gar noch mehr?), die für mich schwer sind, weil ich meinen Tagesablauf sehr genau plane, um Sicherheit zu haben. So gab es auch früher im Urlaub mit meinen Eltern immer wieder Probleme, weil sie sich nicht so exakt festlegen wollten. Sie wussten damals noch nicht, wie wichtig das für mich gewesen wäre. Wir unternahmen also eine Wanderung »ins Blaue« (aber die Wiesen waren doch eher grün!), wollten »bald« ankommen und dann auch wieder »früh« zurück sein. Es war entsetzlich. Immer wurde es später Nachmittag, bis wir wieder in der Pension waren, meine Eltern empfanden das als »früh«, ich aber hatte eher mit einer Rückkehr am Vormittag gerechnet und den Ablauf des Nachmittags daher anderweitig verplant. Dauernd gab es Streit, was mir danach leidtat (und meinen Eltern auch, wie ich heute weiß). Es ist also nachvollziehbar, dass es oft für beide Seiten eine Erleichterung bedeutet, das gegenseitige Verhalten einschätzen zu können und zu erfahren, dass das tägliche Miteinander nicht nur aus Provokationen besteht.

---

Charlotte S.

## » Wie es unserer Tochter Anna im Gymnasium erging

Anna entwickelte sich zu einem zunehmend introvertierten, ruhig und oft passiv wirkenden Teenager. Sie erledigte ihre Aufgaben zwar meist langsam, aber gewissenhaft und zeigte trotz sehr zurückhaltender mündlicher Mitarbeit auch im Gymnasium insgesamt recht gute Leistungen. Zu Hause beklagte sie sich jedoch häufig über die Lautstärke und die schlechte Luft im Klassenzimmer.
Sie bekam oft Kopfschmerzen und war verspannt. Heute wissen wir, dass Anna wohl viele Geräusche, die andere Personen allenfalls als Hintergrundrauschen wahrnehmen, ungefiltert und laut hört, was sie nicht nur von Wesentlichem ablenken kann, sondern manchmal auch zu einer Reizüberflutung führt und großen Stress auslöst.

Annas Bedürfnis nach sozialen Kontakten mit Gleichaltrigen blieb gering und kam meist nur auf meine Initiative zustande. Viele Kinder zeigten aber bald kein Interesse mehr, sich mit Anna zu treffen. Das machte mich sehr traurig. Ich wünschte mir für meine Tochter so sehr, dass sie wie andere Teenager auch mit einer vertrauten Freundin herumkichern und ausgelassen sein könnte. Annas Vorliebe für klassische Musik und die Lektüre über das Leben von Mozart fanden die anderen Jugendlichen sicher »uncool«. Anna zeigte auch kein Interesse an der Trendkleidung. Statt bauchfreier Tops trug sie Blümchenkleider, was ich durchaus mutig und selbstbewusst fand. Nachdem eine Lehrerin meinte, so ein Kleid sei für die Schule nicht geeignet, versuchte sie sich kurzfristig in Bezug auf die Kleidung den Gleichaltrigen anzupassen, vermutlich deshalb, um so auch mehr akzeptiert zu werden. Später kehrte sie jedoch zu ihrem eher alternativen Stil zurück, der auch mehr zu ihrem natürlichen und ungekünstelten Erscheinungsbild passt. Sie ist auf ihre Art und Weise ein hübsches Mädchen und in ihrer Natürlichkeit absolut authentisch.

Statt bauchfreier Tops trug Anna Blümchenkleider.

Eine weitere Schwierigkeit im Kontakt mit Gleichaltrigen war ihr Hang zum Monologisieren. Dabei vertrat sie zum Teil extreme Standpunkte. Ihre absolute Ablehnung von Fast Food und Alkohol kam bei den anderen nicht gut an.

## Die Mitschüler mobbten Anna, die Lehrer sahen weg

Mit Beginn der Mittelstufe machten ihre Klassenkameraden zunehmend abfällige Bemerkungen, wenn Anna im Unterricht etwas gesagt hatte. Woraufhin sie im Mündlichen noch weniger mitmachte und oft verzweifelt aus der Schule kam. Ich erklärte ihr, dass viele Jugendliche in der Pubertät selbst große Probleme haben und ihre Aggressionen dann an anderen Schülern auslassen. Ich versuchte, mit ihr einzuüben, wie sie sich wehren könnte oder welche Sätze sie bei Beleidigungen entgegnen könnte. Aber Anna konnte dies verständlicherweise nicht umsetzen. Auch der Besuch eines Selbstverteidigungskurses änderte nichts daran.

Anna entwickelte psychosomatische Beschwerden wie Schwindel, Kopf- und Bauchschmerzen.

Die Situation wurde für Anna immer unerträglicher, da sie in der Folge von ihren Mitschülern völlig ignoriert und ausgeschlossen wurde, worüber nicht nur Anna, sondern auch ich sehr traurig war. In den Pausen verließ sie wohl meist fluchtartig das Klassenzimmer und lief ziellos im Schulhaus umher oder suchte sich ein stilles Eckchen, bis es zur nächsten Stunde klingelte. Sie entwickelte in dieser Zeit zunehmend psychosomatische Beschwerden und stand nicht selten schon morgens kreidebleich vor mir, klagte über Schwindel, Kopf- und Bauchschmerzen und bat darum, nicht in die Schule gehen zu müssen. Sie zeigte zunehmend Zeichen einer Depression und wurde zum ersten Mal auch antidepressiv mit einem pflanzlichen Mittel behandelt. Nach einem Schulwechsel blühte Anna zunächst richtig auf, da sie durch den Neuanfang motiviert war. Sie nahm gern an Aktivitäten wie dem Rudern teil und besuchte mit einer älteren und auch eher ruhigen Schülerin Konzerte, besichtigte Kirchen und Museen oder machte mit einer Erzieherin und deren Hund lange Spaziergänge. Doch nach einer Weile stellte sich heraus, dass die gleichaltrigen Mädchen sie auch hier ablehnten, und sie wurde erneut zur Außenseiterin.

### Endlich die richtige Diagnose

Die Vermutung einer Pädagogin, dass Anna eine Autismus-Spektrum-Störung haben könnte, führte nach vorhergehenden und noch folgenden Fehldiagnosen endlich zur richtigen Diagnose. Bei meiner Tochter habe ich jetzt den Eindruck, dass ihr mit zunehmendem Wissen die Identifikation mit dem Asperger-Syndrom seit der Diagnosestellung hilft, ihre Andersartigkeit einzuordnen, besser die persönlichen Folgen zu verstehen und auch ihre Ressourcen zu erkennen. Dasselbe gilt auch für uns Eltern und für die Geschwister.

### Die seelische Entwicklung blieb hinter der körperlichen zurück

In der Pubertät blieb Anna in ihrer seelischen Reifeentwicklung eher auf einer kindlichen Basis stehen, während sich andere Jugendliche schnell weiterentwickelten und auch zunehmend selbstständiger wurden. Auch Annas zwei Jahre jüngere Schwester überholte sie im Alter von 12–14 Jahren rasch in ihrer Entwicklung. Bei Anna dagegen fiel nun verstärkt auf, dass sie bei der Erledigung von vielen Dingen im Alltag noch übermäßig oft Hilfe in Anspruch nehmen musste und bei komplexeren Problemstellungen schnell den Überblick verlor, was ihr auch selbst unangenehm war. Ich spürte, dass sie auf der einen Seite in einem großen Streben nach Autonomie Hilfe ablehnte, dann aber oft frustriert feststellte, dass es ohne Unterstützung nicht klappen würde. Manche intuitiven Problemlösestrategien, die man eigentlich aufgrund des Alters voraussetzen musste, waren nicht vorhanden, sodass es in bestimmten Situationen oft nötig war, Anna auf einen naheliegenden praktischen Lösungsweg hinzuweisen. Gerade im Vergleich der unterschiedlichen Entwicklungen der beiden Schwestern machte ich mir in dieser Zeit zunehmend Sorgen, da Annas Probleme offensichtlicher wurden und andere Dimensionen annahmen.

**Sie war keineswegs stolz auf ihr weiblicher werdendes Äußeres, sondern es erschien ihr wohl eher als lästig oder peinlich.**

Die Pubertät bedeutete für sie auch den Beginn einer sehr einsamen Zeit, in der sie in ihrer freien Zeit fast nur noch innerhalb der Familie lebte. Ich konnte es gut verstehen, dass gut gemeinte Versuche auch von meiner Seite von ihr nun als peinlich empfunden wurden und ein sehr ablehnendes Verhalten auslösten. An

dem Konflikt und der Hilflosigkeit, die die immer größer werdende Diskrepanz auslöste zwischen dem Wunsch, selbstständig zu sein, es aber zugleich nicht zu können, litt die ganze Familie.
Die in der Pubertät auftretenden körperlichen Veränderungen schienen zwar zeitgerecht, passten aber so gar nicht zu dem weiterhin eher kindlichen seelischen Zustand meiner Tochter. Ich merkte, dass sie keineswegs stolz auf ihr weiblicher werdendes Äußeres war, sondern es erschien ihr wohl eher als lästig oder peinlich. Sie hätte eher wie Pippi Langstrumpf in einer »Villa Kunterbunt« ewig ein selbstbestimmtes Kind bleiben wollen.
Das Interesse am anderen Geschlecht blieb in dieser Zeit weitgehend aus, und die emotionalen Inhalte, denen sich andere Jugendliche mit Hingabe widmeten, schienen für Anna nicht vorhanden und keineswegs nachvollziehbar zu sein. Dies spiegelte sich z. B. auch in schulischen Inhalten wider. Während sachliche Erörterungen kein Problem darstellten, konnte sie mit Lektüren oder Texten, bei denen es vorwiegend um zwischenmenschliche Beziehungen ging, nur wenig anfangen. Auffällig war auch ihr fehlendes Verständnis für Ironie.

## Anna hat viele Eigenschaften, die ich positiv finde

Der Hang zur Genauigkeit kann zwar manchmal übertrieben wirken, aber sie ist auf diese Weise auch sehr gründlich und man kann sich auf ein korrektes Resultat verlassen. An dem von ihr gespülten Geschirr würden sich z. B. niemals Essensreste befinden. Sie findet auch eventuell vorhandene Fehler (z. B. in der Rechtschreibung oder Buchhaltung) schnell und gibt nicht auf, bis diese behoben sind. Ich würde sowieso sagen, dass sie oft einen enormen Durchsetzungswillen hat. Auch wenn sie so manche Ansicht nicht mit Gleichaltrigen teilt, hat sie feste, aber gesunde Vorsätze und Einstellungen zu Themen, die ihr wichtig sind. So können wir uns bei ihr wohl sicher sein, dass Alkohol oder Nikotin in ihrem Leben keine Rolle spielen werden.

Anna war schon immer ein echtes »Naturkind«. Sie nimmt Kleinigkeiten viel stärker wahr als wir.

Anna war schon immer ein echtes »Naturkind«. Sie nimmt Kleinigkeiten optisch und akustisch viel stärker wahr als wir und weist uns bei Spaziergängen manchmal auf Details hin, die wir sonst übersehen hätten. In solchen Momenten freue ich mich über ihre Art der Aufmerksamkeit. Durch diese ursprüngliche Betrachtung der schönen Dinge des Lebens können wir uns wieder auf manches besinnen, was im hektischen Alltag nicht selten untergeht. Anna hat sich eine kindliche Ursprünglichkeit bewahrt, die mich auch oft sehr rührt. Ihre Direktheit, wenn sie Dinge ohne Umschweife anspricht, wirkt zwar hin und wieder etwas undiplomatisch, spiegelt aber auch Offenheit und Ehrlichkeit wider. Auch wenn die sehr unterschiedlichen Wahrnehmungsstile zwischen Anna und ihrem Umfeld manchmal zu Missverständnissen und Konflikten führen können, ist sie auch ein sehr hilfsbereiter und gerechtigkeitsliebender Mensch, und verachtende, vorsätzliche Bösartigkeit ist ihr fremd. Auch intrigantes Denken und Handeln kann sie nicht nachvollziehen, da sie, von ihrem eigenem Handeln ausgehend, auch bei anderen nachvollziehbare Taten erwartet. So hatte ich z. B. in der Phase des Heranwachsens das Gefühl, Anna vor Gefahren schützen zu müssen, damit ihre Hilfsbereitschaft und Gutmütigkeit nicht ausgenutzt wurden.

**Sie ist ein sehr hilfsbereiter und gerechtigkeitsliebender Mensch.**

Ich bin sehr froh, dass Anna inzwischen besonders im Austausch mit anderen betroffenen Jugendlichen feststellen kann, dass es auch von Gleichaltrigen Verständnis und Respekt geben kann, vielleicht auch aufgrund ähnlicher Erlebnisse oder Wahrnehmungen. Kürzlich sagte sie mir in diesem Zusammenhang: »Weißt du, manchmal ist es einfach besser, man bleibt unter sich.« Ich wünsche ihr so sehr, dass sie Freundschaften schließen und sich im gegenseitigen Miteinander so, wie sie ist, auch verstanden und gemocht fühlen kann, aber auch, dass sie das Gefühl bekommt, nicht völlig auf dem »falschen Planeten« oder in der »falschen Zeit« gelandet zu sein, und dass sie auch unter anderen Menschen ganz selbstbewusst zu ihrer ganz persönlichen Art stehen kann und hier ebenso ihren Platz findet.
So kann ich sagen, dass es durchaus auch viele bereichernde Momente gibt, wir auch von Anna viel lernen können und sie in keinem Falle missen wollen.
Ich wünsche mir als Mutter, dass sie sich ihrer vielen positiven Eigenschaften bewusst ist und ihr Leben glücklich und zu ihrer Zufriedenheit gestalten kann, auch wenn hierzu manchmal etwas Unterstützung nötig ist.

---

Marion Bayer

## » Die Gymnasialzeit unserer Tochter Christine wurde von zahlreichen Therapien begleitet

Das Sprechproblem hielt auch am Gymnasium weiter an. Erst in der 7. Klasse begann Christine, den Lehrern mit »Ja« und »Nein« zu antworten. Allmählich wurden die »Gespräche« etwas länger, und sie hielt sogar kleine Vorträge vor der Klasse. Bis dahin war es aber ein nervenaufreibender Weg mit vielen Arzt- und ambulanten Krankenhausbesuchen, einem Spezialisten für »selektiven Mutismus« (das bedeutet, dass das Kind nur unter bestimmten Bedingungen nicht reden kann) und darauf ausgerichteter Sprachtherapie sowie Psychotherapie.

### Sprachtherapie

Die Sprachtherapie half ihr sehr, sie fasste schnell Vertrauen zur Therapeutin. Es wurden zunächst einzeln Lese- und Sprachübungen gemacht, später weitere

Kinder zu einer Gruppentherapie hinzugezogen. Man übte »in vivo«, also in alltäglichen Situationen. Zuerst schrieb man sich auf, was man z. B. bei der Bestellung von Pizza am Telefon zu sagen hatte, dann kam die Praxis. Man ging in die Stadt, und die Kinder bekamen nur dann ein Eis, wenn sie es auch selbst bestellen konnten. Auch mussten die Kinder im Geschäft nach etwas fragen, z. B. wie viel etwas im Spielwarengeschäft kostet. Das war eine Riesenüberwindung, zumal alle anderen draußen warteten. Es waren Kinder mit verschiedenen Sprechproblemen dabei. Man konnte sich anschließend austauschen und stellte fest, dass man ja gar nicht alleine war mit seinen Problemen.

Diese Therapie brachte Christine bis zur 7. Klasse so weit, dass sie sich allmählich traute, mit den Lehrern und später auch mit den Mitschülern zu reden. Sie begann sogar, mit leiser Stimme kleine, zu Hause geübte Vorträge vor der Klasse zu halten. Was für eine Erleichterung für uns Eltern. Wir hatten schon befürchtet, dass sie wegen ihrer Sprechprobleme die Schule wechseln müsste. Ein Lehrer teilte uns rigoros mit, sie müsse auf eine Förderschule für Sprachbehinderte und gehöre nicht an ein normales Gymnasium. Wir wussten es besser, sie konnte ja reden wie ein Buch, wenn es zu Hause ein interessantes Thema für sie gab. Trotzdem war es mit der Sprachtherapie nicht getan. Christine zeigte besonders in der Gruppentherapie einige Besonderheiten, die uns Eltern so zu Hause nicht auffielen. Hier kam uns der Zufall zu Hilfe: Christines Therapeutin vermutete bei Christine Autismus. Daher schickte sie uns zu einer Psychotherapeutin. Auch wir Eltern wurden einbezogen und merkten erst jetzt richtig, wie sehr uns beide das Problem in den letzten Jahren mitgenommen hatte. Mit Christine wurde z. B. geübt, über soziale Situationen anhand von Bildkarten zu reden. Das war harte Arbeit für sie, zeigte aber Erfolg. Nach einigen Monaten empfahl uns die Therapeutin, Christine in einer Kinder- und Jugendpsychiatrie testen zu lassen, um die endgültige Gewissheit zu haben, ob es sich um Autismus handele. Sie würde dann noch gezieltere Hilfen bekommen können, damit sie besser mit Gleichaltrigen kommunizieren könne.

**Ein Lehrer wollte Christine auf eine Sprachbehindertenschule schicken – doch zu Hause konnte sie reden wie ein Buch.**

Auch hier gab es eine Warteliste, aber schließlich hatten wir Glück. Eine sehr nette Therapeutin hatte schnell das Vertrauen von Christine gewonnen. Sie machte alle Tests mit, wenn auch mit viel Überlegen und sehr stockendem Reden. Wieder drei Monate später gab es nach vier Terminen in der Kinder- und Jugendpsychiatrie die endgültige Diagnose: Christine hatte »Frühkindlichen Autismus im high functioning Bereich«. Man erklärte uns, dass sich diese Behinderung vom Asperger-Syndrom nur in wenigen Dingen unterscheide. Dazu gehören insbesondere eine Sprachentwicklungsverzögerung und große Probleme, vor Mitmenschen zu reden. Endlich erhielt Christines Besonderheit einen Namen, und wir wussten, woher die Sprechprobleme und die auffälligen Verhaltensweisen kamen.

## Autismusambulanz und Schulbegleitung

Etwa gleichzeitig mit der Anmeldung in der Kinder- und Jugendpsychiatrie baten wir auf Empfehlung der Therapeutin um einen Termin in der Autismusambulanz Niederrhein. Das war gut so, denn wir erfuhren, dass es auch dort wieder Wartelisten für eine Therapie gab. Nun brauchten wir »nur noch« die Zustimmung des Jugendamtes, dass die Therapie bewilligt würde. Gleichzeitig empfahl man uns, eine Schulbegleiterin zu beantragen. Glücklicherweise ging im Jugendamt dann alles ganz schnell, von der Diagnose bis zum Einsatz der Integrationshelferin dauerte es nur etwa ein halbes Jahr, was, verglichen mit den Erfahrungen anderer Eltern, ein großer Glücksfall war. Die Betreuerin des Jugendamtes war sehr erstaunt, dass vorher kein Arzt oder Therapeut bemerkt hatte, dass Christine eine Behinderung aus dem Autismusspektrum hat.
Nun begann für Christine ein neues Leben mit wesentlich weniger Stress. Auch wir Eltern konnten nun sicher sein, dass die Mobbingversuche in der Schule weniger wurden und Christine viele Hilfen zur Integration in den normalen Schulalltag erhielt. Als sie 15 Jahre alt war, kam die Autismustherapie hinzu, die ihr nochmals ein riesiges Stück weiterhalf. Man kann sich kaum vorstellen, wie viel Erleichterung uns Eltern die nun folgende Hilfe von allen Seiten brachte.

## Therapie und Diagnose als Hilfe für die ganze Familie

Der Entschluss zu all den Untersuchungen und einer Psychotherapie fiel uns Eltern nicht leicht. Wie sollten wir unserer Tochter klarmachen, dass der ganze Aufwand notwendig war? Wenn wir sie fragten, warum sie in der Schule schwieg, blockte sie völlig ab und war nicht mehr ansprechbar. Aber scheinbar sah sie doch die Notwendigkeit zu Veränderungen ein und war einverstanden.
Während der Therapie wurden wir etwa alle zwei Monate zu einem Elterngespräch gebeten, damit wir über den aktuellen Stand informiert wurden und über unsere Erfahrungen berichten konnten. Diese Gespräche waren für uns beide eine sehr große Belastung. Oft standen uns die Tränen in den Augen. Es war besonders schwer, über die »Stotter-Phase« und die Zeit der völligen Sprechverweigerung in der Schule zu berichten. Es ging uns einfach nahe, dass unser Kind so schwierige Zeiten hinter sich hatte. Von der Therapeutin erfuhren wir, was sich so alles während der Therapie ergab:
Christine war motorisch ungeschickt, hatte Wahrnehmungsstörungen, konnte daher die fremde Treppe nur unsicher bewältigen, der Blickkontakt fiel ihr schwer, sie war schweigsam und in sich gekehrt, hatte Defizite in den sozialen Kompetenzen, konnte Ereignisse oder Geschichten nicht wiedergeben und im Gespräch keine spontanen Entscheidungen treffen. Außerdem liebte sie Wiederkehrendes und erwartete das Einhalten von Ritualen (z. B. das abschließende »Mau-Mau«-Spielen).

Das alles wurde uns sehr behutsam und in einer netten Art bewusst gemacht. Wir hatten es ja im Prinzip schon vorher wahrgenommen. Aber wir liebten unsere Tochter so, wie sie war, mit allen ihren Eigenheiten, und sahen darin ihre Persönlichkeit. Jetzt erkannten wir die Dinge aus einem anderen Blickwinkel durch die unvoreingenommene Therapeutin. Dadurch wurde uns bewusst, wie dringend wir Christine noch intensiver helfen mussten. Im Grunde genommen war sie ein sehr zufriedenes, fröhliches Mädchen. Aber das Problem für sie war, mit den alltäglichen Dingen in ihrer Umgebung und mit den Mitmenschen klarzukommen.

## Unsere zeitweilige Verzweiflung wurde allmählich in Zuversicht umgewandelt

Was uns in der Therapie sehr geholfen hat, war die Erkenntnis, dass wir bisher instinktiv alles richtig gemacht hatten. Oft fragten wir uns, ob wir in der Erziehung unserer Kinder und besonders Christines etwas falsch gemacht hatten. Man erhält ja im Laufe der Zeit so einige Rückmeldungen aus der Verwandtschaft und dem Freundeskreis: »Warum gibt eure Tochter uns nicht die Hand zur Begrüßung, ihr habt sie nicht richtig zur Höflichkeit erzogen«, oder: »Ihr habt eure Tochter einfach nur zu sehr verwöhnt, lasst sie doch ihre Sachen selbst regeln. Unsere Kinder sind schon viel selbstständiger.« Derartige Ratschläge erhielten wir zur Genüge. Aber jetzt war klar, dass Christine auf dem Weg zur Selbstständigkeit eben mehr Hilfe als andere brauchte. Kontakte konnte sie nicht selbst knüpfen, sie brauchte immer wieder unsere Ermutigung. Wir mussten sie z. B. erst darauf hinweisen, dass Freundschaften nur durch Gegenseitigkeit bestehen können. Darum halfen wir ihr, Verabredungen zu treffen, indem wir mit ihr besprachen, was man denn so am Telefon sagen könnte. Ohne diese Hilfe hätte sie sich nie getraut, jemanden anzurufen. Und allmählich wurde uns bewusst, dass es viele weitere Beispiele gab, wo wir richtig gehandelt hatten. Unsere zeitweilige Verzweiflung wurde allmählich in Zuversicht umgewandelt.

**So half uns allen das Wissen um die Ursachen, gelassener damit umzugehen und offen über alles zu sprechen.**

Nach der endgültigen Diagnose kauften wir Christine ein Buch für Jugendliche, in dem die Probleme von Autisten erklärt und mögliche Hilfen angegeben wurden. Sie las dieses Buch sehr aufmerksam und suchte sich die Kapitel heraus, die für sie selbst wichtig erschienen. Endlich war es uns möglich, mit ihr über diese Dinge zu sprechen und gemeinsam nach Lösungen zu suchen. Selbst hatte ich inzwischen viel über Autismus gelesen und berichtete meiner Familie darüber. Christines Bruder Andreas zeigte sich ebenfalls sehr interessiert und erzählte von einem Dozenten aus seinem Studium, der scheinbar ähnliche Probleme wie seine Schwester hatte. Andreas bemühte sich von nun an, bei unseren Familiengesprächen, z. B. beim gemeinsamen Mittagessen, die Aufmerksamkeit nicht mehr völlig für sich zu beanspruchen. Er nahm sich nun auch die Zeit, auf Christines Beiträge zu warten, die ja nicht so spontan wie seine eigenen waren. Auch ließ er sich nicht mehr von Christines Abwehrreaktionen abschrecken, sondern nahm sie bewusst bei Begrüßungen behutsam in den Arm, um ihr zu zeigen, dass sie dabei ganz entspannt sein konnte.

So half uns allen das Wissen um die Ursachen, gelassener damit umzugehen und offen über alles zu sprechen. Der Besuch einer Elternselbsthilfegruppe in der Nachbarstadt zeigte uns, dass wir nicht alleine mit unseren Sorgen um die Zukunft unserer Tochter waren. Wir wussten nun, dass die ganze Familie einen großen Beitrag beim Zurechtfinden in der Welt leisten konnte.

Die Unterstützung durch das Jugendamt, die einmalige Schulbegleitung und eine sehr offene Autismus-Therapeutin, die uns die total liebenswerten Eigenschaften unserer Tochter und die schon errungenen Erfolge wieder einmal bewusster machte, gaben uns den Optimismus wieder. Besonders genießen wir immer wieder den alljährlichen gemeinsamen Urlaub beim Bergwandern in der Schweiz, anfangs mit der ganzen Familie, jetzt mit Christine alleine. Sie liebt die Stille dort mit den herrlichen Ausblicken vom Gipfel, das Beobachten der Murmeltiere und die vielen Arten von Pflanzen und Insekten, die genau betrachtet und fotografiert werden. In diesen zwei Wochen spielt der Autismus kaum eine Rolle, weil sie entspannt und glücklich ist.

# Den Weg vom Mädchen zur Frau begleiten

**Für viele autistische Mädchen sind die körperlichen und emotionalen Veränderungen während der Pubertät ängstigend und frustrierend. Sie sind verwirrt, unsicher und ziehen sich oft noch mehr zurück. Auch spüren viele Betroffene die eigene Behinderung in dieser Zeit so stark wie nie zuvor. Sie erleben sich jetzt als zunehmend »anders« im Vergleich zu den gleichaltrigen Mädchen.**

Die Fragen nach und die Auseinandersetzung mit der eigenen Person werden intensiver, damit einher geht die Suche nach der eigenen Identität. Depressionen oder Aggressionen werden auch deshalb nicht selten Wegbegleiter in der Pubertät. Die gegebenenfalls über mehrere Jahre aufgebaute Akzeptanz von und zu den Mitschülern gerät in Gefahr bis hin zur sozialen Ausgrenzung und Isolation. Manchmal stellt in dieser Zeit der Rückzug eine Erleichterung dar. Nicht autistische Menschen wissen bzw. ihnen ist es vermittelbar, dass die Veränderungen in der Pubertät normal sind, dass sie diese zwar bewältigen müssen, aber die Zukunft dann auch wieder klarer werden wird.

Mädchen mit Autismus aber erleben die auftretenden Affektschübe oft mit riesiger Angst. Und die während der Pubertät auftretenden Verhaltensprobleme bringen auch ihre Betreuer und Therapeuten, vor allem aber die Eltern immer wieder an die Grenzen ihrer Belastbarkeit. Erschwerend hinzu kommt, dass die Eltern sich nicht mit der Aussicht trösten können, dass diese Phase vorübergeht und ihre Sorgen tatsächlich ein Ende haben, wenn die Kinder erwachsen aus dem Haus gehen. Eltern umfassend beeinträchtigter Kinder verbleiben meist ewig in der Rolle der sorgenden Eltern, und das bei all den massiven Problemen, die sie in der Pubertät erleben. Da ist es verständlich, dass die Eltern sich oft alleingelassen fühlen mit ihren Fragen, deren Antworten sie sich täglich neu mühsam erkämpfen müssen, und mit dem Gefühl, immer da sein zu müssen, da es ja sonst niemanden gibt, der Verantwortung übernimmt.

Daneben existieren noch die ganz praktischen Probleme, die Tochter auf die Veränderungen der Pubertät vorzubereiten und sie mit der Monatshygiene vertraut zu machen. Alle Beteiligten benötigen in dieser Zeit Unterstützung, die Eltern vielleicht durch eine Selbsthilfegruppe für Eltern autistischer Kinder oder Jugendlicher oder anhand einer verstärkten Beratung durch Autismus-Therapeuten, manchmal auch in Form einer eigenen therapeutischen Maßnahme, um mit den familiären Belastungen besser umgehen zu lernen und auch an sich selbst zu denken. Auch die betroffenen Mädchen selbst profitieren sehr von einer gezielten Beratung und Begleitung, die ihre speziellen Bedürfnisse berücksichtigt und auf ihre Möglichkeiten zugeschnitten ist.

## Die Tochter auf die Veränderungen vorbereiten

Dabei darf man auch bei normal oder hochintelligenten Menschen keine ausgeprägten Kenntnisse voraussetzen. Vieles bisher völlig Fremde kann nicht automatisch umgesetzt werden und muss oft bis ins Detail erklärt und besprochen werden, um ein Verständnis zu erreichen: Zunächst muss man die körperlichen Veränderungen erläutern, die mit dem Längenwachstum und der Gewichtszunahme beginnen, an die sich die verstärkte Körperbehaarung im Bereich der Arme, Beine und der Schamgegend, die Ausbildung der weiblichen Brust und der breiteren Hüften und schließlich die Regelblutung anschließen. Da Menschen mit Autismus häufig bevorzugt visuell lernen und sich abstrakte Dinge nur schlecht vorstellen können, ist es sinnvoll, zur Erläuterung und zum besseren Verständnis Fotos der verschiedenen Entwicklungsstadien zu zeigen.

### Die Monatshygiene erläutern

Das Mädchen muss auf die Menstruation vorbereitet werden, man muss ihm die verschiedenen Möglichkeiten der Hygiene für diese Tage und deren Handhabung erklären, ganz konkret und im Hinblick auf den Kauf, die Anwendung und den Wechsel von Binden bzw. Tampons, deren Entsorgung etc. Eine gute Vorbereitung kann auch hier die Angst und Sorge vor dem Unbekannten deutlich reduzieren. Es kann also sinnvoll sein, bereits vor dem Einsetzen der Menstruation ab und zu Binden oder Slipeinlagen zu tragen, um sich an das Gefühl zu gewöhnen.

Zusätzlich ist es wichtig, auch die Befindlichkeitsstörungen zu thematisieren, die mit der Menstruation einhergehen können: Unterleibskrämpfe, Kopfschmerzen etc., Beschwerden also, die ein autistisches Mädchen vielleicht nicht wirklich im Zusammenhang mit seiner Periode sehen wird, wenn ihm diese Verbindung nicht erklärt wird.

Und schließlich ist als wichtiger Punkt zu überlegen, was das Mädchen tun könnte, wenn es einmal plötzlich unvorbereitet während des Unterrichts das Einsetzen der Blutung bemerkt. Sehr hilfreich wird es sein, bereits im Vorfeld zu überlegen, wer in solchen Fällen kurzfristig und unkompliziert mit Binden o. Ä. aushelfen kann (z. B. Lehrerin). Das rechtzeitige

Überlegen solcher Lösungsmöglichkeiten ist für Menschen mit Autismus sehr sinnvoll.

Nicht notwendig und nicht immer sinnvoll ist zu diesem Zeitpunkt dagegen die Vermittlung exakter biologischer Kenntnisse im Hinblick auf Menstruation, Sexualität, das Entstehen eines Kindes etc. Das Basiswissen zur Monatsblutung mit all dem, was dazugehört, ist für autistische Mädchen in dieser Situation meist mehr als genug. Weitere Kenntnisse sind ihnen oft erst deutlich später sinnvoll zu vermitteln, sodass sie davon profitieren können, wenngleich andere Gleichaltrige in der Regel erheblich früher darüber informiert sind.

## Über Gefühlsschwankungen sprechen

Pubertät bedeutet aber mehr als nur die körperliche Entwicklung, sie beinhaltet außerdem emotionale und mentale Veränderungen. Sie geschieht nicht über Nacht, sondern ist ein Prozess, der mehrere Jahre andauert, bei autistischen Mädchen oft länger als bei anderen. Es ist aber wichtig, ihnen zu vermitteln, dass diese schwierige Zeit irgendwann auch überstanden ist.

Die Veränderungen in der Pubertät geschehen aufgrund der hormonellen Veränderungen, die zu emotionalen Problemen wie depressiven Verstimmungen, Stimmungsschwankungen, Aggressionen, verstärkter Angst oder Impulsivität, Lern-, Konzentrations- und Kommunikationsstörungen führen können. Auch kann es zu einem Wechsel der Spezialinteressen kommen. All diese Entwicklungen können autistische Mädchen ängstigen und manchmal auch eine medizinische Unterstützung notwendig machen. Es ist wichtig, sie zu motivieren, ihre Gefühle und Empfindungen möglichst rasch mitzuteilen. Denn die Pubertät, also die Zeit des Erwachsenwerdens und der Entwicklung vom Mädchen hin zur Frau, ist zwar eine aufregende, manchmal sogar wertvolle Zeit, aber sie kann bei ungenügender Vorbereitung und Unterstützung auch zu einer Phase der Unsicherheit, Verwirrung und Einsamkeit werden.

## Separate Anleitung für autistische Mädchen

In den Schulen wird das Wissen um die Veränderungen während der Pubertät meist nur in wenigen sehr kurzen Unterrichtseinheiten erteilt, die dann die Schüler dazu anregen, weiter über das Thema nachzudenken, sich zu informieren und sich mit den Klassenkameraden und Freunden darüber auszutauschen. Autistische Mädchen aber, denen dies schwerfällt, bleiben oft allein mit ihren Fragen, Ängsten und Befürchtungen. Sie benötigen deshalb eine separate Beratung und Anleitung, entweder im Einzelkontakt oder in einer kleinen Gruppe, um ihnen dabei zu helfen, sich auf die Pubertät vorzubereiten. Dabei muss man dann auch Themen wie allgemeine Körperhygiene und Privatsphäre ansprechen. Das tägli-

## WICHTIG

### Den richtigen Weg zwischen Unterstützung und Überfürsorglichkeit finden

Das Umfeld des betroffenen Mädchens wird sich immer wieder auf einem schmalen Grat bewegen zwischen dem Wunsch, es ihm zu gestatten, eigene Erfahrungen zu sammeln und eigene Entscheidungen zu treffen, und der Notwendigkeit, es vor offensichtlichen und möglicherweise schwerwiegenden Fehlern zu bewahren. Folgende Punkte sind wichtig für die Eltern:

- Die Betroffene zu ermutigen, die nötigen Dinge selbst zu erledigen (soweit das natürlich möglich ist), auch wenn es dabei anfangs zu Fehlern kommt.
- Ihr Unterstützung anzubieten, aber nicht böse zu sein, wenn sie diese ablehnt und einige Dinge zunächst allein versuchen möchte.
- Eine partnerschaftliche Beziehung zwischen allen Beteiligten anzustreben und als Ratgeber zu fungieren.
- Nicht nur an die eigenen Ängste und Sorgen zu denken, sondern in erster Linie die Wünsche und Bedürfnisse der Tochter und deren eigene Lebensvorstellungen zu berücksichtigen.
- Den wohl schlimmsten Fehler zu vermeiden, vermeintlich zu schwierige Dinge einfach unversucht zu lassen. Nicht wenige Kompetenzen lassen sich erst durch Versuch (und Irrtum) erlernen.

che Benutzen von Deodorants oder das Tragen eines BHs sollten erläutert werden, damit der Umgang mit diesen Dingen irgendwann zur Selbstverständlichkeit wird.

## Zur Entwicklung einer Privatsphäre beitragen

In der Pubertät entwickeln Jugendliche normalerweise ein ausgeprägtes Schamgefühl, das die Eltern auch respektieren sollten, indem sie Rückzugsmöglichkeiten schaffen. Bei Mädchen mit Autismus verhält es sich in dieser Hinsicht ganz unterschiedlich, manche von ihnen verhalten sich genauso, andere dagegen brauchen Unterstützung dabei, diese Privatsphäre für sich einzufordern und sie zu genießen. Es muss ihnen vermittelt werden, welche Aktivitäten in der Öffentlichkeit stattfinden können, welche dagegen sehr privater Natur und nur im eigenen Zimmer bei geschlossener Tür möglich sind (z. B. Masturbation). Generell sollte die Tür zum Jugendzimmer nun einen Schlüssel haben, um sich in Ruhe zurückziehen zu können, ein Anklopfen sollte selbstverständlich werden.

## Mit gesellschaftlichen Erwartungen umgehen

Die meisten Betroffenen fühlen sich gerade in den Zeiten des Erwachsenwerdens so fremd und allein wie selten zuvor. Sie sind rast- und ruhelos und suchen nach ihrer Identität. Manche von ihnen wollen gar nicht wahrhaben, dass sie sich nun zu einer Frau entwickeln; sie wollen ein Kind bleiben, weil in diesem Lebensalter die gesellschaftlichen Erwartungen noch eher zu erfüllen waren, wie eine Betroffene beschreibt: »Ich erinnere mich, wie ich zu Hause das Fotoalbum mit ins Badezimmer nahm und die Tür schloss. Ich setzte mich auf den Fußboden und begann zu weinen, als ich die Bilder ansah, die mich als kleines Kind zusammen mit meinen Eltern zeigten. Ich wollte nicht erwachsen werden. Ich wollte mir nicht die Beine rasieren und keinen BH tragen müssen. Ich hasste meine Regelblutung, ich wäre so gern wieder ein kleines Kind gewesen« (Hubbard 2010, 78; Übers. durch die Herausgeberin). Nicht selten entwickeln die Betroffenen in dieser schwierigen Zeit auch eine Essstörung; inzwischen geht man davon aus, dass bei etwa einem Viertel der jungen Frauen mit einer Magersucht zusätzlich eine (in der Regel bislang nicht erkannte) autistische Störung vorliegt.

Immer wieder sehen sie sich neuen Herausforderungen gegenüber, in der Adoleszenz gehört auch der Tanzkurs dazu, den die anderen Mädchen mit Freude besuchen, sich dafür »schön« machen und ohne allzu große Mühe über das Parkett zu schweben scheinen. Das autistische Mädchen dagegen hat Schwierigkeiten, die gezeigte Schrittfolge zu wiederholen, wirkt unbeholfen und ungeschickt, lustlos und plump, was nicht dazu verhilft, einen attraktiven und motorisch geschickten Tanzpartner zu finden. So nimmt das Drama meist seinen Lauf, und ähnliche Anforderungen finden sich tagtäglich aufs Neue.

So viel Fremdes um sie herum, so viele unterschiedliche Interessen und Vorlieben sind auch Gründe dafür, warum sich viele junge Frauen mit Autismus in ihrer Freizeit gern mit Science-Fiction und Fantasy beschäftigen. Sie kreieren sich oft eigene Fantasiewelten und haben dann die Hoffnung, dass es auch für sie eines Tages möglich sein wird, einen Platz in dieser Welt zu finden, wo sie hinpassen und wo sie sich zugehörig fühlen können. Bereits in Schulaufsätzen kann man nachlesen, wie andere Mädchen sich heute in der Regel definieren. Sie sind deutlich stärker auf körperliche Attraktivität fixiert als die Gleichaltrigen vor dreißig Jahren: »Ich bin gern ein Mädchen, weil ich lange Haare habe, weil ich mich schminken, schöne Sachen anziehen und Fußkettchen tragen kann« (Romberg 2012). Nach solchen Zeilen wird es verständlich, wie fremd und anders sich autistische Mädchen fühlen und dass es ihnen oft so gar nicht gelingt, sich mit dem »Frausein« zu identifizieren.

Es ist in dieser Zeit sehr wichtig, den Betroffenen beizustehen, ihnen die Dinge zu erklären, die sie nicht verstehen können, sie bei ihren oft zahlreichen neuen Anläufen in beruflicher, gesellschaftlicher und privater Hinsicht zu begleiten, auch wenn viele dieser Versuche zunächst scheitern. Man muss ihnen aber auch vermitteln, dass es ebenso in Ordnung ist, eigene Wege zu gehen. Diese Wege sind dann oft sehr anders, aber sie sind nicht besser oder schlechter als die, die andere Frauen üblicherweise beschreiten. Sie sind aber auf jeden Fall individueller und überlegter, und sie machen diese Welt bunter und vielfältiger.

## Eine Freundin finden, soziale Kontakte pflegen

Viele autistische Mädchen und Frauen stellen sich das ideale soziale Leben vor als die gelegentliche und nur kurzzeitige Möglichkeit, sich mit wenigen netten Menschen zu treffen, am besten als 1:1-Kontakt, der für sie deutlich weniger anstrengend ist als das Bestehen in größeren Gruppen oder Cliquen, in denen sie ohne Anleitung und Begleitung oft hoffnungslos verloren sind: »Ich versuchte, ein Mädchen aus meiner Tanzgruppe als Freundin zu gewinnen, aber sie wollte mit all den anderen Mädchen aus unserem Team zusammen sein. Sie alle wollten sich als Gruppe treffen, was ich nicht verstehen konnte. Also ging ich ausschließlich zum Tanzen, was ich sehr mochte, ohne jedoch mit irgendjemandem zu sprechen, denn ich wusste nicht, was ich sagen sollte. Das ›Vorher‹ und ›Hinterher‹ hasste ich, und ich gab mir große Mühe, niemals zu früh zu erscheinen und am Ende sofort aufzubrechen. Es gelang mir nicht, dazuzugehören« (Hubbard 2010, 81–82; Übers. durch die Herausgeberin).

In der Schule machen sich die anderen Mädchen über die Betroffene lustig, da sie

*Nur weil ich anders bin, heißt das nicht, dass ich mich nicht auch nach einer Freundin sehne. Ich wünsche mir eine Freundin, die mich so akzeptiert, wie ich bin.*

sich unvorteilhaft und nicht dem aktuellen Trend entsprechend anzieht, merkwürdige Interessen hat, sich in ihren Augen sonderbar und oft kindisch verhält und insgesamt nicht einzuschätzen ist. Wenn sich die autistischen Mädchen anfänglich noch anpassen wollen und versuchen, das Verhalten gleichaltriger Mädchen zu imitieren, merken viele im Laufe der Pubertät, dass ihnen das nicht guttut und nicht gelingt, selbst wenn sie sich noch so verbiegen. Irgendwann wollen sie dann auch nicht mehr dazugehören, weil ihnen das Verhalten überhaupt nicht entspricht: »Gegen Ende meiner Schulzeit bemerkte ich allmählich, dass es wohl vorbei sein würde. Ich gab mir keine Mühe mehr, dabei sein zu können. Ich konnte und wollte nicht mehr. Ständig lästerten sie hinter dem Rücken der anderen Mädchen, und ich merkte, dass ich nicht mehr so sein wollte wie sie« (Hubbard 2010, 92; Übers. durch die Herausgeberin).

Viele Betroffene haben aber durchaus den Wunsch nach guten Freunden, sie wünschen sich, einen anderen Menschen für kurze Zeit in ihre Welt einladen zu können, in der sie sich wohl und sicher fühlen, um sich dann über möglichst gemeinsame Interessen auszutauschen. Es ist wichtig, sich dabei auf solche Menschen zu konzentrieren, die ihr Gegenüber so akzeptieren, wie es ist, die keinen schlechten Einfluss haben oder stetigen Druck ausüben, Dinge zu tun, die offensichtlich falsch sind.

Ein E-Mail-Kontakt ist für viele Betroffene ideal, manche von ihnen allerdings lieben es auch, genauso wie andere Mädchen stundenlang zu telefonieren. Im Gegensatz zu Freundschaften unter Jungen, die gern gemeinsam etwas machen, wie Mountainbike fahren oder Fußball spielen, basieren Mädchenfreundschaften primär auf »reden« und auf vertraulicher

## WICHTIG

### Praktische Hilfestellungen geben

Da Mädchen aus dem autistischen Spektrum deutlich in der Minderheit sind, ist es wahrscheinlich, dass sie versuchen werden, Freundschaften zu nicht autistischen Mädchen zu schließen. Es ist wichtig, die Betroffenen dabei anzuleiten, und oft muss man hier bereits ganz am Anfang ansetzen. Dabei kann es um folgende Fragen gehen:

- Wie man ein passendes Mädchen für eine Freundschaft findet.
- Wie man sie für sich interessiert.
- Was man dann mit ihr tun und worüber man mit ihr sprechen könnte.
- Was für die eigene Person im Bereich des Möglichen liegt.
- Ob es sich dafür lohnt, die Anstrengungen auf sich zu nehmen.
- Wie man einen Kontakt herstellt und ihn in Gang hält.
- Wie häufig man Kontakt aufnehmen sollte, um die Beziehung zu halten.
- Was man tun kann, wenn es der Freundin nicht gut geht etc.

sozialer Kommunikation. Sie sind gefühlsbetonter und setzen mehr soziale Kompetenzen voraus. Auch funktionieren sie in der Regel nicht zu dritt, allerdings haben Frauen die Tendenz, eher in Gruppen aufzutreten. Eine Freundin zu finden bedeutet also häufig, den Kontakt zu nicht nur einem Mädchen herstellen zu müssen, und das alles ist für Betroffene doch recht kompliziert.

## Das soziale Miteinander einüben

Sinnvoll kann es sein, in einer geschützten Atmosphäre die Fähigkeit zu üben, Kontakte herzustellen, etwa durch direkte Instruktionen, Skripte oder Bücher bzw. Fotoalben, Rollenspiele, durch Rückmeldungen im Hinblick auf das Verhalten und die Wirkung auf andere. Auch geeignete Filme, die gemeinsam angesehen und besprochen werden können, sind manchmal hilfreich. Dabei sollten auch soziale Kompetenzen trainiert werden, man kann also üben, was man in bestimmten Situationen sagt, was man nicht sagen sollte, wie man mit Konflikten umgehen kann usw.

Wichtig ist es dabei, zum Üben andere Mädchen einzubeziehen, um die Kommunikation zu verdeutlichen und Tonhöhe, Ausdruck, Verwendung von Gesten oder Körpersprache zu trainieren. Zum Beispiel:

- sich vorstellen
- das Gegenüber mit Namen begrüßen, sich an dessen Namen erinnern
- Interesse zeigen an der anderen Person (Fragen stellen, aufmerksam zuhören)
- nicht ununterbrochen selbst reden, aber auch nicht nur still sein; die Gesprächsanteile sollten ungefähr ausgewogen sein
- nicht immer auf dem eigenen Standpunkt beharren und den des anderen als falsch kommentieren
- am Ende des Gesprächs positive Worte zum Abschied wählen und das Gegenüber mit Namen ansprechen

## Mit den Interessen Gleichaltriger vertraut machen

Die meisten Mädchen könnte man als »Generalisten« bezeichnen, sie haben einige Grundkenntnisse auf vielen verschiedenen Gebieten. Mädchen mit Autismus dagegen treten in der Regel als »Spezialisten« auf mit ausgeprägten Fähigkeiten in einem oder zwei Bereichen. Es ist wichtig, ihnen dabei zu helfen, sich über die verschiedenen Dinge zu informieren, die ihre Klassenkameradinnen beschäftigen, also über die aktuelle Musik, Mode, lokale Veranstaltungen und vieles mehr, ihnen also zu helfen, auch ein kleines bisschen zu Generalisten zu werden, ohne jedoch ihre Spezialkenntnisse und -interessen aufgeben zu müssen.

Das Spezialinteresse kann auch durchaus hilfreich sein, um einen Kontakt herzustellen, wenn es einen Verein, eine Gruppe oder ein Internetforum zu dem Themengebiet gibt. Noch wichtiger allerdings sind übliche Interessen und Wertvorstellungen, solche also, die auch die anderen Mädchen haben. Dies ist die beste Basis für soziale Beziehungen unter Gleichaltrigen. Es wäre also sehr hilfreich, Vorlieben zu entwickeln, die denen der Klassenkameradinnen ähnlich sind. Aber das ist oft gar nicht so einfach zu realisieren.

Im Gegensatz zu nicht behinderten Gleichaltrigen genießen autistische Mädchen oft das Zusammensein mit ihren Eltern, bei denen sie sich geborgen fühlen, die sich nicht über sie lustig machen, die da sind, wenn sie sich traurig fühlen, und die sie so akzeptieren, wie sie sind. Es ist wichtig, ihnen in dieser schwierigen Zeit beizustehen, ihnen beizubringen, wie man Freunde findet und wie man sich in verschiedenen sozialen Situationen verhält.

Nicht vergessen darf man aber bei all diesen Überlegungen, dass die Betroffenen neben ihren sozialen Kontakten auch viel Zeit für sich alleine benötigen, um in Ruhe nachzudenken und sich zu entspannen, was ihnen oft nicht in Anwesenheit anderer Menschen gelingt. Es ist wichtig, sich ausreichende Möglichkeiten zum Rückzug zu schaffen.

## Über Sexualität informieren

So unangenehm die Vermittlung von Kenntnissen zur Sexualität Eltern und Lehrern auch erscheinen mag, so wichtig ist sie doch für autistische Mädchen bzw. junge Frauen. Diese haben im Jugend- und im jungen Erwachsenenalter meist kaum eine Ahnung davon, weil dieses Thema für sie zuvor schlicht uninteressant war und überhaupt keine Bedeutung hatte. In der Regel interessieren sie sich jedoch irgendwann genauso dafür wie ihre Kameraden, aber oft zu einem deutlich späteren Zeitpunkt als diese. Davor waren sie meist noch viel zu sehr mit sich selbst und mit dem Überstehen des so verwirrenden Schulalltags beschäftigt.

Viele Eltern haben die Sorge, ob sie durch ein Gespräch über ein solches Thema nicht »schlafende Hunde wecken« könnten; sie befürchten also, dass sich die Tochter danach erst recht dafür interessieren könnte. Diese Ängste sind jedoch unbegründet. Betroffene sind in der Regel ausgesprochen konservativ in ihren Wertvorstellungen, ein ausschweifendes Sexualleben praktizieren sie in aller Regel nicht. Und Studien belegen: je besser die Aufklärung, umso später erfolgt der erste sexuelle Kontakt (Henning u. Bremer-Olszewski 2012).

Die beste verfügbare Information ist also nicht gefährlich, viel schlimmer ist es dagegen, dieses Thema zu ignorieren. Das kann zu gravierenden Problemen führen, auf die die Umgebung oft kopfschüttelnd reagiert, weil sie in so starkem Kontrast zur offensichtlichen Intelligenz der Betroffenen stehen: frühe Schwangerschaften, sexuell übertragbare Erkrankungen, fehlende Befriedigung der emotionalen

## WICHTIG

### Schritt-für-Schritt-Anleitung

Sinnvollerweise besteht die Sexualaufklärung aus einer »Schritt-für-Schritt-Anleitung« im Hinblick auf das, was man in unterschiedlichen Situationen tun und sagen könnte, vielleicht auch kombiniert mit Rollenspielen, um ein bisschen Sicherheit und Routine erlangen zu können bei der Anwendung der Kenntnisse. Hilfreich kann es sein, dafür zusätzlich auch andere Medien zu verwenden, insbesondere Bücher, denn autistische Menschen nehmen Geschriebenes oft besser auf als Worte. Zusätzlich kann man so später immer wieder einmal nachschlagen, wenn man spezielle Informationen braucht. Ein viel gelobtes und brauchbares Buch stellt etwa Make Love – Ein Aufklärungsbuch dar (Henning u. Bremer-Olszewski 2012).

oder sexuellen Bedürfnisse und schließlich frühzeitige Trennung, eventuell mit der Notwendigkeit, die Kinder ohne die Unterstützung des (Ex-) Mannes allein großzuziehen.

## Begriffe erklären

Ganz konkret müssen den betroffenen Mädchen folgende Kenntnisse vermittelt werden: Man muss die oft verwirrenden Begriffe, mit denen die Klassenkameradinnen ganz selbstverständlich um sich werfen, einzeln erklären und dabei darauf achten, dass insbesondere solche Ausdrücke verwendet werden, die allgemein üblich sind und verstanden werden. Eine Betroffene berichtet etwa, dass sie auf die Frage, ob sie sexuell aktiv sei, mit »Nein« antwortete, obwohl das Gegenteil der Fall war. Man wollte herausfinden, ob Verhütungsmaßnahmen nötig waren, aber sie wusste nicht, was mit dieser Bezeichnung gemeint war (Snyder 2006).

## Eigene sexuelle Bedürfnisse besprechen

Wichtig ist die Möglichkeit, die auch bei autistischen Frauen nicht selten bestehenden eigenen sexuellen Wünsche und Bedürfnisse auszudrücken und zu besprechen. Die unterschiedlichen Möglichkeiten der sexuellen Stimulation müssen erläutert werden; wichtig ist es, dabei auch das ganz persönliche Erleben zu betrachten. Gerade die sensorische Komponente, die Fähigkeit, sich berühren zu lassen, mit der viele Betroffene Probleme haben, spielt bei der Sexualität ja eine große Rolle, daher werden hier viele Fragen und Schwierigkeiten auftreten.

Es muss betont werden, dass die zwischenmenschliche Sexualität nur dann erlebt werden darf, wenn beide Partner das wünschen, und dass niemand etwas gegen seinen Willen tun muss. Jeder hat das Recht, zu jedem Zeitpunkt »Nein« zu sagen.

## Über Empfängnisverhütung aufklären

Sehr wichtig ist die Erläuterung der unterschiedlichen Maßnahmen zur Empfängnisverhütung mit ihren jeweiligen Vor- und Nachteilen. Wo und wie kann man sie im Bedarfsfall erhalten? Für welches Produkt sollte man sich in der jeweiligen Situation am besten entscheiden? Und ganz wichtig: Wie wird das Verhütungsmittel konkret angewendet? Es wurde schon von Schwangerschaften berichtet, über deren Zustandekommen sich die Betroffenen gar nicht klar waren, wurde doch das Kondom exakt so wie erläutert über dem Besenstiel neben dem Bett abgerollt ...

Nicht wenige Betroffene müssen, auch aufgrund ihrer Naivität und Gutgläubigkeit, die Erfahrung eines sexuellen Missbrauchs machen: »Bei Kongressen habe ich mit zahlreichen Frauen gesprochen, die bei Verabredungen vergewaltigt wurden, weil sie die subtilen Signale sexuellen Interesses nicht verstanden« (Grandin 1997, 168). Je besser die Betroffenen über das Gebiet der Sexualität informiert sind, umso eher wird es ihnen auch in dieser Hinsicht gelingen, sich schützen zu können und reife Entscheidungen zu treffen, was sie möchten und was ihnen nicht angenehm ist. Auch aus diesem Grund stellt die Sexualberatung eine sehr wichtige Maßnahme im Jugend- und auch noch im Erwachsenenalter dar. Da auch in späteren Jahren mit zunehmender Lebenserfahrung und aufgrund veränderter persönlicher Vorausetzungen immer wieder einmal Fragen aus diesem Bereich auftreten werden, ist es notwendig, sich wiederholt damit zu beschäftigen.

# Persönliche Sicherheit – vor Übergriffen und Missbrauch schützen

**Wegen ihrer naiven und unreif wirkenden Art werden junge autistische Frauen oft ausgenutzt oder getäuscht. Nicht wenige Mädchen und Frauen mit Autismus berichten von Gewalterfahrungen und Übergriffen sowie Misshandlungen aller Art. Manche von ihnen behalten ihren kindlichen Tonfall bei, was ihre Vulnerabilität noch erhöht.**

Die Gewalt hat dabei sehr viele Gesichter, sie muss nicht unbedingt mit handfester Brutalität zu tun haben. Auch Drohung, Erpressung oder seelische Verletzungen gehören dazu. Gewalt zielt darauf ab, den anderen zu erniedrigen, dessen Persönlichkeit zu verletzen und Grenzen nicht angemessen zu respektieren: »Regelmäßig wurde ich von einigen Jungen angegriffen, bespuckt und gejagt. Im Sportunterricht warfen und schossen sie schwere Bälle gegen meinen Kopf. Einmal pinkelte jemand in meinen Fahrradhelm, den ich trotzdem aufsetzte, da ich mich nicht traute, ohne heimzufahren« (Schuster 2007, 142).

## Sich schützen, verteidigen und Hilfe holen

Es ist also wichtig, den betroffenen Mädchen und Frauen Fertigkeiten zu vermitteln, sich selbst zu schützen, und ihnen gleichzeitig das Selbstvertrauen zu geben, diese Kenntnisse im Bedarfsfall auch anzuwenden.

- Autistische Mädchen und Frauen müssen wissen, dass sie wie alle anderen Menschen wertvoll und einzigartig sind und ein Recht darauf haben, dass jeder andere das respektiert. Niemandem ist es erlaubt, sie in irgendeiner Weise zu verletzen. Sie sind nicht schuld an ihren Schwierigkeiten.
- Man muss ihnen vermitteln, welches Verhalten inakzeptabel ist und wie sie erkennen, dass jemand sie ausnutzen will.
- Sie müssen lernen, ihre Bedürfnisse auszudrücken, ihre Interessen zu vertreten, sich mitzuteilen, wenn sie sich eingeschüchtert fühlen, um Aufmerksamkeit zu bitten, wenn sie Hilfe brauchen.
- Kenntnisse und Wissen (u. a. auf dem Gebiet der Sexualität) sind sehr wichtige Instrumente, um sich schützen zu können. Daher kommt der Sexualerziehung und -beratung eine große Bedeutung zu.
- Es muss darum gehen, private und intime Inhalte zu erkennen und für diese eine Privatsphäre zu fordern. Wichtig ist das Wissen, wo und mit wem man worüber sprechen kann.

- Autistische Mädchen und Frauen sollten lernen, persönlichen Raum einzufordern, Grenzen zu setzen, »Nein« zu sagen, wenn sie etwas nicht möchten, ohne sich dafür gegenüber anderen erklären oder gar schämen zu müssen. Dies ist oft ein großes Problem insbesondere für »passive«, zurückhaltende Mädchen und Frauen, die anderen gefallen möchten.
- Es wichtig, dass sie lernen, sich Unterstützung zu holen, wenn es ihnen allein nicht gelingt, sich zu verweigern.
- Die Tendenz, zu gehorchen, wenn sie um etwas gebeten werden, spielt heute bei vielen autistischen Frauen auch beim Umgang mit dem Internet eine große Rolle, wo sie sich durch die schriftliche Form der Kommunikation sicherer fühlen und sich oft sehr viel stärker gegenüber Fremden öffnen, dabei nicht selten auch sehr persönliche Inhalte preisgeben. Es ist wichtig, ihnen zu helfen, sich auch in diesem Medium schützen zu können.

## Mögliche Situationen durchspielen

Man muss bei all diesen Punkten bedenken, dass autistische Menschen die theoretischen Kenntnisse, die sie erlernt haben, nur bedingt auch in der Praxis anwenden können. Es ist daher gerade für den Bereich der Sicherheit wichtig, so konkret und realitätsnah wie möglich zu üben und auch sehr viele Eventualitäten und Facetten möglicher Übergriffe mit einzubeziehen.

Aber man muss gar nicht immer an die schlimmsten Gewaltverbrechen denken. Auch manche Jugendliche, die in Gruppen auftreten und darauf aus sind, Schwächere zu ärgern, können für Mädchen mit Autismus ein großes Problem darstellen. Manchmal laufen sie verträumt durch die Straßen, wirken dann nicht selten wie »Wesen vom anderen Stern« und werden deshalb als Opfer ausgesucht, die es auszulachen und anzupöbeln gilt.

Es kann sehr hilfreich sein, sich darüber zu informieren, welche Gegenden man alleine lieber meiden sollte, welche Straßen man dagegen relativ gefahrlos benutzen kann. Oft lohnt sich auch ein Umweg, um heil und sicher ans Ziel zu kommen. Falls das aber nicht möglich erscheint, ist es zeitweise sicher besser, das betroffene Mädchen bzw. die betroffene Frau zu begleiten, bis sie ein bisschen mehr Sicherheit erlangt hat.

## Selbstvertrauen stärken

Insgesamt ist es also wichtig und richtig, sich Gedanken zu machen und Maßnahmen einzuleiten, um unnötige Risiken zu vermeiden. Andererseits ist es jedoch falsch, Mädchen und Frauen mit Autismus nahezu vollständig von der Außenwelt abzuschirmen, sie zu kontrollieren und auf Schritt und Tritt zu begleiten. Man wird sie auf diese Weise nicht vor allen Gefahren schützen können. Es ist vielmehr notwendig, auch in ihr Selbstvertrauen zu investieren, ihnen zu vermitteln, dass man an sie glaubt, und sie darin zu bestärken, ihren Weg zu gehen. Nur so werden sie selbstbewusst ihren Platz im Leben finden können. Und nur so werden sie auch all das Schöne im Leben entdecken können, das ihnen nämlich auch verborgen bleibt, wenn man sie von den Gefahren fernzuhalten versucht.

# Das Leben als erwachsene Frau

**Wo kann ich wohnen? Finde ich eine Arbeit, die meinen Fähigkeiten entspricht? Wie sorge ich für meine Gesundheit? Will ich einen Partner finden? Wie kann ich entspannen? Welches sind meine Ziele im Leben? Das sind einige der Fragen, um die es jetzt gehen soll.**

# Autistische Frauen erzählen

**Bei Frauen mit Autismus fällt oft die Diskrepanz auf zwischen ihren intellektuellen Fähigkeiten und dem, was sie im alltäglichen Leben leisten können. Sie haben ein sehr gutes Gedächtnis und merken sich unzählige Einzelheiten, aber sie vergessen, morgens zu frühstücken oder im Tagesverlauf etwas zu trinken. Sie sind in der Lage, Computer zusammenzubauen, aber es gelingt ihnen nicht, sich im Supermarkt zurechtzufinden.**

Frauen mit Autismus fühlen sich insgesamt nicht gut genug ausgerüstet, um das Leben als Erwachsene zu meistern; die Zukunft macht ihnen Angst. Oft sind sie nahezu ununterbrochen in Sorge, ruhelos und irritierbar, können nicht abschalten und entspannen. Sie erleben ihr Dasein als brutal anstrengend: »Jeder Tag ist so, als würde man in Stiefeln aus Blei durch zähflüssigen Sirup auf den Mount Everest steigen. Jeder Schritt in jedem Bereich meines Lebens ist ein Kampf« (Baron-Cohen 2004, 201).

Sich selbst gegenüber sind sie oft überkritisch und perfektionistisch. Gegenüber anderen Menschen wollen sie häufig die Kontrolle übernehmen. Beziehungen sind in der Regel nicht von Dauer, weil auch der Partner sich extrem kontrolliert oder benutzt fühlt, aber auch deshalb, weil die autistische Frau in emotionaler Hinsicht häufig keine Stütze ist und nicht über Gefühle spricht.

Freundschaften unter Frauen stellen höhere Ansprüche an die sozialen und emotionalen Kompetenzen, die autistische Frauen meist nicht erfüllen können. Denn hier ist eine gute Mischung aus Zuhören und Erzählen ebenso gefragt wie anteilnehmendes Mitfühlen oder das Wissen darum, zu welchen Zeiten es wichtig ist, den Kontakt zu intensivieren, wann dagegen das Gegenüber etwas Ruhe braucht. Die Freundschaften schlafen typischerweise mit der Zeit ein, weil sie nicht wirklich gepflegt werden können. Allgemein werden gesellschaftlich an das weibliche Geschlecht höhere Anforderungen bezüglich der Emotionalität und der Kommunikation gestellt (»reden statt handeln«).

Frauen mit Autismus entsprechen nicht den rollentypischen Erwartungen. Sie kennen sich oft in solchen Bereichen aus, die als eher unweiblich gelten (Computer, Reparaturen, Technik etc.), während sie ein nur geringes Interesse an und noch weniger Kenntnisse von »weiblichen Themen« (Mode, Kosmetik, Kochen, Gesundheitspflege, Haushaltsführung, Verschönerung der Wohnung etc.) haben. Sie achten oft nicht sehr auf ihr Äußeres und bevorzugen bequeme, praktische Kleidung, die oft nicht der Mode entspricht.

Auf den ersten Blick werden sie in der Regel als kalt, unempathisch und häufig zu intellektuell wahrgenommen. Sie leiden unter ihrer Beeinträchtigung, aber nur dann, wenn die Umwelt eine gewisse Sozialkompetenz erwartet. Fällt diese Erwartung weg, kann die Einzelne sich oft recht erfolgreich entfalten. Leider trifft man jedoch in unserer Gesellschaft überall auf diese Erwartung: in der Schule, am Arbeitsplatz und im Privatleben. Daher ist es schwierig, sie zu vermeiden.

Nur weil autistische Frauen über höhere soziale Kompetenzen verfügen als Männer mit Autismus, bedeutet das nicht, dass sie weniger Schwierigkeiten hätten und weniger Hilfe benötigten. Aber manchmal ist es nicht leicht, das zu vermitteln.

Mütter mit Asperger-Syndrom scheinen stärkere »mütterliche« und empathische Fähigkeiten gegenüber ihren eigenen Kindern zu besitzen als betroffene Väter. Diese haben oft große Schwierigkeiten, ihren Nachwuchs überhaupt zu verstehen, und wissen nicht, wie sie mit den Kindern umgehen sollen.

---

Simone Pinke

## » Mein Mann und ich heirateten im engsten Familienkreis

Nach meiner Ausbildung zur Schriftsetzerin hatte ich das ausgesprochen große Glück, in einem kleinen Druckereibetrieb tätig sein zu können, in einem nur kleinen Kollegenkreis. Meine Arbeit war übersichtlich strukturiert und der Arbeitsalltag verlief zumeist auch mit der für mich so wichtigen Routine. Zeichneten sich bei der Auftragsabwicklung jedoch unlösbare Schwierigkeiten für mich ab, so stand mir stets ein Kollege hilfreich und geduldig zur Seite, der mir freundliche und klar verständliche Erklärungen und Arbeitsanweisungen in für mich überschaubaren Einheiten erteilte. Der Druckingenieur bemerkte rasch, dass ich ohne Zeitdruck zuverlässig arbeiten konnte. Nur wenn ich mich zu sehr in Einzelheiten verzettelte, machte er mich höflich darauf aufmerksam.
Neben meiner leider insgesamt nur dreizehnjährigen Berufstätigkeit habe ich natürlich ein Privatleben, so wie andere Menschen auch. Ich lebe seit 1996 mit einem Mann zusammen, den ich 2011, also nach 15-jähriger Partnerschaft, im engsten Familienkreis geheiratet habe. Diese langjährige Partnerschaft habe ich in dem vorherigen Buch von Christine Preißmann (Asperger – Leben in zwei Welten, S. 95–109) bereits ausführlich geschildert.
Es hat meinen Mann und mich enorm viel Überzeugungskraft gekostet, einigen unserer Mitmenschen begreiflich zu machen, dass es für uns aufgrund der Schwerhörigkeit meines Mannes und meiner autistischen Problematik besser ist, im engsten Familienkreis zu heiraten. An diesem Beispiel wurde mir wieder

einmal bewusst, wie sehr man gesellschaftlichen Vorstellungen unterworfen ist und wie wichtig es ist, sich davon zu befreien und sein Leben so zu gestalten, wie man es selbst für richtig hält. Dazu gehört natürlich viel Selbstbewusstsein und vor allem immer wieder der Vorsatz: »Es ist normal, verschieden zu sein.«

### Wir haben kein Sexualleben

Und genau unter diesem Aspekt läuft eine Partnerschaft zwischen einem Nichtautisten und einem Menschen mit Autismus. Man setzt andere Prioritäten, und das ist es, was eine solche Partnerschaft so besonders macht und eine innige Beziehung wachsen lässt. Ein guter Freund äußerte vor längerer Zeit meinem Mann gegenüber: »Ich bewundere dich, ich könnte nicht ohne Sexualität mit einer Frau zusammenleben.« Mein Mann erwiderte, dass ich, auch ohne Sexualität mit ihm zu haben, ein sehr liebenswerter Mensch sei und dass das vieles ausgleiche. Trotzdem setzte mir die Aussage dieses Freundes in tiefster Seele zu. Mir wurde wieder einmal bewusst, dass mich besonders dieser Punkt von anderen Frauen immens unterscheidet, und das gab mir damals zeitweise das Gefühl, eine unvollkommene Frau zu sein. Noch schmerzhafter waren allerdings das Gespür um die Sehnsucht, die mein Mann in Wirklichkeit danach haben könnte, und das eigene Wissen, es ihm wohl niemals geben zu können. Ich sagte daraufhin zu meinem Mann, dass ich Verständnis dafür hätte, wenn er sich irgendwann einer anderen Frau zuwenden möchte, und dass ich ihn dann folglich auch ohne jegliche Zurückhaltungsversuche ziehen lassen würde.

**Ich konnte über die Jahre das Empfinden, eine unvollkommene Frau zu sein, reduzieren.**

Natürlich machte mich diese Vorstellung sehr traurig, aber mir war an dieser Stelle klar, dass ich hierbei zuerst an meinen Mann denken musste, denn es lag ja an mir und nicht an ihm, dass wir kein Sexualleben führen konnten. Mein Mann war jedenfalls gerührt über diese offenen Worte, die eine normal denkende Frau womöglich auf diese Art nicht formulieren würde, genauso wie er über meine Aussage ganz zu Beginn unserer Partnerschaft erstaunt war, als ich ihm plötzlich eröffnete: »Überlege dir gut, ob du dich auf eine platonische Beziehung mit mir einlassen kannst. An dieser Stelle sind meine Grenzen, und es wird mir wohl auch später nicht möglich sein, etwas daran zu ändern.« Obwohl ich damals noch lange nichts von meiner Autismusdiagnose wusste, spürte ich bereits, dass hier eine nicht zu überwindende Barriere war, und das hat sich tatsächlich während unserer langjährigen Partnerschaft auch nie verändert. Dennoch aber konnte ich über die Jahre das Empfinden, eine unvollkommene Frau zu sein, reduzieren, weil ich mir immer wieder bewusst machen konnte, dass auch ich einige Anteile haben muss, die mein Mann bezeichnend findet, sonst wäre er nicht seit so vielen Jahren mit mir zusammen und mir seit dieser Zeit kontinuierlich treu geblieben. Ich bin eben anders, als man es vom allgemein üblichen Bild einer Frau gewohnt ist und auch erwartet. Doch ich habe inzwischen verstanden, dass ich mich deswegen nicht minderwertig zu fühlen brauche. Denn jeder Mensch hat Werte, die es wert sind, geschätzt zu werden!

### Ich suchte Hilfe

Immer wieder beschäftigte mich im Erwachsenenalter die Frage, worin meine Probleme im zwischenmenschlichen Bereich begründet sein könnten. Warum gab es überhaupt einen Unterschied zwischen mir und den meisten Menschen dieser Gesellschaft? Warum konnte ich in vielen sozialen Situationen nicht so reagieren, wie man es offenbar von mir erwartete? Warum war ich nicht in der Lage, Spaß und Ironie von ernst gemeinten Äußerungen zu unterscheiden? Warum konnte ich mich nicht für modische Frisuren, Kleidung und Kosmetika interessieren? Warum bloß hatte ich so massive Ängste im Umgang mit anderen Menschen? Und warum interessierte ich mich nicht für ihre Gesprächsinhalte, die mir scheinbar belanglos vorkamen? Also Fragen über Fragen, die mich über viele Jahre beschäftigten, und in meinem immensen Wunsch nach Normalität suchte ich mal wieder eine Therapeutin auf in der Hoffnung, dass es nun endlich jemand sein würde, der mir tatsächlich helfen könnte.

### Diagnose Sozialphobie

Nachdem ich diese Psychologin über meine Schwierigkeiten so eingehend wie möglich informiert hatte, diagnostizierte sie eine Sozialphobie und empfahl mir daraufhin eine Verhaltenstherapie. Leider führte diese nicht zum geringsten Erfolg und ich beendete enttäuscht die therapeutischen Sitzungen. Danach vergingen erneut mehrere Jahre im Zusammenleben mit meinem Mann, ohne dass sich nennenswerte Veränderungen bezüglich meiner Auffälligkeiten gezeigt hätten. Doch ich hegte keinerlei Gedanken daran, die Hoffnung aufzugeben, und versuchte es einige Jahre später erneut mit einer anderen Therapeutin und einer psychosomatischen Rehamaßnahme. Dort war man sich schließlich sicher, dass ich ein ADHS hätte, und diese Diagnose war auch durchaus naheliegend, wenn man bedenkt, wie viele Symptome sich in der Tat ähneln.

### Diagnose ADHS

Ich wurde also entsprechend therapeutisch behandelt und auf Ritalin eingestellt, doch auch diese medizinische Maßnahme zeigte keine Besserung. Noch immer steckte ich aber eine immense Energie in diese Angelegenheit, und eine Weile später kamen mein Arzt und meine Therapeutin nahezu gleichzeitig auf die Idee, es könnte ja möglicherweise Autismus sein. Ich informierte mich anhand der vorhandenen Literatur, fand über das Internet eine gute Anlaufstelle und fuhr einige Wochen später in die Ambulanz der Uni-Klinik, wo diese Diag-

nose dann auch nach eingehender Testung bestätigt wurde. Auch wenn es ein langer Weg bis zu der richtigen Diagnose war, so zeigt sich an dieser Stelle eindeutig, wie wichtig es ist, beharrlich zu bleiben und nicht die Geduld zu verlieren. Es lohnt sich, ich kann es nur immer wieder bestätigen!
Nach dieser Diagnose war ich erst einmal erleichtert, weil ich nun wusste, worin die vielfältigen Probleme in meinem Lebensalltag begründet lagen. Kurze Zeit später wurde mir dann jedoch plötzlich das ganze Ausmaß dieser Diagnose in allen Einzelheiten bewusst. Denn ich begriff, dass es etliche Schwierigkeiten und Einschränkungen gab, die ein Leben lang unverändert bestehen bleiben würden, und das, wo ich mich doch immer so sehr nach einer Normalität gesehnt hatte!

## Endlich: Diagnose Autismus

Ferner überfiel mich plötzlich auch noch die Angst um mein soziales Umfeld, das zwar immer schon auf wenige Menschen reduziert, aber doch beständig und stabil war. Mit der Hilfe meines Mannes konnte ich jedoch auf die meisten unserer Freundschaften vertrauen, und daran hat sich auch niemals etwas geändert. Im Gegenteil, ich habe sogar über das Autismus-Therapie-Zentrum in Bielefeld, wohin ich nach meiner Diagnose verwiesen wurde, noch einige Freunde hinzugewonnen.
Dort ging ich zunächst zur Einzeltherapie, der ersten nach vielen erfolglosen Versuchen in diesem Bereich, die enorm zu meiner persönlichen Entfaltung beigetragen hat. Ich habe gelernt, mit dieser Diagnose zu leben und nicht nur die Defizite zu realisieren, sondern auch die Stärken zu erkennen, die diese Behinderung ausmachen, wie Detailgenauigkeit und Zuverlässigkeit, um nur zwei Beispiele aufzuführen.
Neben der inzwischen abgeschlossenen Einzeltherapie bin ich noch heute in einer gemischten Freizeitgruppe für Männer und Frauen des Autismus-Therapie-Zentrums. In dieser Gruppe fielen mir recht bald einige prägnante Unterschiede auf zwischen mir und den männlichen Teilnehmern. So stellte ich fest, dass es den Männern vorwiegend darum ging, aktive Freizeit miteinander zu verbringen, während ich selbst auch gerne mal in ausführlichen Gesprächen erfahren hätte, wie andere betroffene Frauen mit verschiedenen Themen wie Freundschaft, Partnerschaft und sozialen Problemen im Alltag umzugehen wissen.

Nicole Höhlriegel

## » Weil ich nicht einkaufen kann, bin ich angeblich eine schlechte Ärztin

Der Beginn meines Erwachsenseins bestand im Prinzip ausschließlich aus dem Berufsleben, denn dies war der Bereich, in dem ich meine Fähigkeiten anwenden konnte. Gleichzeitig sicherten die klaren Strukturen eines Lebens als Klinikärztin nach vorgegebenem Schichtplan in weiten Bereichen auch den Rest meines Alltagsrahmens, auf den ich nach wie vor dringend angewiesen bin.
Nach Mitteilung der Autismusdiagnose an meiner Arbeitsstelle änderte sich die Einstellung meiner Kollegen und Vorgesetzten mir gegenüber, was ich an einem Beispiel verdeutlichen will. Es war bei uns üblich, im Wechsel für unsere internistische Station das Frühstück einzukaufen. Auch ich stand mehrmals im Jahr auf der Liste. Es war der blanke Horror, denn ich kann so etwas bis heute nicht bzw. nur mit sehr viel Stress und einigen schlaflosen Nächten. Ich kann nicht in der Großstadt Auto fahren. Dies muss man aber, wenn man für 20 Personen einkaufen soll. Ich bin nicht gut im Erahnen, was die anderen Leute wohl frühstücken möchten, denn ich esse morgens immer Leberwurstbrot und nichts anderes. Auch Kaffee kochen kann ich nicht. Ich schaffe es bei Stress ja nicht einmal, für mich alleine vernünftig einzukaufen – wie sollte ich es da für eine ganze Station hinbekommen?
Ich bat darum, nicht mehr einkaufen zu müssen und stattdessen mehr Nachtdienste zu übernehmen, die mir im Gegensatz zu meinen Kollegen leichtfielen. Doch statt mein Angebot anzunehmen, hieß es jetzt: »Wie, die kann nicht einmal einkaufen? Wie soll sie da im Nachtdienst die Verantwortung für 400 Patienten übernehmen können?« Und obwohl ich seit über 10 Jahren beruflich erfolgreich und ohne Fehler im Schichtdienst gearbeitet hatte, zweifelte man jetzt auf einmal an meiner fachlichen Kompetenz. Dies ist einer der Gründe, warum ich derzeit als »berufsunfähig« gelte. Meine Situation am Arbeitsplatz und die Veränderungen, die sich durch die Autismusdiagnose ergaben, habe ich bereits ausführlich in dem vorherigen Buch von Christine Preißmann (Asperger – Leben in zwei Welten, S. 57–66) beschrieben.

»Wie, die kann nicht einmal einkaufen? Wie soll sie da im Nachtdienst die Verantwortung für 400 Patienten übernehmen können?«

### Die Menschenrechtskommission empfiehlt zu schauspielern

Bezüglich der aus meiner Sicht unverständlichen Uminterpretation meiner Fähigkeiten und Schwächen im beruflichen Kontext fand ich keine andere Lösung, als meinen festen Arbeitsvertrag zu kündigen. Auf meiner Suche nach Antworten bat ich unter anderem die Menschenrechtskommission um Unterstützung, deren Tipp mich doch sehr erstaunte. Man riet mir, ich solle mein Autismussyndrom bei Bewerbungen bewusst verheimlichen, denn sonst sähe man mit einer solchen Diagnose keine Chance für mich auf dem ersten Arbeitsmarkt. Ich soll nun also ganz bewusst in eine Schauspielrolle schlüpfen und all meine Energie dafür aufwenden, um so zu tun, als könnte ich all die Dinge, in denen ich nachweislich Defizite habe? Dieser Rat fühlt sich bis heute absurd an. Oder drückt er vielleicht eher die Hilflosigkeit vieler Institutionen im Umgang mit uns Autistinnen aus? Möglicherweise bestätigt er auch mein Empfinden, dass es auf dem ersten Arbeitsmarkt noch immer nur wenig Raum für ein Anderssein gibt.

Der Tipp der Menschenrechtskommission ist für mich vergleichbar mit der Vorstellung, einem schwer sehbehinderten Menschen die Brille wegzunehmen und ihm dann aufzutragen, sich ganz normal im Job zu verhalten. Somit müsste dieser Mensch alles einüben, was ihm zuvor seine Brille abnahm. Er müsste alle Wege auswendig lernen, alle Stimmen zuordnen, alle Texte vorab einstudieren. Denn dann wäre er funktionsfähig unter Verheimlichung der Diagnose seiner schweren Sehbeeinträchtigung. Aber er wäre nicht vernünftig arbeitsfähig, denn sein Ausgleich der Behinderung wäre nie hundertprozentig und jede unerwartete Situation brächte ihn in die Gefahr, dass das Schauspiel auffliegt. All seine Energie würde für die Schauspielerei verloren gehen und stünde ihm nicht mehr für seine fachlichen Aufgaben zur Verfügung. Die vermeintliche Lösung dieses Problems bei Autisten besteht derzeit häufig darin, sie weit unter ihren fachlichen Möglichkeiten zu beschäftigen, damit sie Energie haben, ständig »ihre Brille selbst zu verheimlichen«. Für mich ist es unverständlich, was hier mit Menschen passiert.

**Nun stand ich da, mit einer Diagnose, die die ersten 32 Jahre meines Lebens erklärt, aber ansonsten ohne alles.**

Auf die Erleichterung, die ich durch die Autismusdiagnose und die korrekte Zuordnung meiner Wahrnehmung und Kommunikation empfand, folgte somit gleichzeitig der Verlust meines einzigen Lebensinhaltes. Nun stand ich da, mit einer Diagnose, die mein bisheriges Leben erklärt, aber ansonsten ohne alles.

Bis dahin hatte ich für den Job gelebt; ich war einfach Medizinerin, sonst nichts. Mittlerweile bin ich 36 Jahre alt. Werde ich auch in meiner Zukunft eine erwerbsunfähige Rentnerin sein oder aber eine berufstätige, meinen Lebensunterhalt selbst verdienende Fachärztin? Das hängt von den Möglichkeiten ab, die ich finden werde, meine Kenntnisse und Fähigkeiten anwenden zu können unter gleichzeitiger Wahrung meiner Grenzen, die ich durch mein Autismussyndrom habe.

Meine Erfahrungen mit Freundschaft und Partnerschaft sowie die Schwierigkeiten, eine mir gemäße Wohnform zu finden, hatte ich ebenfalls schon im Buch von Christine Preißmann (Asperger – Leben in zwei Welten, S. 81–94 bzw. S. 128–138) geschildert, der ich an dieser Stelle sehr herzlich danken möchte: Danke, liebe Christine, dafür, dass du so viel deiner Energie und Zeit in diese wertvolle Arbeit für uns Autisten investierst, obwohl ich ahne, dass du selbst in manchen Bereichen noch immer vor Fragezeichen stehst. Denn es gibt noch zu viele Aspekte dieser Behinderung, die von der Fachwelt kaum wahrgenommen und noch nicht im Zusammenhang verstanden werden. Und auch ich persönlich wünsche mir seit langer Zeit mehr Unterstützung im Umgang mit meinen Beschwerden.

---

Christine Meyer

## » Ein Praktikum nach dem anderen

(Anmerkung der Herausgeberin: Die Namen der im Bericht erwähnten Personen wurden geändert.)
Nach meinem Abitur versuchte ich mich in jeder Menge Praktika. Doch am Ende eines jeden Praktikums stand für mich immer nur fest: Das ist nichts für mich, das schaffe ich nicht. Dabei machte ich sehr verschiedene Sachen. Ich arbeitete in einem Museum, leitete mit einer Bekannten eine Kindergruppe, kümmerte mich um geistig Behinderte und verbrachte einige Zeit im Stadtarchiv. Als ich nach einem weiteren gescheiterten Praktikum zu Hause vor dem Fernseher saß, kam mein Vater herein. Er hatte die Therapeutin vom Autismus-Therapie-Zentrum (ATZ), bei der ich früher bereits gewesen war, noch einmal angerufen, um zu erfahren, welche Erfahrungen sie mit der Berufsfindung bei Asperger-Autisten gemacht hatte. Ich war alles andere als begeistert und erhoffte mir nicht allzu viel davon.
So fuhren wir wieder ins ATZ. Dieses Mal war ich bei dem Gespräch allein mit der Therapeutin. Sie schlug vor, dass ich eine Reha-Maßnahme bei der Fortbildungsakademie der Wirtschaft (FAW) besuchen sollte. Darunter konnte ich mir wenig vorstellen. Sie hatte dort aber bereits einen Vorstellungstermin für mich vereinbart. Eine nette Dame empfing uns in einem leeren Klassenraum, die Kursteilnehmer waren zum Glück schon zu Hause. Sie stellte sich als Frau D. vor und meinte, ich würde super in die Gruppe passen und mich bestimmt gut mit zwei Mädchen namens Clara und Sophie vertragen. Ich biss mir auf die Zunge, ich wollte jetzt nicht von meinen Erfahrungen mit Gleichaltrigen aus der Schule berichten.
Das Ziel der Maßnahme war eine Vermittlung in eine Ausbildung. Dafür konnte man mehrere Praktika absolvieren, die FAW half bei der Vermittlung. Bis man ein Praktikum hatte, besuchte man den Unterricht in dem Klassenraum, in dem wir standen. Es wurden Fächer unterrichtet, die bei einer späteren Ausbildung hilfreich sein können (Bewerbungstraining, Deutsch, EDV, Englisch usw.). Wenn ein Praktikum nicht zu einer Ausbildung führte, konnte man zurück in den Un-

terricht und ein neues suchen. Das klang für mich nach einer guten Möglichkeit, noch mehr verschiedene Richtungen auszuprobieren. Frau D. versprach mir auch, dass ich erst genug Zeit zum Eingewöhnen bekam, bevor ich ein Praktikum machen sollte.

Bevor ich die FAW besuchen konnte, brauchte ich jedoch eine feste Asperger-Diagnose. Dieses Mal war ich damit auch einverstanden. Nach einem Besuch bei einem Neurologen und einem längeren Test mit der Therapeutin hatte ich dann die Diagnose schwarz auf weiß.

### Der Start in der FAW

Von nun an fuhr ich jeden Tag mit dem Zug in die Großstadt. Ich hatte dort zunächst einen etwas schweren Start, weil ich durch meine Nervosität auf die anderen arrogant wirkte, dabei war ich eher steif vor Angst. Dies traf leider besonders auf Clara und Sophie zu. Sobald ich mir aber in einer Pause ein Fühl-Bilderbuch gekauft hatte, war der Bann gebrochen. Clara und Sophie waren begeistert. Sie merkten, dass ich doch anders war, längst nicht so »kalt« und emotionslos, wie ich auf den ersten Blick wirkte, und wir wurden tatsächlich gute Freunde.

Die meisten in der Gruppe waren um die 20, alle hatten eine psychische Erkrankung, wie Angststörung, Borderline-Störung oder bipolare Störung. Zwei weitere Autisten waren auch dabei. Da jeder seine eigene schwierige Geschichte mitbrachte, waren alle ganz anders als meine ehemaligen Mitschüler. Jeder hatte Verständnis für die Probleme der anderen. Und hätte man es nicht besser gewusst, man hätte uns für eine ganz normale Schulklasse gehalten. Es herrschte eine sehr angenehme Atmosphäre, ich verstand mich mit allen Teilnehmern und

Da jeder seine eigene schwierige Geschichte mitbrachte, waren alle ganz anders als meine ehemaligen Mitschüler.

*Mir hat es geholfen, meine Geschichte aufzuschreiben. Als erwachsene Frau erkenne ich, dass meine Eltern und Lehrer in meiner Kindheit und Jugend oft mit mir überfordert waren.*

auch mit allen Dozenten. Die schulischen Anforderungen waren für mich nicht sehr hoch, aber es war eine gute Vertiefung der Sachen, die im Gymnasium zu kurz gekommen waren. Ich hatte jede Menge Spaß am Unterricht und taute richtig auf.

Meine Therapeutin riet mir, das betreute Wohnen (BeWo) des ATZ in Anspruch zu nehmen. Ich war erst gar nicht begeistert, weil ich der Meinung war, ganz gut allein klarzukommen. Trotzdem gab ich dem Ganzen eine Chance. Das BeWo stellte sich für mich dann aber doch als Glücksfall heraus. Ich habe nämlich immer wieder Phasen, in denen ich mich zu nichts aufraffen kann. Auch kleine alltägliche Dinge (z. B. Behördengänge, Arztbesuche oder Telefonate) stellen sich für mich dann als unüberwindliche Hindernisse dar. Gerade in solchen Momenten bin ich froh, wenn ich die Hilfe einer Mitarbeiterin in Anspruch nehmen kann. Das Maß an Hilfe kann ich dabei selbst bestimmen. Auch wenn mich etwas bedrückt, kann ich die Mitarbeiterin um Rat fragen. Sie kommt mich zwei Stunden pro Woche besuchen. Den Haushalt (Putzen, Einkaufen, Kochen etc.) regele ich weiterhin alleine und werde dabei auch nicht kontrolliert.

## Meine heutige Situation

Inzwischen bin ich noch einmal innerhalb der Stadt umgezogen. Ich habe bisher ein Studium und eine Ausbildung versucht, leider bin ich mit beidem gescheitert. Beides bedeutete sehr viel Stress für mich, den ich einfach nicht bewältigen konnte. Gerade in den Zeiten, wo ich das Studium und die Ausbildung abbrechen musste, stand mir die Mitarbeiterin vom Betreuten Wohnen zur Seite. Derzeit schauen wir gemeinsam, wie meine berufliche Zukunft jetzt aussehen kann.

Ich bin immer noch mit Sophie befreundet, sie macht derzeit eine Ausbildung. Wir sehen uns zwar nicht mehr jeden Tag und manchmal hören wir auch einige Zeit nichts voneinander, dennoch verbindet uns eine tiefe Freundschaft. Immer, wenn wir uns treffen, ist es für mich so, als ob wir uns gerade gestern das letzte Mal gesehen haben. Wir sind weiterhin füreinander da. Über das ATZ habe ich auch noch weitere Freunde gefunden. Es ist schon etwas anderes, wenn man mit Leuten reden kann, die dieselben Erfahrungen gemacht haben wie man selbst. Manchmal reicht ein »Das kenne ich auch, genauso!« von jemand anderem, und man fühlt sich besser.

**Es ist schon etwas anderes, wenn man mit Leuten reden kann, die dieselben Erfahrungen gemacht haben wie man selbst.**

Das Verhältnis zu meiner Familie ist auch besser geworden. Ich arbeite derzeit mit meinen Eltern viel zusammen auf, auch mithilfe dieses Textes. Meine Eltern bedrückt das, was damals alles passiert ist. Sie standen unter einem großen Druck von außen (Freunde, Familie und Gemeinde) und konnten mich einfach nicht verstehen. Mein Vater liegt zwar gerade im Krankenhaus, weil er Krebs hat, es geht ihm aber den Umständen entsprechend gut und er wird bald entlassen. Er lebt bereits seit

zwei Jahren mit seiner Diagnose und ist frühpensioniert. Auch wenn seine Beine manchmal nicht mehr wollen und er auch seine traurigen Momente hat, kämpft er sich tapfer durch. Genau wie meine Mutter, die ihm treu zur Seite steht. Und auch der Kontakt zu meiner Schwester hat sich verbessert.
Alles in allem bin ich derzeit sehr glücklich, auch wenn meine Zukunft noch ungewiss ist und ich auch meine Erschöpfungsmomente habe. Aber im Gegensatz zu früher bin ich nicht mehr einsam, ich kann mich immer an jemanden wenden. Ich bin mir sicher, dass ich die Probleme, die noch vor mir liegen, zusammen mit den Mitarbeitern vom ATZ, mit meiner Familie und meinen Freunden bewältigen kann.

### Nachtrag

Ich möchte meine Beiträge für dieses Buch meinem inzwischen verstorbenen Vater widmen sowie meiner Mutter, die bis zuletzt treu an seiner Seite stand.

---

Christine Preißmann

## » Berufliches Glück – eine Nische finden

Mit Beginn des Berufslebens wurde mein Alltag um einiges leichter, da viele Anforderungen aus der Schulzeit wegfielen, die ich nicht erfüllen konnte. Ich hatte das Glück, nach einiger Zeit eine Nische zu finden, in der ich gut funktioniere und die erlernten Kenntnisse anwenden kann. Ich habe ganz wundervolle Mitarbeiter und Kollegen, die mich einfach so akzeptieren, wie ich bin. Sie nehmen Rücksicht auf mich, da sie von meinen Schwierigkeiten wissen. So ist es mir möglich, meine Stärken und Fähigkeiten auszuspielen, die mich zu einer beliebten Arbeitnehmerin und Kollegin machen, wie ich ab und zu gesagt bekomme. Ein solches Lob freut mich immer sehr, aber ich gebe mir auch viel Mühe. Ich bin pünktlich und zuverlässig, lege keinen großen Wert auf häufige gemeinsame Pausen mit den Arbeitskollegen, sondern bleibe lieber an meiner Arbeit. Dabei möchte ich ein akkurates und bestmögliches Ergebnis erzielen. Es scheint durch diese meine Stärken dann auch möglich zu sein, meine Schwächen und Schwierigkeiten zu akzeptieren bzw. mich so zu unterstützen, dass diese gar keine große Rolle spielen.

Gelegentlich lese ich in Frauenzeitschriften, aber bereits nach kurzer Zeit merke ich, wie fremd mir das alles ist.

Aber auch heute noch, im mittleren Erwachsenenalter, unterscheidet sich mein Alltag deutlich von dem anderer Frauen. Manchmal bekomme ich Lust, mich mit dem einen oder anderen Aspekt zu beschäftigen, über den ich gelegentlich in Frauenzeitschriften lese, aber bereits nach kurzer Zeit merke ich, wie fremd mir das alles ist. Dennoch finde ich es hilfreich, mir darüber Kenntnisse anzueignen, schon allein deshalb, um nicht immer außen vor zu bleiben, wenn sich beispielsweise Arbeitskolleginnen über diese Dinge unterhalten.

## Wie rasieren Frauen sich die Beine?

Dabei geht es häufig um den großen Bereich der Körperpflege und der Kleidung, und oft ist es mühsam, sich hier einzuarbeiten. Rückblickend war beispielsweise die Zeitspanne meiner Vorbereitungen, die für den von mir gewünschten Schwimmbadbesuch nötig schienen, sicher völlig überzogen. Ich war seit vielen Jahren nicht mehr im Schwimmbad und nun viele Monate damit beschäftigt gewesen. Zuerst brauchte ich einen Badeanzug, meiner rutschte nach erheblichem (gewolltem) Gewichtsverlust davon, sodass ich ihn in den Kleidercontainer geben musste. Ich brauchte ihn nicht mehr. Aber es dauerte einige Zeit, bis ich wusste, welches Modell ich nun kaufen sollte.

Als Nächstes fiel mir auf, dass andere Frauen sich die Beine rasierten. Ich beschloss, meine Therapeutin um Rat zu fragen, mit der ich seit einer schweren depressiven Phase gegen Ende meines Studiums arbeite. Sie hatte offenbar keinen sehr guten Tag erwischt und erklärte mir, wenn ich »hip« sein wollte, müsste ich das tun. Ich hatte keine Ahnung, was es bedeutete, »hip« zu sein, und ich wusste schon gar nicht, ob ich das anstreben sollte. Aber ich wusste, dass andere Frauen sich rasierten und ich so sein wollte wie sie, also musste ich das auch tun.

So einfach war das. Oder besser: so kompliziert. Denn natürlich war mir nicht klar, wie man das macht und was man dafür braucht. Außerdem hatte ich keine Ahnung, wo ich einen Rasierer kaufen sollte. Meine Therapeutin nannte mir ein paar Modelle und sagte: »Gehen Sie zu Schlecker und schauen Sie sich mal um«, also ging ich dorthin und starrte in der Gegend herum. Schließlich, weil die Suche jedoch so aussichtslos schien, da mich dort immer eine Verkäuferin dabei beobachtete, wie ich herumstand, erklärte sie mir beim nächsten Termin, ich könnte auch zu einem anderen Drogeriemarkt gehen, was mir nicht klar war, da sie mir ja eine konkrete Kette genannt hatte. Sie merkte, dass sie deutlicher werden musste, um mir wirklich zu helfen. Beim zweiten Versuch in einem anderen Laden ging es wesentlich besser, der Markt war größer, ich konnte ungestört aussuchen. Schließlich kaufte ich eines der Modelle, die mir genannt wurden, und wagte allmählich einen ersten Versuch. Es ging so einigermaßen, es dauerte aber ewig und nervte mich völlig. Nach einigen Versuchen bekam ich allmählich etwas Routine und finde es nun okay, auch wenn es vermutlich niemals zu meinen Lieblingsbeschäftigungen zählen wird. Aber ich denke, das geht anderen Frauen auch nicht anders.

**Alle neuen Situationen, auch wenn sie eigentlich aus einfachen Aktionen bestehen, sind es, die mein Leben nach wie vor so schrecklich anstrengend machen.**

Als Nächstes musste ich dann herausfinden, wie man sich im Schwimmbad zurechtfindet, was vermutlich am schwierigsten war. Es brauchte drei Anläufe, um überhaupt hineinzugehen. Bei den ersten beiden Bädern ging ich wieder heraus, weil es niemanden gab, der mir sagen konnte, was genau zu tun war. Die Dame an der Kasse etwa riet mir lediglich: »Gehen Sie da vorne rechts rum, dann sehen Sie das schon.« Im dritten Bad aber erkannte die Kassiererin meine Bedürfnisse und erklärte mir jeden Schritt, wie ich zur Umkleide gelangte, wo sich die Schließfächer befanden, dass dafür eine Münze notwendig war etc. Dort ging es gut. Abends habe ich ein bisschen geweint, weil ich so erleichtert war und mich so gefreut habe, dass es mir endlich gelungen war. Heute gehe ich gern schwimmen, aber alle neuen Situationen, auch wenn sie eigentlich aus einfachen Aktionen bestehen, sind es, die mein Leben nach wie vor so schrecklich anstrengend machen.

## Schwierig finde ich oft die gesellschaftlichen Erwartungen

Selbstverständlich möchte ich meinen eigenen Stil finden, aber ich wünsche mir doch auch die Möglichkeit, teilhaben zu können, ohne immer anzuecken. Ich bin berufstätig, viel unterwegs, habe daher auch viele Möglichkeiten, entweder als kultiviert oder aber als plump und niveaulos zu erscheinen. Und ich habe gemerkt, dass man vieles durchaus lernen kann, wenn man es als wichtig empfindet. Oft gehe ich im Vorfeld die möglichen Situationen in Gedanken durch, wenn beispielsweise eine Vortragsreise ansteht mit einem gemeinsamen Imbiss oder gar einem Abendessen im Referentenkreis. Da möchte ich nicht durch unangemessenes Verhalten auffallen. Deshalb ist es manchmal hilfreich, sich dafür aus »Knigge«-Ratgebern Anregungen zu holen. Viele autistische Frauen gehen nur selten aus und haben daher auch nur wenige Möglichkeiten, eine ausreichende Routine zu erlangen, wie man sich in Restaurants etc. verhält, noch dazu dann, wenn man vielleicht die einzige Frau in Begleitung mehrerer Männer und außerdem noch reichlich aufgeregt ist. Für solche und ähnliche Situationen habe ich mir immer wieder sinnvolle Hinweise und Anregungen aus Büchern »eingepaukt«, was auch die Nervosität ein bisschen verringert, weil man informiert ist.

Die Tatsache, dass sich persönliche Beziehungen nicht wirklich planen und kontrollieren lassen, stellt mich immer wieder vor große Probleme.

Die formalen Dinge sind also zu einem guten Teil machbar, schwieriger ist die persönliche Komponente, der direkte Kontakt, der mir nach wie vor Probleme bereitet, vor allem dann, wenn ich mir vorher unbekannte Menschen treffen soll. Auch hier hilft es mir manchmal, im Vorfeld eines geplanten Treffens mögliche Gesprächsthemen zu überlegen, also vielleicht über Reiseziele o. Ä. zu sprechen. In manchen Fällen klappt das ganz gut, allerdings werde ich oft unsicher, wenn es sich im Gespräch doch anders ergibt, als ich es vorgesehen hatte. Die Tatsache, dass sich persönliche Beziehungen nicht wirklich planen und kontrollieren lassen, stellt mich immer wieder vor große Probleme. In solchen Momenten wünsche ich mir, in meinem Denken und Handeln etwas flexibler werden zu können.

### Eine Frau sein

Eine gute Bekannte, die schwanger ist und sich auf ihr Baby freut, eine andere mit einer gynäkologischen Krebserkrankung: Die letzten Monate waren emotional eine große Herausforderung, und in solchen Momenten werde ich sehr stark an das »Frau-Sein« erinnert. Manchmal frage ich mich dann, wie es mir selbst wohl in solchen Situationen erginge. Vermutlich wäre es sehr schwer. Bei einer Schwangerschaft steht ja die Weiblichkeit ganz im Vordergrund, und inzwischen habe ich erfahren, dass die meisten Frauen in diesen Fällen auch sehr gern und stolz ihren dicken Bauch präsentieren. Man muss solche Kleidungsstücke anziehen, die das auch noch betonen, was ich gar nicht mögen würde. Es ist notwendig, sich bei den Untersuchungen immer wieder abtasten zu lassen. Hinzu kommen die vielen Veränderungen im ganz praktischen Alltag und auch im Befinden. Und man erregt überall Aufmerksamkeit, besonders dann, wenn die Schwangerschaft bereits fortgeschritten ist. Ich glaube, all das wäre für mich wohl kaum zu ertragen. Es ist eine tolle Vorstellung, ein eigenes Kind zu haben, es zum ersten Mal im Arm halten zu können, aber den Gedanken an eine Schwangerschaft finde ich entsetzlich.

### Der Wunsch nach einem eigenen Kind

Viele autistische Frauen verspüren irgendwann auch den Wunsch nach eigenen Kindern. Das ist wohl die größte Entbehrung, die ich in meinem Leben kenne, sie bringt mich immer wieder einmal an den Rand der Verzweiflung. Dann bin ich traurig, dass ich die schönen Dinge, die ich früher mit meinen Eltern erlebt habe, nie mit einem eigenen Kind werde teilen können.
»Ein Kind ist das Weihnachtsfest des Lebens«, habe ich als Zitat einer Politikerin in meinem Alter gelesen. Ich liebe sehr die Weihnachtszeit und kann diesen Vergleich nachvollziehen. Vielleicht schmerzt es deswegen immer noch sehr, wenn ich über Kinder nachdenke. Und Ähnliches berichten auch viele andere Frauen mit Autismus. Dann, wenn bei schönem Wetter die gleichaltrigen Frauen, die man von früher kennt, ihre Kinderwagen schieben, mit dem Nachwuchs spielen oder die Natur entdecken, dann ist es für uns oft besonders schwer. Die dunkle Jahreszeit macht es uns in dieser Hinsicht leichter, dann sind die Menschen meist in ihren Wohnungen und erinnern uns nicht ständig daran, dass es trotz aller Anstrengungen Dinge gibt, die uns in unserem Leben immer fehlen werden.

Die Bekannte bekam ihr erstes Kind an einem Spieltag der Fußball-Europameisterschaft 2012. Während ich mich über den Sieg der deutschen Mannschaft freute, hatte sie das Glück, das Schönste in ihren Armen zu halten, das es für eine Frau geben kann, ein eigenes Kind. Da werden die unterschiedlichen Prioritäten und Lebensinhalte deutlich, und in solchen Momenten merke ich immer wieder, was im Leben wirklich zählt. Der Fußball ist, gemessen an solchen Geschenken, völlig unbedeutend. Ich habe ein gutes Leben und liebe es sehr, aber es fehlen die Begegnungen, die Menschen. Es fehlt das Leben auf einem Niveau, wie es andere Menschen führen können. Manchmal zumindest. Ein Teil von mir hätte auch sehr gern einen Freund und Kinder, aber der Rest weiß schon sehr genau, dass mir das schnell zu viel würde. Und oft geht es mir ja auch ganz gut mit mir allein.

**Wenn bei schönem Wetter die gleichaltrigen Frauen ihre Kinderwagen schieben oder mit dem Nachwuchs spielen, ist es für uns oft besonders schwer.**

## Vom Glücklichsein

So muss ich also nach anderen Möglichkeiten suchen, trotz aller Schwierigkeiten glücklich zu sein und ein erfülltes Leben zu führen. Ich habe herausgefunden, dass ich an freien Tagen vor allem dann zur Ruhe komme und Glück empfinde, wenn ich drei Aspekte kombinieren kann: Genuss bzw. Entspannung, Aktivität und die dosierte sinnvolle Tätigkeit. Dann geht es mir am besten. So nutze ich meinen Urlaub für schöne Dinge, beispielsweise für Besichtigungen, die mir Spaß machen, den Besuch von Ausstellungen oder das Verweilen in einem schönen Café. Daneben reserviere ich immer auch eine gewisse Zeit für die Arbeit an meinen laufenden Projekten zum Thema Autismus, also zum Vorbereiten von Vorträgen oder dem Schreiben von Texten, was mir guttut. Und auch die aktive Komponente ist mir wichtig, ich gehe walken und erkunde die Natur. Es ist wichtig für mich, einen akzeptablen Kompromiss zu finden aus Kontakt- und Rückzugsmöglichkeiten, um mich einerseits erholen zu können, andererseits aber auch nicht völlig den Bezug zur Außenwelt zu verlieren.
In den letzten Jahren konnte ich die ruhigste und friedlichste Zeit meines Lebens verbringen. Mit der Unterstützung, die ich aktuell in Form von Psycho- und Ergotherapie erhalte, komme ich derzeit ganz gut zurecht und bin unendlich dankbar dafür. Heute ist es nicht mehr nur so, dass ich wie früher manchmal eine halbwegs erträgliche Zeit verbringen kann, sondern ich kann inzwischen sagen, ich führe jetzt im Großen und Ganzen ein gutes und glückliches Leben, das zu mir passt. Nach einer schwierigen und anstrengenden Zeit mit zwei Bandscheibenvorfällen und nachfolgend einer sehr schweren depressiven Phase fühle ich mich heute besser und leistungsfähiger als je zuvor. Im Rückblick sehe ich inzwischen, dass ich durch diese und ähnliche Prüfungen in meinem Leben sehr viel gelernt habe und mich stark weiterentwickeln konnte.

Viele schwierige Zeiten, die mir damals als übergroße und schrecklich ungerechte Prüfungen vorkamen, entpuppten sich in Wirklichkeit als großes Glück. Sei es der Oberschenkelbruch am Ende meiner Kindergartenzeit, der es mir ermöglichte, die schwierige Zeit des Übergangs zur Schule etwas geordneter und in Begleitung meiner Eltern erleben zu können, seien es die ständigen Knieschmerzen in der Jugend, die es mir gestatteten, den für mich besonders problematischen Aktivitäten wie Ausflügen, Diskobesuchen oder dem Schulsportunterricht häufig fernbleiben zu können. Sogar die beiden Bandscheibenvorfälle in einer Zeit, in der ich nicht mehr weiterwusste und immer stärkeren Druck verspürte, kommen mir im Nachhinein wie Geschenke vor, denn sie ermöglichten mir eine »Auszeit«, die ich damals so dringend brauchte. Sie öffneten mir den Blick dafür, dass es sich lohnt, für das Leben zu kämpfen, um die vielen kleinen Schönheiten um mich herum wieder neu und stärker als je zuvor wahrnehmen und mich daran erfreuen zu können. Ich durfte das Leben im Hier und Jetzt als große Kraftquelle neu erfahren und möchte all diese schwierigen Zeiten nicht mehr missen.

**Viele schwierige Zeiten, die mir damals als übergroße und schrecklich ungerechte Prüfungen vorkamen, entpuppten sich in Wirklichkeit als großes Glück.**

## Öffentlichkeitsarbeit als Kraftquelle

Ich habe gelernt, kleine Freuden des Alltags zu genießen, auf meine Fähigkeiten zu vertrauen und mit meinen Schwierigkeiten zu leben, und immer wieder darf ich auch sehr schöne Erfahrungen machen, wenn ich Vorträge halte oder ähnliche Aktivitäten plane. Ich genieße es sehr, in Referaten und Gesprächsrunden meine Meinung äußern zu dürfen, früher in der Schule interessierte sich niemand für meine Gedanken. Die Bestätigung, die ich dabei erhalte, tut mir gut und ermutigt mich weiterzukämpfen – für mich selbst und auch für andere.

Ab und zu frage ich mich, ob ich vielleicht zehn oder zwanzig Jahre zu früh geboren wurde, denn damals war das Asperger-Syndrom als eine Form des Autismus in Deutschland noch vollkommen unbekannt. Wenn ich nun meine jüngeren autistischen Kollegen sehe, die deutlich bessere Chance einer früheren Diagnose und einer guten Förderung und Unterstützung schon in jungen Jahren, die mir sicher viel Leid erspart hätten, dann denke ich schon, es wäre schön gewesen, das auch alles erlebt zu haben. Aber gleichzeitig bin ich manchmal doch auch ein bisschen stolz auf das, was ich mit meinen Voraussetzungen geschafft habe. Ich konnte viele meiner Ziele erreichen, manche mit viel Mühe und Anstrengung, es wurde mir nichts geschenkt, ich habe sie mir größtenteils selbst erarbeitet. Und das macht dann schon auch ein bisschen zufrieden, glücklich und vor allem dankbar.

# Körperliches und seelisches Wohlbefinden

Wichtig für emotionales Wohlbefinden ist es zunächst einmal, sich selbst besser zu verstehen. Das ist ein oft jahrelanger Prozess, der therapeutisch unterstützt und begleitet werden sollte. Je besser eine Frau über sich selbst Bescheid weiß, die eigenen Stärken und Schwierigkeiten, Vorlieben und Wünsche kennt, umso eher wird es ihr gelingen, das Leben nach den eigenen Bedürfnissen auszurichten und ein erfülltes Leben zu führen.

## Was bedeutet es, eine Frau zu sein?

Viele autistische Frauen wirken in ihrem Auftreten und oft auch in ihrem Denken eher männlich. Manchmal werden sie daher von der Umgebung für transsexuell oder lesbisch gehalten (u. a. Simone 2010, 61–62), was ihnen wehtut und was nur auf eine Minderheit von ihnen auch tatsächlich zutrifft. Manche Betroffene entwickeln Strategien, um nicht als auch noch in dieser Hinsicht »anders« aufzufallen. So beschreibt eine Frau mit Autismus, dass sie eigentlich kein Interesse an Jungen gehabt hätte, aber dennoch Ja sagte, als ein Klassenkamerad sie fragte, ob sie »mit ihm gehen« wollte. So hatte sie einen Freund, obwohl sie eigentlich gar keinen haben wollte, nur damit die anderen Mädchen merkten, dass sie nicht lesbisch war (Hubbard 2010, 81–82).

Auch das eigene Gefühl ist beteiligt, viele Betroffene fühlen sich nicht wirklich weiblich, sondern eher als ein indifferentes Wesen, etwa als »halb Frau, halb Mann« (Simone 2010, 63). Nicht selten ist ihnen ihr eigenes Geschlecht auch völlig egal. Dass es dann aber nur schwer möglich sein wird, eine Identität bezüglich des Geschlechts zu entwickeln, ist naheliegend.

Es ist nicht leicht, in einer Welt aufzuwachsen, in der man sich in jeder Hinsicht nicht »richtig«, nicht zugehörig fühlt, und so ergeben sich aus dieser schwierigen Geschlechtsidentität natürlich auch Folgen im Hinblick auf die gesellschaftlichen Erwartungen an eine Frau, die oft zur Frustration und zum Desinteresse führen, sich damit zu beschäftigen. Typische Frauen werden ja oft u. a. gemessen an ihrer Fähigkeit zum Multitasking, also dem gleichzeitigen Erledigen unterschiedlicher Tätigkeiten, außerdem im Hinblick auf ihre Impulskontrolle, die sie in der Regel besser beherrschen als Männer, dem richtigen und überlegten Umgang mit Konflikten und an vielen weiteren Fähigkeiten und Kompetenzen im sozialen Miteinander und im Hinblick auf die Beziehungsfähigkeit. Auch sollen Frauen gefühlvoller sein, leichter ihre Emotionen mitteilen können, Männer dagegen werden als eher rational eingestellt beschrieben. Ihnen geht es in der Regel um Status, sie wollen sich mit anderen messen, lieben physische Präsenz und Stärke und identifizieren sich deshalb mit Actionhelden. Mädchen dagegen können mit Einzelkämpfern nicht viel anfangen, ihre Lieblingsfiguren sind Teamplayer und reflektieren die eigene Rolle. Das hat auch die Werbung entdeckt und bietet bereits im jüngsten Kindesalter nach Geschlechtern getrenntes Spielzeug an, das sich nicht nur in der Farbe unterscheidet.

Von Frauen wird ein angemessenes, »weibliches« Auftreten erwartet, sie sollen sich »wie eine Dame« verhalten und auch ihr Äußeres entsprechend anpassen, sich sicher und elegant etwa in High Heels bewegen und die Accessoires passend zur Kleidung auswählen können. Körpersprache soll sicher angewendet und verstanden werden, die Mimik und Gestik den jeweiligen Emotionen entsprechen.

Frauen sollen die wichtigsten »ungeschriebenen Gesetze« kennen (wenn sie doch nur niedergeschrieben würden! Das würde autistischen Frauen vieles erleichtern) und »gute Manieren« haben. Manches davon lässt sich auswendig lernen, um nicht ständig anzuecken, auch wenn man es nicht unbedingt verstehen kann und vielleicht auch häufig keinen Sinn darin sieht. Aber wirklich gutes Benehmen bedeutet ja nicht nur, sich an die Etikette zu halten. Noch wichtiger ist es wohl, auf die Menschen zu achten und Hilfe von selbst anzubieten, noch bevor sie angefragt wird. Egal, ob das die Mutter mit Kinderwagen an der Bushaltestelle ist, der ältere Mensch mit dem schweren Koffer im Zug oder der offensichtlich Ortsunkundige mit einem Stadtplan in der Hand. Hier gibt es täglich neue Herausforderungen, immer neue Fettnäpfchen und unterschiedliche Erwartungen durch die verschiedenen Menschen, die ganz selbstverständlich wahrgenommen werden müssen.

Autistischen Menschen fällt es oft schwer, die individuellen Bedürfnisse zu erkennen; sie wirken dann unsensibel oder nur wenig hilfsbereit, was aber in der Regel nicht zutrifft. Im Gegenteil, die meisten von ihnen bieten sehr gern ihre Hilfe an, wenn man sie dabei unterstützt zu erkennen, was sie konkret tun können.

Auch wenn sich viele Frauen mit Autismus nicht typisch weiblich fühlen, sie bleiben doch weiblich, und das Verhalten und die Kompetenzen anderer Frauen werden auch von ihnen verlangt. Insgesamt haben sie oft das Gefühl, dass man von ihnen erheblich mehr erwartet als von autistischen Männern, einfach aufgrund ihres Geschlechts. Passen sie sich nicht deutlich genug an, werden sie als kindisch, unordentlich oder aufsässig angesehen, nicht respektiert und nicht ernst genommen.

# Psychische Gesundheit

Wichtig für emotionales Wohlbefinden ist es, sich selbst besser zu verstehen. Das ist ein oft jahrelanger Prozess, der therapeutisch unterstützt und begleitet werden sollte. Je besser eine Frau über sich selbst Bescheid weiß, die eigenen Stärken und Schwierigkeiten, Vorlieben und Wünsche kennt, umso eher wird es ihr gelingen, das Leben nach den eigenen Bedürfnissen auszurichten und ein erfülltes Leben zu führen.

Eine Hilfe beim Erkunden der eigenen Person kann das Erstellen einer Collage oder eines »Alles über mich«-Buches bieten (Smith 2011). Unterstützend sind dabei Einstiegsfragen wie:

- Welche Person bin ich? Wie kann ich mich beschreiben (nett, hilfsbereit, lustig, schlau, scheu etc.)?
- Wie bin ich im Vergleich zu anderen? Was kann ich gut, was gelingt anderen besser?
- Welches sind meine Wünsche, meine Ziele? Habe ich Ideen, wie ich sie erreichen könnte?
- Was möchte ich zukünftig tun (morgen, in einem Jahr, in fünf Jahren etc.)?

## Emotionales Wohlbefinden gezielt fördern

Psychische Begleiterkrankungen sind bei Menschen mit Autismus ausgesprochen häufig. In erster Linie sind Angststörungen, Zwänge, Hyperaktivität (auch ADHS) und vor allem Depressionen zu nennen. Auch bleiben Situationen, die sehr starke Emotionen hervorrufen, Menschen mit Autismus oft lange im Gedächtnis, egal ob sie positiv oder negativ gefärbt sind. Immer wieder denken sie darüber nach, was nicht selten zu schlaflosen Nächten oder starker innerer Unruhe führt. Es ist also wichtig, die Betroffenen im Hinblick auf die psychische Gesundheit zu unterstützen. Hilfreich dabei sind folgende Faktoren:

- Es ist sinnvoll, die Situationen herauszufinden und zu benennen, die problematisch für die autistische Frau sind, um dann entsprechende Bewältigungsstrategien zu erarbeiten und einzuüben und so die Schwierigkeiten möglichst kontrollieren zu können.
- Meist ist Hilfe nötig beim Erkennen, wie ihr Körper auf bestimmte Emotionen reagiert. Bezüglich der Körperwahrnehmung muss die autistische Frau lernen, zwischen einem Gefühl (z. B. Angst) und einem körperlichen Zustand (z. B. Bauchschmerzen) zu unterscheiden.
- Man muss der Betroffenen das Gefühl geben, selbst Einfluss zu haben auf ihre Situation und das eigene Leben durch das selbstständige Fällen von Entscheidungen nach den eigenen Wünschen gestalten zu können.
- Es ist wichtig, ein Gefühl der Sicherheit und Geborgenheit zu erzielen (dafür können auch die jeweiligen Spezialinteressen hilfreich sein, die die Angst oft deutlich reduzieren können).
- Der Betroffenen sollte das Gefühl vermittelt werden, dass sie als Person ge-

schätzt wird – nicht wegen irgendeiner Leistung, sondern allein aufgrund ihrer Persönlichkeit.
- Sie braucht Unterstützung, um größtmögliche Unabhängigkeit und Eigenständigkeit zu entwickeln.
- Auch Lebensfreude, Spaß und Vergnügen sollten gefördert und entwickelt werden.
- Eine langfristige therapeutische Begleitung kann sehr zur psychischen Stabilität beitragen (siehe S. 163).

## Wie kann ich mich entspannen?

Es ist wichtig, in Fällen der Anspannung nach gezielter Ablenkung zu suchen. Das kann eine ausdauernde körperliche Tätigkeit sein oder ein sonstiges Gebiet des persönlichen Interesses. Sinnvoll sind dabei vor allem solche Aktivitäten, bei denen das gemeinsame Tun mit anderen Menschen im Vordergrund steht, etwa Kochen, Fotografieren, Wandern etc.

Auch autistische Frauen brauchen außerdem die Möglichkeit, für sie effektive Maßnahmen zur Entspannung zu erlernen. Die meisten von ihnen wünschen sich Unterstützung bei der Möglichkeit, ihren alltäglich erlebten Stress etwas reduzieren zu können (Gawronski et al. 2012, 67). Manchmal können die klassischen Entspannungsverfahren hilfreich sein (z. B. Yoga, Tai Chi, Tanzen etc.), aber in vielen Fällen werden beispielsweise die Übungen zur Muskelrelaxation zu komplex, die Anforderungen bezüglich der visuellen Vorstellungskraft und der Imagination zu abstrakt sein, als dass sie den Betroffenen helfen könnten.

Dann muss man eigene Techniken entwickeln, verschiedene Möglichkeiten ausprobieren und schließlich das auswählen, was für den Einzelfall passt. Nicht selten ist das das Erleben von Ruhe und Kraft in der Natur. Als sinnvoll beschrieben wird auch eine Serie von individuell ausgewählten Bildern, Fotos oder Postkarten oder alternativ selbst zusammengestellte Musik bzw. andere entspannende Klänge. Darauf sollte bei den ersten Anzeichen von Stress, Unruhe oder Überlastung zurückgegriffen werden, um solche Zustände möglichst bereits im Anfangsstadium zu bekämpfen (Howlin 1997, 122–123).

### Sich an den kleinen Dingen erfreuen

Zusätzlich ist es hilfreich, neben aller Sorge um die Zukunft zwischendurch auch ganz bewusst im Hier und Jetzt zu leben. Das wird als außerordentlich entspannend empfunden. So ist es wichtig, sich immer wieder auf schöne Kleinigkeiten zu konzentrieren, um sie intensiver wahrnehmen zu können. Das fällt autistischen Frauen manchmal sogar leichter als anderen Menschen. Dabei sollte man auf keinen Fall die schlechte Angewohnheit

# Depressionen sind häufig

**Frauen mit Autismus sind einem höheren Risiko für Depressionen ausgesetzt als betroffene Männer. Sie haben oft ein stärkeres Bewusstsein für soziale Schwierigkeiten, die sie erleben, und die lebenspraktischen Konsequenzen. Sie sind auch einem größeren gesellschaftlichen Druck ausgesetzt.**

Depressive Phasen treten besonders oft auf bei der verstärkten Beschäftigung mit Zukunftsperspektiven, in Zeiten des Umbruchs und Übergangs (Pubertät, Schule, Beruf etc.) oder in Krisenzeiten. Dies ist verständlich, wenn man bedenkt, dass Stress zu den häufigsten auslösenden Faktoren für das Entstehen einer Depression gehört. Gerade autistische Frauen sind ja in ihrem Alltag immer wieder erheblichem Stress ausgesetzt, der meist größer ist als der Stress, den andere Frauen empfinden. Auch hat man herausgefunden, dass Depressionen bei autistischen Menschen oft im Zusammenhang stehen mit dem Wunsch nach Freundschaft oder Partnerschaft und dem gleichzeitigen Erkennen der bestehenden Defizite im sozialen und kommunikativen Bereich.

## Die Depression erkennen

Es ist nicht immer leicht, eine Depression bei autistischen Frauen zu erkennen. Mögliche Symptome sind (vgl. Preißmann 2017):

- niedergeschlagene Stimmungslage, Gefühle der Hoffnungslosigkeit
- Interessenverlust oder Verlust der Freude an Aktivitäten, die man sonst mag
- Antriebsmangel, also die verringerte Fähigkeit, sich den alltäglichen Aktivitäten zu stellen, oder erhöhte Ermüdbarkeit
- unangemessene Selbstvorwürfe oder Schuldgefühle, Gefühle von Wertlosigkeit, manchmal auch Selbstverletzungen bis hin zu Selbsttötungsgedanken
- reduziertes Denk- oder Konzentrationsvermögen, Unentschlossenheit
- verlangsamte Bewegungen
- Schlafstörungen
- veränderter Appetit und Änderungen des Körpergewichts
- Tagesschwankungen des Befindens.

Es ist wichtig, bei diesen Symptomen an das Vorliegen einer Depression zu denken und einen Facharzt aufzusuchen. Eine Depression ist eine Erkrankung, die behandelt werden kann und behandelt werden sollte. Falsch sind Empfehlungen der Umgebung, in Urlaub zu fahren oder sich doch einfach mehr anzustrengen und zusammenzureißen. Das kann im Gegenteil die Verzweiflung eher noch verstärken, da man sich unverstanden und unfähig fühlt. Sinnvoll ist es vielmehr, der betroffenen Frau bei offensichtlichen Anzeichen einer Depression dabei zu helfen, sich professionelle Hilfe zu holen.

vieler Frauen übernehmen, verschiedene Dinge gleichzeitig tun zu wollen (Multitasking). Auf diese Weise kann sich nämlich keine wirkliche Entspannung einstellen. Im Sinne der Achtsamkeit ist es für jeden Menschen ratsam, immer nur eine Sache auf einmal zu machen. Wenn man beispielsweise beim Spaziergang Mails checkt und Nachrichten abhört, wird man wohl kaum die Amsel entdecken, die gerade ihre fiependen Jungen füttert. Viele autistische Frauen haben das große Glück, den Zauber der kleinen Dinge zu spüren und zu genießen. Sie können sich an schönen Momenten des Alltags erfreuen.

## Entspannende Tätigkeiten

Im Alltagsleben kann häufig Entspannung u. a. erreicht werden durch

- körperliche Aktivität (auch Gartenarbeit etc.)
- Spaziergang
- Beschäftigung mit Tieren
- Besuch einer Ausstellung bzw. eines Museums
- kreatives Gestalten (Kunst, Musik, Schreiben etc.)
- Aufenthalt in der Natur

Schwierigkeiten bereitet vielen Betroffenen ihre oft sehr sensible Sinneswahrnehmung. Was wann zu viel ist, kann man so pauschal gar nicht sagen, das ist bei jedem anders und auch sehr von der »Tagesform« abhängig. Generell aber sind viele verschiedene Sinnesreize in starker Ausprägung für autistische Frauen schwer zu ertragen, z. B. auf Bahnhöfen, in Kaufhäusern etc. Sie aushalten zu müssen, kostet viel Energie. Wenn Informationen aus unterschiedlichen Sinneskanälen ineinanderfließen, vermengen sie sich zu einem verwirrenden sensorischen Chaos, das besonders häufig bei Müdigkeit und Erschöpfung erlebt wird.

All diese Situationen können zu einem »Dauerstress« führen, zu rascher Ermüdung und zu dem Wunsch, möglichst reizarme Orte aufzusuchen. In solchen Fällen fallen autistische Menschen daher verstärkt in ihre Routinen, Rituale und

*Vieles, was für andere selbstverständlich ist, muss ich mir mühsam aneignen, z. B. wann und wie viel ich essen sollte. Manchmal vergesse ich es total, wenn ich keine Erinnerungshilfe habe.*

Spezialinteressen zurück, die gleichförmig ablaufen und daher viel weniger Energie verbrauchen. Die Betroffenen haben in diesen Momenten nicht selten große Angst. Anstatt zu versuchen, ihnen sinnvollere Tätigkeiten nahezulegen, die ihre Angst noch steigern würden, ist es also hilfreicher, mit ihnen gemeinsam zu überlegen, was genau ihnen aktuell Angst macht und wie es ihnen gelingen kann, die Situation zu meistern.

### Rituale zum Stressabbau nutzen

Man kann sich die Tatsache, dass die Routinen und Rituale energiesparend ablaufen, aber auch gezielt zunutze machen und an solchen Tagen, wenn man sehr anstrengende Aktivitäten erwartet, den Rest des Tages sehr stark strukturiert und ritualisiert angehen. Dies mache ich beispielsweise dann, wenn Vorträge anstehen oder sonstige Aktivitäten, die zwar bereichernd und schön sind, die aber doch auch viel Kraft kosten, vor allem deshalb, weil ich sie eben nicht planen kann und nie genau weiß, wie sie ablaufen werden. Mithilfe von Routinen und Ritualen kann man in solchen Momenten oft ganz gut zurechtkommen. Übrigens verfahren auch Leistungssportler häufig nach demselben Muster, wenn sie vor einem wichtigen Wettkampf immer dieselbe Musik hören, denselben Tagesablauf einplanen, um Energie zu sparen. Das ist also durchaus eine sinnvolle Vorgehensweise, die auch autistischen Menschen empfohlen werden kann, deren alltäglicher Stresspegel ja meist mindestens genauso hoch ist wie der eines Leistungssportlers im Wettkampf.

## Ernährung und körperliche Gesundheit

Viele junge autistische Frauen haben, nach Ansicht von Forschern sogar öfter als die betroffenen Männer, Schwierigkeiten mit dem Essen, Unter- oder Übergewicht sind nicht selten. Neben Faktoren wie Beschaffenheit, Farbe und Aussehen der Nahrung spielen bei ihnen häufig noch zusätzliche Probleme eine Rolle (vgl. Preißmann 2017, Nichols et al. 2009):

- Sie merken oft nicht, wann sie Hunger haben oder satt sind, diese Zustände fühlen sich für sie manchmal ähnlich an (u.a. Preißmann 2018); oder sie haben viel zu oft das Gefühl, hungrig zu sein, können aber nicht exakt sagen, ob es wirklich Hunger ist.
- Sie verwechseln Hunger und Übelkeit oder Hunger und Erschöpfung.
- In Zeiten von Stress werden die Essgewohnheiten oft erheblich rigider und eingeschränkter.
- Sie essen und trinken manchmal exzessive Mengen an Nahrung oder Flüssigkeit, oder aber sie essen und trinken viel zu wenig, verspüren kein Hunger- und Durstgefühl. Sie müssen sich manchmal regelrecht an die Nahrungs- oder Flüssigkeitsaufnahme erinnern, weil sie

diese vergessen, vor allem dann, wenn sie beschäftigt sind.
- Manchmal verweigern sie das Essen und Trinken in unbekannter Umgebung.
- Einige von ihnen sind besessen von Regeln im Hinblick auf die Nahrungsaufnahme oder die Zubereitung und den Nährstoffgehalt von Speisen.
- Etwa ein Viertel der Mädchen mit Anorexie (Magersucht) zeigt zusätzlich Anzeichen einer Autismus-Spektrum-Störung.

Eine effektive Hilfe besteht, wie in vielen anderen Bereichen auch, oft in Information und Aufklärung. Manchmal muss anfangs ganz einfach erlernt werden, welche Nahrungsmengen sinnvoll und notwendig sind, wie es möglich sein kann, auch bei auffälligen Nahrungsgewohnheiten die erforderlichen Nährstoffe zu sich zu nehmen oder (bei fehlendem Durstgefühl) bis zu welcher Uhrzeit welche Mengen an Flüssigkeit getrunken sein sollten. Visuelle Erinnerungshilfen wie Merkzettel o.Ä. können sehr hilfreich sein. Auch Anleitung bei der Auswahl, dem Einkaufen, Vorbereiten und Zubereiten von Speisen, vielleicht auch in Form von Kochkursen, ist sinnvoll. Das alles ist aufwändig und mühsam, lohnt sich aber oft im Hinblick auf eine spätere Selbstständigkeit.

Generell ist etwas Unterstützung in Hinblick auf ein gesundes Leben wichtig. Da sie nur über wenige private Kontakte zu anderen Menschen in ihrem Alter verfügen, wissen die Betroffenen oft nicht, wie sie diese Punkte für sich lösen sollen. Sie haben nur wenige Kenntnisse darüber, welch unterschiedliche Möglichkeiten auf diesen Gebieten bestehen, und sie wissen oft keinen Ansprechpartner für ihre Fragen. Man muss sie also z.B. anleiten im Hinblick auf:
- **Die körperliche Fitness:** Sinnvoll sind für autistische Frauen oft Individualsportarten, die in erster Linie die Ausdauer trainieren, daneben aber auch Maßnahmen zur Verbesserung von Koordination, Körperwahrnehmung und Stabilisierung der wichtigsten Muskelgruppen (z.B. zur Vorbeugung von Rückenbeschwerden) sowie Entspannungsverfahren. Manchmal ist es notwendig, einige unterschiedliche Angebote auszuprobieren, bis man das individuell Passende findet.
- **Eine der Temperatur angemessene Kleidung:** Manchen autistischen Frauen fällt es schwer, ausreichend warme (im Winter) bzw. nicht zu warme (im Sommer) Kleidung zu wählen.
- **Ein sicheres und ruhiges Wohnumfeld:** Krankheitsvorbeugung bedeutet auch die Abwesenheit von Lärm und sonstigen störenden Umwelteinflüssen; auch die persönliche Sicherheit muss hier gewährleistet sein.
- **Ärztliche bzw. zahnärztliche Versorgung:** Wichtig ist u.a. ein verständnisvoller Hausarzt als erster Ansprechpartner, der bei Erkrankungen alle notwendigen Schritte einleiten und die Beschwerden einordnen kann (vgl. Preißmann 2017). Man muss außerdem die betroffene Frau informieren über allgemeine Erkrankungen, die beim weiblichen Geschlecht gehäuft auftreten (z.B. Harnwegsinfekt).

### Der Besuch bei der Frauenärztin

Schwierig ist oft insbesondere der spezielle Bereich der Frauengesundheit. Mädchen und Frauen mit Autismus müssen angeleitet werden, ihre Menstruation zu überwachen und Unregelmäßigkeiten, neu aufgetretene Schmerzen oder sonstige Auffälligkeiten mit einer Frauenärztin zu besprechen, ebenso wie alle anderen Beschwerden und Veränderungen im Genital- oder Brustbereich (Juckreiz, Rötung, Ausfluss etc.). Manchmal muss man alle möglichen Symptome gezielt abfragen, da sie nicht von selbst berichtet werden können.

Auch sollten die vorgesehenen jährlichen Vorsorgeuntersuchungen bei einer Gynäkologin wahrgenommen werden. Hier ist anfangs oft eine Begleitung durch eine weibliche Bezugsperson nötig und manchmal auch im Vorfeld die exakte Information darüber, was die Betroffene beim Arztbesuch erwarten wird. Man sollte darauf Wert legen, eine Frauenärztin zu finden, die sich ausreichend Zeit nimmt und auch in der Lage ist, eventuell bestehende ganz banale Fragen und Schwierigkeiten im Hinblick auf den eigenen Körper, die eigene Sexualität etc. zu beantworten. Es kann sinnvoll sein, vor dem ersten Besuch die Ärztin über den Autismus und die damit einhergehenden Schwierigkeiten zu informieren. Dadurch lassen sich schon vorab manche Lösungen finden.

Probleme bereiten nämlich in der Regel sowohl die Rahmenbedingungen (volles Wartezimmer) als auch der Arztkontakt als solcher (persönliches Gespräch, Berührung bei der Untersuchung etc.). Simone Pinke fasst die ärztliche Versorgung erwachsener Betroffener wie folgt zusammen: »Die medizinische Betreuung von Menschen mit Autismus erfordert im Grunde eine recht ähnliche Struktur wie bei der Behandlung von Kindern und Jugendlichen. Es ist wichtig, dass der Arzt oder die Pflegekraft Ruhe ausstrahlt und die Vorgehensweise, je nach medizinischer Maßnahme, genau erklärt und begründet wird. Denn es ist für uns wesentlich einfacher, uns auf die Notwendigkeiten einzustellen und einzulassen, wenn sie im Vorfeld eingehend erläutert werden« (Pinke 2011).

Tipps und Hilfen für Patienten wie für Ärzte finden sich im Kapitel »Gesundheit – Krankheit« von »Asperger – Leben in zwei Welten« (Preißmann 2018) sowie in »Autismus und Gesundheit« (Preißmann 2017).

## Wechseljahre

Die Wechseljahre sind der natürliche Übergang von einem gebärfähigen in ein unfruchtbares Alter ohne Menstruation. Die hormonellen Veränderungen bedeuten für den Körper eine erhebliche Umstellung, die oft schleichend beginnt, meist im Alter zwischen 45 und 50 Jahren, und in Etappen verlaufen kann, bevor der Hormonhaushalt dann schließlich wieder stabil ist.

## Mögliche Beschwerden

Viele Frauen fürchten sich bei dem Gedanken an die nahenden Wechseljahre vor den häufigen Begleiterscheinungen dieser »Übergangszeit«. Vor allem Hitzewallungen treten oft auf, weitere typische Anzeichen können Schlafstörungen, depressive Verstimmungen, trockene Schleimhäute, Schwierigkeiten beim Sexualkontakt, Blasenbeschwerden, Gelenkschmerzen und Gewichtszunahme sein, die aber natürlich alle auch andere Ursachen haben können. Etwa ein Drittel der Frauen leidet stark unter diesen Symptomen, ein weiteres Drittel hat leichte bis mittlere Beschwerden, und die restlichen Frauen haben keine Probleme und empfinden die Wechseljahre nicht als besondere Belastung.

Über das Erleben von Frauen mit Autismus in den Wechseljahren ist bislang nur sehr wenig bekannt. Einerseits stellen Übergangszeiten für sie oft Krisenzeiten dar, in denen sie besonders intensiv unterstützt und begleitet werden sollten. Da einige autistische Frauen kein großes Interesse an einem sexuellen Kontakt haben und noch mehr von ihnen ihre Zukunft ohne eigene Kinder planen, mag der Beginn der Wechseljahre für sie andererseits aber auch gar nicht so unwillkommen sein. Das Stoppen der Menstruation mit all ihren unangenehmen Begleiterscheinungen kommt als angenehmer Nebeneffekt hinzu.

## Zum Frauenarzt gehen

Der Ansprechpartner für Beschwerden im Zusammenhang mit den Wechseljahren ist der Frauenarzt. Wenn keine besonderen Probleme vorliegen, ist kein häufigerer Arztbesuch notwendig als vorher, denn die Wechseljahre sollten nicht als hormonellen Mangelzustand oder gar als Krankheit angesehen werden. Sie stellen vielmehr eine Zeit der Neuorganisation und des Übergangs dar. Ein zusätzlicher Termin beim Gynäkologen ist aber sinnvoll, wenn die betroffene Frau sich nicht gut fühlt, Fragen hat oder körperliche Veränderungen wie Schmerzen oder sehr starke Blutungen auftreten.

## Was tun bei Hitzewallungen?

Hilfreich sind Allgemeinmaßnahmen, so fanden Forscher heraus, dass körperliche Bewegung, vor allem Ausdauersportarten, die Häufigkeit der Hitzewallungen senkt. Meditations- und Entspannungstechniken reduzieren Stress und beugen so den Hitzeattacken vor. Eine ausreichende Flüssigkeitszufuhr ist sehr wichtig, meiden sollte man Kaffee, schwarzen Tee, Alkohol und scharfe Speisen, denn sie können Hitzewellen auslösen oder verstärken. Kaltes Wasser auf den Unterarmen kann beginnende Wallungen stoppen.

## Schluss mit Anpassung!

Abgesehen von den körperlichen Beschwerden, die die Wechseljahre mit sich bringen können, berichten einige autistische Frauen über zunehmenden Druck, den ihre Umgebung im Hinblick auf das Älterwerden auf sie auszuüben versucht, nun doch endlich »normal« zu werden und mit den alltäglichen Anforderungen endlich zurechtzukommen. Aber in Wirklichkeit ist eher das Gegenteil der Fall, wirken ältere autistische Frauen oft eher noch exzentrischer, »wunderlicher« und »eigener«, nach den jahrelangen Anstrengungen nicht mehr bereit und nicht in der Lage dazu, sich unauffällig anzupassen (Simone 2010, 207).

Es ist wichtig, Frauen mit Autismus dabei zu helfen, in dieser Zeit ein besseres Lebensgefühl zu erlangen und sich geschätzt und geachtet zu fühlen. Auch sie können sich dann zu glücklichen Frauen voller Ausstrahlung, Energie und Lebenserfahrung entwickeln, können diese Phase als Chance begreifen, sich neu zu sortieren, Altes hinter sich zu lassen, vielleicht (beruflich oder privat) noch einmal neu durchzustarten und den eigenen Weg zu finden.

Neben den gesundheitlichen Schwierigkeiten werden auch Armut und Einsamkeit zu den größten Problemen gehören, mit denen die Betroffenen in der Zeit der Wechseljahre und in späteren Zeiten hauptsächlich zu kämpfen haben. Es wird daher zukünftig nötig sein, sich mit dem Älterwerden autistischer Menschen und hier speziell auch der betroffenen Frauen zu befassen und nach effektiven Möglichkeiten zur Unterstützung zu suchen. Auch im fortgeschrittenen und hohen Alter benötigen sie separate Angebote, die sich von denen für betroffene Männer unterscheiden. Hier gibt es noch viel Raum zur Entwicklung von Ideen und Maßnahmen. Dazu gehören auch passende Konzepte für die pflegerische Versorgung, denn übliche Seniorenheime mit ihrer hohen sensorischen Belastung stellen sicher keine gute Lösung für autistische Frauen dar (vgl. Preißmann 2017).

# Partnerschaft, Familie und Kinder

**Viele autistische Frauen können sich nicht vorstellen, in einer Partnerschaft zu leben, obwohl oft durchaus der Wunsch danach besteht. Auf diesem Gebiet gibt es häufig die größte Diskrepanz zwischen den eigenen Wünschen und Lebenszielen und der aktuellen persönlichen Situation.**

Es ist daher sinnvoll, sich damit zu beschäftigen, schließlich soll ja für jede einzelne Betroffene das persönliche Lebensglück im Vordergrund stehen. So haben auch Frauen mit Autismus ganz unterschiedliche Vorstellungen davon, welche Lebensform für sie am besten geeignet sein könnte:

- Manche möchten allein leben und vermissen die Gesellschaft anderer Menschen nicht.
- Andere stellen sich das gelegentliche Zusammensein mit einem Freund sehr schön vor, allerdings mit getrennten Wohnungen, um die Möglichkeit zum Rückzug zu haben.
- Wieder andere sind verheiratet oder leben in einer festen Partnerschaft und sind damit sehr glücklich. Sie fühlen ihr Leben durch den Partner bereichert.

Alle diese Wünsche und Entscheidungen für das eigene Leben sind in Ordnung, denn auch nicht autistische Menschen leben ganz nach ihren Bedürfnissen. Und es ist durchaus auch möglich, dass sich die eigenen Wünsche im Laufe der Zeit verändern, sodass die Suche neu angepasst werden muss. Frauen mit Autismus interessieren sich nämlich oft erst deutlich später für eine Partnerschaft, als dies bei Gleichaltrigen der Fall ist.

## Einen passenden Partner finden

Einige Berichte von Betroffenen betonen die Wichtigkeit, konkrete Informationen und Kenntnisse darüber zu vermitteln, was es bedeutet, einen Partner zu haben, zu heiraten, von jemandem geliebt zu werden oder selbst Gefühle der Zuneigung für einen anderen Menschen zu empfinden. So beschreiben manche Frauen mit Autismus, sie hätten geheiratet, weil »man das eben so macht«, weil sie es immer für sich vorgesehen hatten und schließlich das richtige Alter erreicht war. Als sie aber realisierten, dass »Liebe« dann doch etwas anderes bedeutete als ihre Lebensrealität, scheiterte ihre Beziehung (Snyder 2006; Simone 2010). Wichtig ist es daher,

Unterstützung im Hinblick auf die Partnerwahl zu erhalten. Vielen autistischen Frauen gelingt es alleine nicht, herauszufinden, wer zu ihnen passen könnte, welche Eigenschaften sie sich bei einem Partner wünschen. So lassen sie sich oft von einem Mann auswählen und fühlen sich geschmeichelt, weil sich jemand für sie interessiert. Sie sind nicht wählerisch und können häufig nicht einschätzen, ob der Partner auch zu ihnen passt.

In der Literatur finden sich Hinweise, dass autistische Männer dazu tendieren, eine ältere Frau zu wählen, die betroffenen Frauen sich aber eher jüngere Partner suchen (Simone 2010). Das ist nachvollziehbar, da sie sich oft jünger fühlen, jünger aussehen und sich auch so verhalten.

## Flirten und Small Talk

Das »Flirten« fällt den meisten Frauen mit Autismus ausgesprochen schwer; es gelingt ihnen oft nicht, sich so zu verhalten oder ihr Äußeres so zu gestalten, dass sie damit für einen Mann attraktiv erscheinen. Manchmal ist es notwendig, sie darauf hinzuweisen, dass man, wann immer man allein zu Hause ist, natürlich so herumlaufen kann, wie man das möchte, dass es aber in Gesellschaft anderer sinnvoll sein kann, auf die Äußerlichkeiten zu achten, wenn man sich einen Freund wünscht. Allerdings ist es wichtig, hier auch nicht zu übertreiben und sich nicht zu »verkleiden«, was permanenten Stress bedeuten würde, sondern nach wie vor echt zu sein und die eigene Person zu bleiben. Die Betroffenen brauchen aber oft Hilfe dabei, ihren eigenen Stil zu finden.

Schwierigkeiten bereitet auch der Small Talk, also der wechselseitige Austausch, mit dem die meisten Menschen ein Gespräch einleiten und der von autistischen Menschen oft als unaufrichtig empfunden wird. Denn hierbei unterhält man sich über Themen, die man eigentlich nicht wirklich interessant findet, was den Betroffenen in der Regel fernliegt. Small

*Aneinandergeschmiegt und verknotet – für andere mag so die ideale Partnerschaft aussehen – für mich wäre das die Hölle. Ich möchte Freiraum und feste Regeln – vor allem für möglichen Körperkontakt.*

## WICHTIG

### Das Internet als Kontaktbörse

Das Internet als Kontakt-, Kommunikations- und Freizeitmedium eröffnet autistischen Menschen ganz neue Chancen, weil es ihnen hilft, Barrieren abzubauen, die im Hinblick auf zwischenmenschliche Kontakte bestehen. Es ist äußerst hilfreich für sie, Anfragen zeitversetzt beantworten zu können, nachdem sie sich in Ruhe überlegt haben, was sie schreiben wollen. Außerdem fällt der oft so schwierige Augenkontakt weg, ungelenk wirkende Gesten sind für das Gegenüber nicht zu sehen. Schriftlich können sich viele betroffene Frauen ja sehr gut ausdrücken, sodass ihnen dieses Medium sehr entgegenkommt. Temple Grandin bezeichnete bereits Mitte der Neunziger Jahre das Internet als »möglicherweise das bisher beste Mittel zur Verbesserung des sozialen Lebens einer autistischen Person« (Grandin 1997, 124), und das ist sicher nicht übertrieben. Online-Partnerbörsen können daher auch für Frauen mit Autismus eine Möglichkeit darstellen, einen Partner zu finden.

Talk kann z. B. folgende Themen umfassen:

- Wetter, Jahreszeit
- aktuelle Ereignisse
- Reisen, Freizeitgestaltung
- Kunst und Kultur etc.

Nachfolgend ein Text zum Schmunzeln über diese Art von Kommunikation: Small Talk – satirisch beleuchtet (Müller 2003; erstmals erschienen 1908 in der Literaturzeitschrift »Jugend«):

*Er redet blöde, sie redet noch blöder.*
*Er findet sie öde, sie ihn noch viel öder.*
*Er schwärmt für ein Buch, das er niemals gelesen.*
*Sie schimpft über Rom, wo sie niemals gewesen.*
*Sie lächelt ›Wie geistvoll!‹ und gähnt dabei halb.*
*Er nennt sie ›Mein Engel‹ und denkt sich ›Du Kalb‹.*
*So geht es vier Stunden im selbigen Ton – man nennt es ›ge-bil-de-te Konversation‹.*

## Mit einem festen Partner zusammenleben

Eine feste Partnerschaft ist nicht immer leicht. Sie bedeutet immerwährenden Austausch, beiderseitiges Wohlwollen und die ständige Suche nach Kompromissen und Zugeständnissen. Auch das Fehlen von Rückzugsmöglichkeiten kann leicht zum Problem werden, denn durch das gemeinsame Einnehmen der Mahlzeiten und das Benutzen derselben Räume ist nur wenig Alleinsein möglich.

## Vage Zeitangaben, Verspätungen

Eine junge Frau berichtet, dass ihr Leben zu Beginn ihrer Partnerschaft völlig aus den Fugen geriet, da ihr Partner in seinem Verhalten so wenig vorhersehbar war. Oft kam er später nach Hause als geplant, manchmal verließ er die Wohnung früher als vorgesehen. Viele gemeinsame Pläne mussten aufgrund der beruflichen Tätigkeit des Partners kurzfristig abgesagt oder verändert werden. Das alles brachte die Betroffene zunächst deutlich an ihre Grenzen. Allerdings beschreibt sie auch, dass sie sich nach einigen Jahren an diese Ungewissheit gewöhnte und ihr schließlich die Unzuverlässigkeit nicht mehr so viel ausmachte (Hubbard 2010). Es wird notwendig sein, den Partner darauf hinzuweisen, dass Frauen mit Autismus aufgrund ihres wörtlichen Sprachverständnisses meist sehr exakte Vorstellungen bezüglich Zeitangaben haben, daher äußerst verunsichert sind und sich immer wieder ernste Sorgen machen, wenn es bei einer Verabredung zu einer auch nur kurzzeitigen Verzögerung kommt. Mithilfe von Mobiltelefon oder Internet lassen sich solche Probleme heute ein bisschen einfacher lösen, sodass man darum bitten kann, im Falle einer Verspätung möglichst frühzeitig benachrichtigt zu werden, um etwas Sicherheit zu haben.

## Gefühle und Liebe ausdrücken

Auffällig sind die Schwierigkeiten der Betroffenen beim Ausdrücken von Gefühlen, sie wirken dabei oft förmlicher oder gefühlloser, als sie in Wirklichkeit sind. Ihre Zuneigung zeigen sie beispielsweise eher auf praktischer Basis: »Wo sich andere Paare küssen, ist es eher so, dass ich in der Zeit, in der mein Freund auf der Arbeit ist, seine meist sehr chaotische Wohnung aufräume. Er wusste dies schon immer zu schätzen und wunderte sich nie über seine nach Farbe und Größe (statt nach Inhalt) sortierten Bücher. Dies ist meine Art, ihm zu zeigen, dass ich ihn liebe, die er schon immer verstand« (Nicole Höhlriegel, in: Preißmann 2018, S. 89).

## Positive Eigenschaften

Insgesamt schätzen die Partner autistischer Menschen vor allem deren folgende Eigenschaften (vgl. Preißmann 2018):

- Ehrlichkeit
- Ernsthaftigkeit
- Treue
- Loyalität
- Exklusivität der Zuneigung
- Verständnis
- ein vielleicht etwas altmodischer Sinn für Romantik
- Zeit
- vorsichtige Zärtlichkeit
- Gutmütigkeit und Hilfsbereitschaft

Ein Partner aber ist spätestens dann, wenn die Verliebtheit vorüber ist, niemand, der alle Bedürfnisse nach Freundschaft und Geborgenheit, nach Spaß und sinnvoller Freizeitgestaltung, ähnlichen Interessen und vielleicht auch nach Intimität und Sexualität jederzeit gleichermaßen befriedigen kann. Man muss Abstriche machen, Kompromisse eingehen und nicht »von einem Mann das Rundum-Wohlfühl-Paket verlangen« (Rösinger 2012), sondern realistisch urteilen.

Wir haben das Glück, in einer Zeit zu leben, in der es nicht länger unüblich ist, eine alleinstehende Frau oder ein kinderloses Paar zu sein. Es ist also wichtig, die eigenen Wünsche herauszufinden, zu beachten und zu leben – unabhängig davon, was andere Menschen für sich als richtig erachten. Das eigene Leben kann nur durch die gelebten eigenen Vorstellungen und Bedürfnisse sinnvoll und glücklich werden.

## Kinderwunsch

Manche Frauen mit Autismus haben nicht den Wunsch nach eigenen Kindern, das ist völlig in Ordnung. Andere wiederum stellen es sich sehr schön vor, ein Kind zu haben, und wieder andere haben eine tiefe Sehnsucht nach eigenem Nachwuchs. Es fehlt ihnen etwas, von dem sie bisher dachten, es gehöre irgendwann zu ihrem Leben dazu. Ein eigenes Kind kann daher manchmal sehr konkrete Gestalt annehmen (Preißmann 2018, 118–119), gleichzeitig aber bestehen auch viele Ängste und Sorgen bei dem Gedanken an den eigenen Nachwuchs.

Zu bedenken ist hierbei natürlich auch die genetische Komponente als eine Ursache des Autismus, die als gesichert gilt, auch wenn es bislang nicht gelungen ist, die beteiligten Gene genau zu identifizieren. Es wäre also möglich, diese Erbinformationen auch auf das Kind zu übertragen; das muss nicht der Fall sein, aber man kann es nicht ausschließen, und auch in absehbarer Zeit wird es keine Diagnostik dafür geben. Eine individuelle genetische Beratung kann also sinnvoll sein.

### Fragen, die Sie sich bei einem Kinderwunsch stellen sollten

Werde ich in der Lage sein, das Kind gut zu versorgen, ihm das zu geben, was es braucht, auch im Hinblick auf die notwendige emotionale Unterstützung und Begleitung, vor allem dann, wenn es sich in schwierigen Situationen befindet? Wie kann das gelingen, wenn ich gleichzeitig manchmal nicht einmal in der Lage bin, für mich selbst zu sorgen?

Werde ich so flexibel auf die Bedürfnisse eines Kindes reagieren können, wie es die Situation erfordert? Kann ich es ertragen, dass ich diese Bedürfnisse nicht zeitlich einplanen und kontrollieren kann und dass dadurch mein eigener Tagesablauf immer wieder durcheinandergerät, obwohl mir die Struktur sehr wichtig ist? Eine Betroffene beschreibt, wie sehr sie es liebte, wenn ihr Tag strukturiert verlief und ausgefüllt war mit Aktivitäten. Nach der Geburt ihrer Kinder jedoch bemerkte sie, dass nun der Tagesablauf deutlich weniger planbar war, da Babys jederzeit aufwachen können, man ihre Bedürfnisse nicht vorhersehen kann und es oft schwierig ist, alle übrigen Aktivitäten auf den Tagesrhythmus der Kinder auszurichten. Sie litt in dieser Zeit unter starker Angst, weil die Struktur wegbrach (Hubbard 2010, 225).

Werde ich die sensorische Belastung aushalten können (ein Kind macht Lärm, sorgt durch Urin, Kot oder Erbrochenes immer wieder für unangenehme Gerüche, benötigt engen körperlichen Kontakt)? Kristi Hubbard beschreibt als zusätzliches Problem, dass sich die starke Empfindlichkeit gegenüber sensorischen Reizen in der Schwangerschaft noch verstärken kann. So erschienen ihr Gerüche in dieser Zeit sehr viel stärker, Lichter heller, Lärm noch störender als sonst, und Berührungen aller Art konnte sie kaum ertragen. Nach der Geburt ihrer Kinder habe sich dies aber wieder verändert, und ihre Sinne wurden wieder so wie vorher (Hubbard 2010, 233–234).

Werde ich das »soziale Drumherum« ertragen können, das sich im Hinblick auf Kindergarten, Schule, Freunde etc. ergibt (zufällige Kontakte zu Eltern der Klassenkameraden, Einladungen, Begleitung des Kindes zu Freizeitaktivitäten, Teilnahme an Schulfesten oder Elternabenden etc.)?

Habe ich genug Unterstützung durch meinen Partner, meine Eltern oder sonstige Bezugspersonen bzw. durch professionelle Ansprechpartner wie Therapeuten oder Sozialarbeiter?

Ist es wirklich mein ernsthafter Wunsch, ein eigenes Kind zu haben, oder wünsche ich mir vielmehr eher einen anderen Menschen als Gesellschaft? Es ist wichtig, mit dem notwendigen Ernst an das Thema heranzugehen, sich klarzumachen, dass die Kinder immer an erster Stelle stehen müssen, dass man niemals zu beschäftigt sein darf, sich um sie zu kümmern.

Es wird sinnvoll sein, all diese Fragen mit einer Bezugsperson zu besprechen. Auch kann es sich als hilfreich erweisen, bestehende Kontakte zu anderen jungen Menschen zu nutzen (Bekannte, Verwandte), die kleine Kinder haben. So ist es möglich, selbst zu erfahren, was es bedeutet, ein Kind zu haben, welche Art von Unterstützung es benötigt, und vielleicht auch zu entscheiden, ob das für die eigene Person realistisch erscheint oder eher nicht.

Manches wird schwierig bleiben und Hilfen notwendig machen, die es in dieser Form bislang nicht gibt, da noch sehr wenige bereits diagnostizierte autistische Frauen gezielt eine eigene Familie planen.

## Den Kinderwunsch realisieren

Günstig bei einem Kinderwunsch sind folgende vorbestehende Faktoren (Preißmann 2018):

- stabile finanzielle Situation
- stabile partnerschaftliche Beziehung
- sichere Arbeitsstelle
- zusätzliche Unterstützung durch Familienangehörige, Therapeuten, Sozialarbeiter etc.

So darf man durchaus auch Hoffnung haben. Autistische Mütter werden allgemein als gute, liebende und liebevolle Mütter beschrieben, in der Erziehung unkonventionell, aber konservativ, beschützend und sicherheitsorientiert, logisch und rational im Vorgehen, intellektuell stimulierend auf ihren Nachwuchs eingehend (Simone 2010, 140–141). Und man muss bei den bisherigen Fallbeschreibungen und Erfahrungsberichten ja immer auch berücksichtigen, dass es sich dabei um Frauen handelt, die in der Regel erst spät eine Autismusdiagnose erhalten haben und daher nicht die Möglichkeit einer effektiven Förderung bereits von Kindheit an genießen konnten. Zukünftig kann man also erwarten, dass es in Nachfolgegenerationen deutlich mehr autistische Mütter und auch offizielle Hilfsmöglichkeiten für sie geben wird. Bis dahin muss man sich mit den allgemeinen psychosozialen und gemeindepsychiatrischen Angeboten behelfen sowie mit der Möglichkeit, beim Jugendamt um eine Unterstützung zu bitten. Leider kommt es dabei aber auch immer wieder zu Missverständnissen, so wird von Betroffenen berichtet, die Schwierigkeiten mit dem Jugendamt bekommen, obwohl sie sich gut und liebevoll um ihre Kinder kümmern, einfach deswegen, weil man ihre Schwierigkeiten und Fähigkeiten nicht einzuschätzen weiß und sich nicht vorstellen kann, dass es einer Frau, die beispielsweise nicht in der Lage ist, von ihrer täglichen Zwölf-Uhr-Mahlzeit mit immer gleichen Nudeln und Soße abzuweichen, jemals gelingen könnte, für ein eigenes Kind zu sorgen.

Wichtig sind also auch hier Information und Aufklärung, um ein besseres Verständnis zu erreichen und Missverständnisse zu vermeiden. Außerdem ist es notwendig, in jedem Einzelfall die bestehenden Möglichkeiten und Voraussetzungen, vor allem aber die eigenen Wünsche und Vorstellungen zu besprechen und nach realistischen Lösungen zu suchen, mit denen es allen Beteiligten, der betroffenen Frau, den potenziellen Kindern und dem sozialen Umfeld, gut geht. In Zusammenarbeit mit Therapeut oder Bekannten bzw. Verwandten kann es gelingen, Möglichkeiten zur Unterstützung zu kreieren, die bislang so nicht offiziell existieren.

# Arbeit und Beruf

**Für alle Menschen, Frauen wie Männer, autistisch oder nicht autistisch, ist eine finanzielle Stabilität wichtig. Ganz besonders gilt dies aber wohl für Frauen mit Autismus, die in vielen Fällen keinen Partner finden, der sie materiell unterstützen könnte.**

Natürlich gibt es (glücklicherweise) zahlreiche Dinge, die sich nicht kaufen lassen, aber eine ausreichende finanzielle Basis ermöglicht es doch in vielen Fällen, das eigene Leben so zu gestalten, dass es entspannter und unproblematischer verlaufen kann. Eine ruhigere Wohnung in angenehmem Umfeld ist beispielsweise meist teurer als eine Billigwohnung in chaotischer Umgebung. Außerdem geht man davon aus, dass der Schlüssel zum Erreichen eines höheren psychosozialen Funktionsniveaus bei autistischen Menschen in einer beruflichen Beschäftigung liegt (Vogeley 2012, 159). Neben der materiellen Grundlage bietet sie eine Plattform zur Gestaltung und Pflege von sozialen Kontakten an und vermittelt Selbstvertrauen in die eigenen Fähigkeiten.

Oft aber bestimmen Gefühle von Kraftlosigkeit oder Ineffektivität das Leben autistischer Frauen, und Armut kann diese Gefühle noch verstärken. Es ist also gerade für sie ausgesprochen wichtig, eine gute und qualifizierte Ausbildung zu erhalten, um ihr Leben so angenehm und selbstbestimmt wie möglich gestalten zu können. Zumal eine Berufsausbildung oft den Schlüssel darstellt zu einer Tätigkeit, die mit deutlich geringeren sozialen Anforderungen einhergeht als Aushilfsjobs, beispielsweise in der Gastronomie oder im Handel.

## Welcher Beruf könnte passen?

Glücklicherweise bedeutet die neue Ära der Elektronik, Wissenschaft und Technik, dass Menschen mit Autismus heute immer mehr Möglichkeiten finden, um sich erfolgreich zu entfalten und soziale Anerkennung zu erreichen. Das traditionelle Bild autistischer Menschen sieht ja auch so aus, dass sie in exakten Wissenschaften gut sind, gern allein mit dem Computer arbeiten und eher nicht in sozialen Bereichen oder gar im Team arbeiten wollen. Viele Betroffene suchen daher auch in den vermeintlich günstigen Bereichen eine Arbeitsstelle, also dort, wo

- Wert gelegt wird auf Kenntnisse in einem umschriebenen, überschaubaren Bereich;
- Detailkenntnisse stärker gefragt sind als das Verstehen von komplexen Zusammenhängen;
- der Tagesablauf strukturiert, planbar und vorhersehbar gestaltet sowie ritualisiert ausgeführt werden kann;
- ein individuelles Arbeiten möglich ist, am besten in einem eigenen ruhigen Zimmer;
- Teamarbeit und Führungsverhalten keine Rolle spielen.

### Soziale Berufsbereiche

Es gibt allerdings auch autistische Menschen, vor allem Frauen, die in anderen Bereichen tätig sein möchten. Frauen sind auch im Hinblick auf Arbeit und Beruf anders als Männer, sie mögen häufiger Sprachen, soziale Fächer, Psychologie etc., und das trifft auch für autistische Frauen zu. Viele von ihnen interessieren sich für einen sozialen Beruf, sei es wegen ihrer eigenen Diagnose oder auf der Suche nach derselben. Sie möchten anderen Menschen helfen, den richtigen Weg zu finden, weil sie wissen und oft auch selbst erfahren mussten, wie schwer das ist. Es finden sich durchaus auch Beispiele von Betroffenen, die in diesen Bereichen gut zurechtkommen, weil sie ein Umfeld haben, das ihre Kenntnisse und Fähigkeiten anerkennt und bereit ist, für die bestehenden Schwierigkeiten Unterstützung anzubieten. Und auch deshalb, weil sich viele Frauen mit Autismus der bestehenden sozialen Anforderungen bewusst sind und hierfür gezielt nach Unterstützung suchen, beispielsweise durch Bücher, Therapiemaßnahmen, die Teilnahme an Selbsthilfegruppen oder an Trainingsgruppen zur sozialen Kompetenz.

## Eine Arbeitsstelle finden

Anfangs ecken viele Betroffene im Berufsleben stark an, weil sie sich noch keinen beruflichen Respekt verschaffen konnten und ihr Umfeld ihre Auffälligkeiten nicht einzuschätzen weiß. Manchmal unterhalten sie sich am Arbeitsplatz, wenn überhaupt, nur dann mit anderen Menschen, wenn sie sich fachlich mit ihnen austauschen möchten oder wenn sie etwas brauchen. Sie antworten auf eine Frage mit den relevanten Fakten und kommen gar nicht auf die Idee, eine entsprechende Gegenfrage zu stellen. Auch können sie oft nicht verstehen, wieso jemand seine Zeit mit Small Talk vergeudet. Es macht ihnen nichts aus, mit anderen über ein konkretes Problem zu diskutieren und nach einer Lösung zu forschen. Belanglose Plaudereien, nur so zum Spaß, empfinden die Betroffenen dagegen oft als ebenso quälend wie überflüssig. Sie denken in erster Linie darüber nach, wie sie eine Aufgabe im Alleingang durch eigene Anstrengungen lösen können; auf die Idee, einen anderen

## WICHTIG

### Erfolgsfaktoren für die Berufstätigkeit

Wichtig für eine erfolgreiche und auch persönlich befriedigende Berufstätigkeit sind in erster Linie folgende Faktoren:

- eine qualifizierte Ausbildung und die Fachkenntnis im ausgeübten Beruf
- die Information des Umfelds über die eigenen Besonderheiten (Schwierigkeiten und auch Ressourcen)
- die Rekrutierung sämtlicher verfügbarer Hilfe und Unterstützung durch das soziale Umfeld, durch Autismus-spezifische Einrichtungen und auch durch den Arbeitgeber (vgl. Preißmann 2020)
- ein unterstützender, erfahrener Mentor am Arbeitsplatz, der behutsam auf Fehler hinweist und genau erklärt, was verbessert werden könnte (viele Menschen mit Autismus beziehen nämlich auch gut gemeinte Kritik auf sich als Person und leiden darunter)
- ein Arbeitsplatz, der die eigenen Interessen, Fähigkeiten und Voraussetzungen berücksichtigt

Es ist oft sinnvoll, so viele Kenntnisse zu erwerben wie nur irgend möglich. Eine stark ausgeprägte Kompetenz im eigenen Fachgebiet kann gerade in hoch qualifizierten Berufen die sozialen und kommunikativen Probleme eher akzeptieren lassen. Alle Möglichkeiten für Praktika, Kurse etc. sollten daher genutzt werden, um hier Pluspunkte zu sammeln, allerdings nicht wahllos, sondern gut ausgesucht.

Menschen um Rat zu fragen oder dessen Wissen zu nutzen, kommen sie dagegen selten.

## Mögliche Arbeitgeber informieren

Aufklärung und Information über autistische Störungen sind wichtig, nicht nur in Fachkreisen, sondern auch in der Öffentlichkeit, um auch solche Arbeitgeber zu erreichen, die sich sonst nicht mit diesem Thema beschäftigen. Wenn es gelingen kann, dabei zu vermitteln, welch wertvolle Fähigkeiten und Kompetenzen die betroffenen Frauen zur Verfügung stellen können, welche Schwierigkeiten sie andererseits haben und wie man sie auf oft einfache Weise effektiv unterstützen kann, werden deutlich mehr Arbeitgeber bereit sein, hier eine Chance anzubieten und zumindest ein Arbeitsverhältnis auf Probe zu ermöglichen – das dann aber eher länger als kürzer gewählt werden sollte, da die autistische Frau in der ersten Zeit durch die bestehende Aufregung nicht immer in der Lage sein wird, ihre Kompetenz ausreichend zu vermitteln. Dank zahlreicher Beispiele erfolgreicher Integration autistischer Menschen sind immer mehr Arbeitgeber interessiert an deren Mitarbeit.

## Diversity Management – alle Potenziale nutzen

Der demografische Wandel führt zu einem eklatanten Mangel an Fachkräften, daher wird es auch aus der Perspektive der Wirtschaft immer wichtiger, menschliche Potenziale in ihrer Vielfalt und Verschiedenheit zu nutzen. »Diversity Management« ist ein recht neues Schlagwort für die Berücksichtigung dieses Aspekts (Becker u. Seidel 2006).

Wenn ein hochintelligenter Mensch mit einer autistischen Behinderung keinen passenden Arbeitsplatz findet und »vielleicht in einer beschützenden Werkstatt Schrauben abzählen muss, ist das meist für ihn selbst sehr schlimm, denn ihm wird die Wertschätzung durch die Gesellschaft vorenthalten. Es ist aber genauso auch ein wirtschaftspolitischer Wahnsinn« (Rickert-Bolg 2011, 280). Daher ist es wichtig, auch im beruflichen Bereich für eine Inklusion der betroffenen Menschen zu kämpfen und gezielt darzulegen, welche speziellen Fähigkeiten Frauen mit Autismus einem Arbeitgeber zur Verfügung stellen können.

## Die eigenen Schwierigkeiten offen ansprechen

Es ist aber ebenfalls wichtig, den Arbeitgeber und auch die Arbeitskollegen mit eigenen Schwierigkeiten, die am Arbeitsplatz bestehen könnten, vertraut zu machen. Viele autistische Menschen haben z. B. Probleme

- bei Veränderungen oder unerwarteten Ereignissen
- bei ausgeprägtem Publikumsverkehr
- bei häufigem Wechsel der Arbeitsinhalte
- bei hohen Anforderungen an Kommunikation und Interaktion
- bei starken sensorischen Belastungen (Lärm, Gerüche, Lichtverhältnisse etc.)
- bei ausgeprägtem Konkurrenzkampf innerhalb des Unternehmens

Wenn man stets sein Bestes gibt, braucht man sich nichts vorzuwerfen, wenn nicht alles so klappt, wie man sich das wünscht. Jeder Mensch hat irgendwo Grenzen. Und nach Niederlagen ist es wichtig, auch wieder nach vorne zu schauen, neue Ziele anzupeilen und aus den Fehlern der Vergangenheit zu lernen.

> WICHTIG
>
> **Die eigenen Stärken darstellen**
>
> Es ist wichtig herauszufinden, wo genau die persönlichen Stärken liegen, um sich nicht ärgern zu müssen über die Dinge, die andere besser können, sondern zeigen zu können, worin gerade man selbst unschlagbar ist. Das können z. B. sein:
>
> - Zuverlässigkeit
> - Pünktlichkeit
> - Hilfsbereitschaft
> - Toleranz
> - spezielle Fachkenntnisse
> - an Regeln orientiertes Arbeiten
> - Genauigkeit, Perfektionismus

## Mögliche Hilfen am Arbeitsplatz

Je stärker die Rahmenbedingungen am Arbeitsplatz auf die individuellen Bedürfnisse des autistischen Menschen zugeschnitten sind, desto erfolgreicher wird er arbeiten können. Mögliche Hilfen können sein:

- Exakte Einarbeitung, eventuell unterstützt durch visuelle Informationen über die verlangten Arbeitsschritte, die oft besser aufgenommen werden können als mündliche Erläuterungen.
- Rechtzeitige Information über geplante Veränderungen.
- Konstante Arbeitsschritte, die einer Routine folgend ausgeführt werden können.
- Hilfsbereite Kollegen als Ansprechpartner bei Fragen oder Schwierigkeiten.
- Ruhige Rückzugsmöglichkeiten und andere Maßnahmen zur Stressreduktion.
- Regelmäßige wohlwollende, aber ehrliche Rückmeldung an die betroffene Frau, um Verbesserungen zu ermöglichen und mögliche Missverständnisse zu beseitigen.

### Der weibliche Weg

Insgesamt sind Frauen immer weniger dazu bereit, ihre Arbeitskollegen zu bezwingen und Machtspiele zu gewinnen, Strategien also, die männliche Kollegen an der Arbeitsstelle häufig einsetzen. Auf das, was Männer unter beruflichem Erfolg verstehen, haben sie immer weniger Lust. Und während sich diese oft über Statussymbole wie Dienstwagen, Vielfliegerkarte, großes Büro und eigene Assistentin definieren, achten Frauen, wie eine aktuelle McKinsey-Studie belegt, eher darauf, ob sie sich mit ihren Kollegen und den Werten in der Firma identifizieren können. Sie möchten ihre Begabungen und Kenntnisse in einem Klima der Wertschätzung zur Geltung bringen und verlieren das Interesse daran, sich in einem männlich dominierten Umfeld zu behaupten, weil sie merken, dass dort Spielregeln herrschen, die niemals ihre eigenen werden. Diese Tendenz kommt auch Frauen mit Autismus künftig sicher zugute, da sich die Atmosphäre verbessern und Toleranz und Respekt erhöhen werden, auch gegenüber Menschen, die »anders« sind.

Da es schließlich aber auch solche autistischen Frauen gibt, die beim besten Willen nicht in der Lage sind, gemeinsam mit anderen zu arbeiten, ist es notwendig, auch Arbeitsvermittler im Hinblick auf autistische Störungen intensiv zu schulen. Es gilt, ihnen zu vermitteln, dass auch eine hohe Intelligenz und ausgesprochen gute Fähigkeiten und Kenntnisse auf manchen Gebieten nicht bedeuten, dass alles in Ordnung wäre und man sich einfach irgendeinen Job suchen könnte. Notwendig sind Fachleute, die sich auskennen, die den Betroffenen solche Arbeitsstellen anbieten, die zu ihnen passen und die sie nicht permanent über- oder unterfordern.

# Das eigene Leben gestalten

**Genauso wie in den Bereichen Gesundheit, Partnerschaft und Beruf brauchen viele autistische Frauen auch, was das Wohnen, die Lebensführung, Kontaktpflege und Freizeitgestaltung angeht, mehr oder minder umfassende Unterstützung und Anleitung.**

## Wie kann und will ich wohnen?

Nach wie vor gibt es nur wenige Wohnmöglichkeiten, die die speziellen Bedürfnisse berücksichtigen. Inzwischen hat man aber den Bedarf erkannt, sodass immer neue Projekte für autistische Menschen geplant und realisiert werden. Ob das jedoch speziell für Frauen mit Autismus eine glückliche Lösung ist, bleibt abzuwarten. Sie werden sich auch im Wohnbereich nur vereinzelt unter einer großen Anzahl betroffener Männer bewegen und behaupten müssen, was sich schwierig gestalten wird. So wird man auch für den Wohnbereich in jedem Einzelfall eine individuelle Lösung finden müssen. Denkbar sind folgende Möglichkeiten:

- Ein komplett eigenständiges Leben: Dies wird nur für sehr wenige Betroffene zu realisieren sein, die das Glück haben, genug Hilfe durch Partner, Familie, Freunde etc. zu erhalten.
- Alleine wohnen in einer eigenen Wohnung, aber Unterstützung in Form von betreutem Einzelwohnen: Hier muss man gut überlegen, ob die Unterstützung für den lebenspraktischen Bereich (in der Regel ca. 1–2 Stunden wöchentlich) wirklich ausreicht. Viele autistische Frauen haben die Sorge, auf diese Weise zu vereinsamen, da es ihnen allein nur schwer gelingt, private Kontakte aufzubauen und zu pflegen.
- Ein Wohnprojekt mit anderen autistischen Menschen: Das kann eine große Unterstützung darstellen, da die Mitbewohner die Problematik kennen und man sich nicht mehr erst mühsam erklären muss. Zahlreiche Betroffene wünschen sich zwar eine eigene Wohnung, aber auch die Möglichkeit zur Teilnahme am Gemeinschaftsleben in einem entsprechenden Wohnprojekt, verbunden mit der Unterstützung durch feste Ansprechpartner für auftretende Schwierigkeiten des Alltags. Auch einige Überlegungen der entsprechenden Fachverbände gehen daher in diese Richtung. Aber dies wird eben ein Leben als möglicherweise einzige Frau unter mehreren Männern bedeuten, deren Wünsche und Vorstellungen für das eigene Leben, die Freizeitgestaltung etc.

doch oft deutlich von denen der Frauen abweichen werden.

- Ein Wohnprojekt mit vielen verschiedenen Menschen, jung und alt, behindert und nicht behindert: Dies wird von einigen Betroffenen als eine für sie optimal erscheinende Lösung angesehen und in Form von Mehrgenerationenprojekten auch immer öfter realisiert. Allerdings muss man sich vor diesem Schritt auch überlegen, ob das bunte Miteinander unterschiedlicher Menschen auf Dauer nicht zu anstrengend ist und man die kommunikativen Anforderungen in solchen Wohneinheiten wirklich erfüllen kann.

Wie auch immer man sich entscheidet, wichtig ist in jedem Fall, dass das eigene Zuhause wirklich als ein Ort gestaltet wird, an dem man Ruhe und Sicherheit genießen kann. Das bedeutet auch, selbst die Kontrolle zu haben über die Sinneseinflüsse von außen, über Gerüche, Geräusche, die Temperatur oder die Wohnungseinrichtung. Das Verhältnis aus Flexibilität, Struktur, Kontakt- und Rückzugsmöglichkeiten muss den individuellen Bedürfnissen angepasst, bestehende Probleme im Zusammenleben müssen rechtzeitig miteinander besprochen werden, eventuell mithilfe einer vermittelnden Bezugsperson.

## Den Haushalt bewältigen

Meist ist etwas Unterstützung bei der Strukturierung des Tagesablaufs notwendig, dabei kann es sich als hilfreich erweisen, etwa für die Hausarbeit einen schriftlichen Plan zu erstellen und dabei alles aufzuschreiben, was regelmäßig erledigt werden muss, um anschließend zu überlegen, wie die einzelnen Tätigkeiten sinnvoll auf die Wochentage verteilt werden können. Visuelle Erinnerungen wie Haftzettel o.Ä. lassen sich unterstützend einsetzen. Und auch bei alltäglichen Problemen brauchen die betroffenen Frauen in der Regel ganz praktische Hilfe. Eine große Unterstützung kann dann z.B. ein Hausmeister als vertrauter »erster Ansprechpartner« für anfallende Schwierigkeiten sein, etwa für die Frage nach Einkaufsmöglichkeiten, den Austausch einer Glühbirne o.Ä., weil es vielen autistischen Frauen nicht ohne Hilfe gelingt, etwa im Fall notwendiger Reparaturen die erforderlichen organisatorischen Schritte eigenständig zu bewältigen und aufeinander abzustimmen.

### Einkaufen + Kochen = Stress

Während viele andere Mädchen und Frauen sehr gern einkaufen gehen und dabei insbesondere nach Kleidung, Schuhen etc. suchen, bedeutet das Erledigen der Einkäufe für Frauen mit Autismus oft Aufregung und Stress. Viele Dinge müssen mühsam erlernt werden, so ist es notwendig, für den Wocheneinkauf eine Liste zu erstellen, gezielt nach Sonderangeboten zu schauen, Preise zu vergleichen und einzuschätzen lernen, auf Vorrat einzukaufen etc. Dies sind Anforderungen, bei denen die betroffenen Frauen anfangs oft Unterstützung brauchen: »Es stellte sich nach kurzer Zeit heraus, dass mir das selbstständige und vorausschauende Denken in der Haushaltsführung vollständig fehlte. Dass ich keinen Überblick hatte, was an Lebensmitteln eingekauft werden musste, dass ich mich nicht ohne genaue Anweisung bei der Essenszubereitung einbringen konnte und nur die Aufgaben im Einzelnen ausführte, um die ich auf meine Frage, wie ich mich denn an der Arbeit beteiligen könnte, direkt gebeten wurde« (S. Pinke, in: Preißmann 2018, 98). Aber auch auf diesem Gebiet sind mit anfänglicher Unterstützung große Fortschritte möglich: »... abgesehen von ein paar organisatorischen Hilfestellungen bin ich inzwischen eigenständig im Haushalt, genauso wie andere Frauen auch« (S. Pinke, in: Preißmann 2018, 102).

## Die freie Zeit gestalten

Mädchen und Frauen mit Autismus haben oft Schwierigkeiten, ihre Freizeit aktiv zu gestalten und gezielt nach Hobbys zu suchen. Es gelingt ihnen allein nicht, Aktivitäten zu planen und anzugehen. Häufig sind Strukturierungshilfen, Rückmeldungen, kommunikative und orientierende Begleitung notwendig sowie Anregungen, wie sie ihre Freizeit sinnvoll gestalten und dabei Erholung und Entspannung erleben können.

Um die Gefühle von Einsamkeit und Isolation zu reduzieren, ist es sinnvoll, in der Freizeit soziale Kontakte zu ermöglichen. Das geht oft am besten über gemeinsame Interessengebiete, weil dann die Beschäftigung mit einem speziellen Thema im Vordergrund steht und so der Kontakt strukturierter und geordneter verläuft, was autistischen Menschen sehr entgegenkommt. Wichtig ist daher der Bereich der Interessenfindung. Viele betroffene Menschen haben noch nicht entdecken können, was ihnen gefällt und was ihnen guttut, weil ihnen bislang aufgrund ihrer Zurückgezogenheit die Möglichkeit fehlte, viele verschiedene Lebenskonzepte und Lebensbereiche kennenzulernen. Es ist sinnvoll, ihnen dabei zu helfen, neben der wichtigen Erfahrung von Sicherheit und Stabilität immer wieder auch Neues zu entdecken, um sich weiterentwickeln zu können und Möglichkeiten für die eigene Lebensgestaltung zu finden. Dann, wenn sie nicht ausreichend entsprechend ihren Voraussetzungen beschäftigt und angeregt sind, entwickeln sie besonders oft Rituale und Stereotypien. Und häufig geraten sie vor allem in Zeiten von Urlaub, Krankheit oder Arbeitslosigkeit, wenn die Struktur wegfällt, die der Arbeitstag vorgibt, in Schwierigkeiten. Wichtig sind also gezielte Hilfen auch für den Freizeitbereich, um auch diese Zeiten genießen zu können.

## Sinnvolle Beschäftigungen

In der Regel ist eine Kombination aus ruhigen Phasen und körperlichen Aktivitäten sinnvoll. Beispiele sind:

- Sportliche Betätigung mit regelmäßiger Bewegung an der frischen Luft bei Aktivitäten wie Radfahren, Laufen, Schwimmen etc.
- Andere Naturerfahrungen: Ein Waldspaziergang oder ein Besuch im Park etwa reduzieren nachweisbar depressive Symptome. Vor allem die frische Luft in Verbindung mit den Kraft und Halt vermittelnden Bäumen sorgt für anhaltende Glücksgefühle. Viele Betroffene genießen außerdem sehr die Ruhe in der freien Natur, wo sie abschalten und sich erholen können.
- Literatur: Die meisten autistischen Frauen lesen sehr gern; sie bevorzugen aufgrund des wörtlichen Textverständnisses aber oft keine Romane, sondern eher Fach- und Sachbücher. Aber auch Literatur zur Allgemeinbildung oder Zeitschriften, die dazu motivieren können, sich mit anderen Menschen zu beschäftigen, können sinnvoll sein.
- Musik: Viele Betroffene hören gern ruhige Musik, andere dagegen lieben Hardrock oder andere Musikstile; vielleicht ist es sogar möglich, selbst ein Instrument zu spielen oder in einem Chor zu singen.
- Kulturelle bzw. kreative Beschäftigungen wie Museums-, Atelier- und Theaterbesuche, Teilnahme an Volkshochschulkursen, Vorträgen etc., vielleicht besteht auch Interesse am eigenen Gestalten, auch dafür gibt es Angebote wie Mal-, Schreib- oder sonstige Kreativkurse.
- Entspannen bei ruhigen Spaziergängen, dem Besuch eines netten Cafés oder der Teilnahme an gezielten Angeboten zur Stressreduktion (Autogenes Training, Progressive Muskelentspannung, Yoga, Achtsamkeitsübungen etc.).
- Reisen: Sowohl individuelle als auch Gruppenreisen können viele schöne Erlebnisse und Einblicke bieten in fremde Länder, unterschiedliche Lebensformen und die Vielfalt des Lebens, vielleicht auch als Anregung für das eigene Dasein.
- Wichtig ist es aber, auf die im jeweiligen Einzelfall bestehenden Wünsche und Interessen zu achten, denn auch alle anderen Frauen verbringen ihre freie Zeit auf unterschiedliche Weise, entsprechend ihren eigenen Vorlieben und Bedürfnissen.

Insgesamt muss auf ein ruhiges Privatleben mit möglichst vielen planbaren und vorhersehbaren Inhalten geachtet werden, die Beruhigung und Erholung ermöglichen. Viele erwachsene Menschen mit Autismus verbringen einen Großteil ihrer Zeit damit, den Alltag in allen Einzelheiten zu planen, um die Systeme, an denen sich ihre Lebensführung orientiert, aufrechtzuerhalten (Baron-Cohen 2004, 201–202). Auch Rituale, die den Alltag erleichtern, müssen, wenn sie nicht so ausgelebt werden, dass sie der eigenen Person oder anderen Menschen Schaden zufügen, gestattet sein. Aber natürlich muss man dabei auch bedenken, dass sie doch oft sehr viel Zeit in Anspruch nehmen. Daher ist es wichtig, in der Alltagsplanung auch dafür Freiräume zu lassen, um die betroffene Frau nicht unter Druck zu setzen.

Für jede einzelne Frau mit Autismus sollte außerdem ein akzeptabler Kompromiss gefunden werden aus Kontakt- und Rückzugsmöglichkeiten, um sich einerseits erholen zu können, andererseits aber auch nicht vollständig den Bezug zur Außenwelt zu verlieren (Preißmann 2018b). Man muss dabei die individuellen Bedürfnisse berücksichtigen. Wenn sie abends ihren Arbeitsplatz verlassen, wo sie den ganzen Tag lang vorgegeben haben, ganz normal mit anderen zu interagieren, ist soziale Interaktion für viele Betroffene das Letzte, wonach ihnen der Sinn steht. Dann benötigen sie eine gewisse Zeit, in der sie sich allein und in Ruhe mit ihren Spezialinteressen beschäftigen können, um sich so zu entspannen. Es ist wichtig, dies dem persönlichen Umfeld zu vermitteln. Erst wenn andere um die Notwendigkeit wissen, nach einem anstrengenden Tag eine Zeitlang allein zu sein, wird es ihnen gelingen, angemessen und verständnisvoll darauf zu reagieren.

## Kontakte knüpfen, eine Freundin finden

Viele Frauen mit Autismus haben nur wenige oder gar keine Freunde, und das zu realisieren, kann ihnen einen sehr großen Schmerz bereiten. Wenn man sich den Beginn der Depressionen und der schwierigen Phasen im Leben von erwachsenen Frauen mit Autismus ansieht, so bemerkt man oft einen direkten Zusammenhang mit der Erkenntnis der Betroffenen, dass es ihr nicht gelingt, eine persönliche Beziehung einzugehen oder zu halten (Lovett 2005, 269).

Mit Freunden lebt es sich aber auch körperlich gesünder. Der Körper schüttet weniger Stresshormone aus, was das Herz-Kreislauf-Risiko senkt und sich stärkend auf das Immunsystem auswirkt. Eine Studie der Universität Utah an mehr als 300 000 Menschen bestätigte umgekehrt die krank machende Dimension von Einsamkeit. Ohne Verbündete lebt ein Mensch so ungesund, als wäre er fettleibig oder rauchte täglich 15 Zigaretten. Er hat niemanden, auf dessen Hilfe er zählen kann, wenn es hart auf hart kommt.

Kontakte sind aber auch schwierig. Viele autistische Frauen wünschen sich eine Art »Knigge« für soziale Situationen, der (ähnlich der Hilfe bei feierlichen Abendessen auf die Frage, welche Gabel man wann benutzt) wirklich alle Eventualitäten des zwischenmenschlichen Miteinanders abdecken sollte und deshalb mehrere Tausend Seiten umfassen müsste. Natürlich wird es unmöglich sein, auf wirklich jede Situation vorbereitet zu sein, dennoch wäre genau das der große Wunsch vieler Betroffener, und obwohl es manchen von ihnen gelingt, diesem Ziel erstaunlich nahe zu kommen, zehrt es natürlich an

## WICHTIG

### Menschen mit ähnlichen Interessen finden

Vielleicht kann es möglich sein, Vereine oder Interessenverbände für das favorisierte Gebiet zu finden, um sich darüber mit anderen austauschen zu können und auf diese Weise Kontakte zu knüpfen. Das ist für Betroffene sicher die einfachste und angenehmste Art, mit anderen Menschen in Kontakt zu kommen. Beispielhaft seien hier ein paar der zahlreichen Angebote genannt, die nach den jeweiligen Wünschen, Vorlieben und Fähigkeiten ausgewählt werden müssen:

- Volkshochschulkurse für unterschiedliche Bereiche wie Sprachen, kreative Angebote, Reisen etc.
- sonstige Angebote der Erwachsenenbildung
- Sportvereine
- Gruppenreisen
- Freiwilligenarbeit, ehrenamtliche Tätigkeiten
- kirchliche Angebote
- Interessenverbände
- Internet-Foren zu den eigenen Interessen etc.

ihren Kräften. Stattdessen aber müssen sie sich selbst durch viele Versuche und noch mehr Irrtümer antrainieren, was man sagen darf, was man tun sollte und was nicht. Das ist brutal anstrengend.

Aber insgesamt lohnt es sich, auch beim Thema Freundschaft nicht mutlos zu werden und nicht aufzugeben. Nach einer Umfrage des Instituts für Demografie in Allensbach betrachten die Deutschen Verlässlichkeit, Ehrlichkeit und Offenheit als die drei Kardinaltugenden echter Freundschaft, solche Eigenschaften also, die autistische Frauen in der Regel einer Freundin ganz selbstverständlich anbieten können. Sie erfreuen die Welt mit ihrer Anwesenheit, und es wird Menschen geben, die genau deswegen mit ihnen befreundet sein möchten.

## Das Leben als Single

Noch schwieriger als die Suche nach einer Freundin gestaltet sich für autistische Frauen meist die Suche nach einem Partner (s. o.), und so leben wohl die meisten als Single. Das Alleinsein an sich ist nichts Schlimmes, alle Menschen haben von Zeit zu Zeit das Bedürfnis nach Rückzug, manche mehr, andere weniger. Ganz bei sich zu sein, kann produktiv und wohltuend wirken. Man denke nur an einen Biologen, der im Regenwald forscht, einen Pianisten, der sich zum Üben in Klausur begeben hat, oder einen Radrennfahrer, der im Gebirge trainiert. Auch die Arbeit als Autor geht mit längeren Phasen des Alleinseins einher, ebenso wie die meisten künstlerischen oder wissenschaftlichen Tätigkeiten (Cacioppo u. Patrick 2011).

Manche Frauen mit Autismus können sich nicht vorstellen, in einer Partnerschaft zu leben, für viele andere ergibt sich eine solche Möglichkeit nicht, obwohl sie es sich sehr wünschen. In beiden Fällen ist es wichtig, sich bestmöglich mit dieser Situation zu arrangieren, um auch als alleinstehende Frau ein erfülltes Leben führen zu können. Dies ist durchaus möglich, denn eine partnerschaftliche Beziehung stellt keine Notwendigkeit dar für die persönliche Zufriedenheit.

Single sein ist heute kein Stigma mehr, sondern eine Lebensform, die immer mehr Frauen durchaus genießen, selbstbewusst und ohne Bedauern. Singles sind frei für ihren Beruf, ihre Karriere, für ein Gestalten der Freizeit nach eigenem Geschmack, für ein Heim, das ihnen selbst und vielleicht auch anderen Stätte der Geborgenheit werden kann.

## Mit Einsamkeit zurechtkommen

Aber natürlich gibt es immer wieder schwierige und schmerzliche Momente, etwa dann, wenn Hochzeitspaare durch den Park schlendern, Verliebte scheinbar um die Wette knutschen oder an einem verregneten Abend die Massen eng umschlungen im Kino sitzen, sich gegenseitig Popcorn in den Mund schieben und ihre Zungen scheinbar nicht auch nur einen Augenblick lang im eigenen Mund behalten können. Was beim Lesen durchaus amüsant klingen mag, kann in diesem Moment die Hölle sein, und immer wieder wird es Zeiten geben, in denen das auch genauso erlebt wird.

Auch ganz praktische Aspekte sind zu berücksichtigen, so ist das Single-Leben teuer, denn alleinstehende Menschen können sich die Miete, die Kosten für die Wohnungseinrichtung wie Fernseher, Geschirrspüler, Waschmaschine, Bügeleisen und vieles mehr nicht mit anderen teilen. Während Paare auf Reisen Doppelzimmer buchen, müssen sie alleine die teureren Einzelzimmer bezahlen, und nicht zuletzt sind Lebensmittel in der Familien-Großpackung günstiger. Außerdem müssen all die logistischen Herausforderungen zu Hause und auch unterwegs eigenständig bewältigt werden.

Es ist aber wichtig, neben all diesen Schwierigkeiten und unpraktischen Aspekten zu versuchen, ein anderes Lebensgefühl zu entdecken und sich nicht nur als Mängelwesen zu fühlen, nur weil man keinen Partner hat.

## Das Alleinsein genießen

Alleine zu leben bedeutet speziell für eine autistische Frau nämlich auch,

- Freiheit zu haben, die sie genießen darf, ohne sich mit anderen Menschen abstimmen zu müssen,
- nicht dauernd Kompromisse eingehen zu müssen,

- die persönlichen Vorlieben, Eigenheiten und Routinen ganz gezielt leben zu können und sich dabei gut zu fühlen,
- sich nicht ständig über Kleinigkeiten streiten zu müssen,
- selbstbewusster zu werden und die eigenen Ziele auch allein zu verwirklichen,
- ein deutlich weniger anstrengendes Leben führen zu können, da das schwierige soziale Miteinander wegfällt, das oft so viel Kraft kostet.

## Man kann auch allein essen gehen oder verreisen

»Liebe«, so schreibt die Berliner Autorin Christiane Rösinger, »ist nur ein Teilaspekt des Lebens, und die anderen Teile sind auch nicht schlecht.« Es ist aber wichtig, diese anderen Aspekte dann auch wahrzunehmen, also gezielt die Dinge anzugehen, die man tun möchte, auch dann, wenn sie üblicherweise zusammen mit einem anderen Menschen erlebt werden und immer wieder neue Herausforderungen darstellen. Ein paar Beispiele dafür:

**Urlaub.** Diese Wochen zur Entspannung und Erholung genießen die meisten Menschen mindestens zu zweit, und manchmal wird man anfangs mitleidig angesehen, wenn man alleine im Frühstücksraum oder auf der Terrasse am Meer beim Abendessen sitzt. Nach ein paar Tagen aber haben sich alle Beteiligten in der Regel an den Anblick gewöhnt, dann ist alles selbstverständlich. Gut, wenn man so lange selbstbewusst durchhalten kann und sich nicht nur ins Hotelzimmer zurückzieht.

**Baden gehen.** Konkret: der Schwimmbadbesuch oder, noch schlimmer – der Besuch eines Badesees. Die meisten Menschen gehen nicht alleine ins Schwimmbad oder gar an den See, und wenn doch, dann allenfalls, um nur kurz ein paar Bahnen zu schwimmen. Wenn man sich nun aber nicht als Leistungssportlerin, sondern eher als Genussmensch und Sonnenhungrige bezeichnet, dann ist dies sicher keine Option. Natürlich ist es, das muss man klar zugeben, durchaus praktisch, eine Gesellschaft zu haben für den Badbesuch, denn es ist doch anstrengend, auf die persönlichen Dinge aufzupassen, immer wieder zwischen Schließfach und Schwimmbecken zu pendeln und mittels ungelenkig erscheinender Bewegungen die Sonnencreme halbwegs gleichmäßig auf dem Rücken zu verteilen. Trotzdem kann es sehr entspannend sein, ein paar angenehme Stunden beim Baden zu verbringen, vor allem dann, wenn eine weitläufige Anlage vorhanden ist und sich der Besuch nicht unbedingt auf die Zeit der Schulferien konzentriert.

**Familienfeier.** Die Einladung zur Familienfeier stellt oft die größte Herausforderung dar, denn hier ist man in der Regel umgeben von Paaren oder aber von älteren Verwandten, die sich immer wieder einmal danach erkundigen werden, wie weit die Partnersuche denn gediehen ist. Manchmal wird es notwendig sein, eine sinnvolle Auswahl zu treffen, wie viel Familie man sich zumuten kann und welche

Veranstaltung man besser absagen sollte, falls das möglich und nicht allzu unhöflich ist. Vielleicht kann es eine Option sein, zumindest für eine kurze Zeit zu erscheinen und sich dann zu entschuldigen. Hilfreich ist es sehr oft aber vor allem, bei solchen Feiern eine Aufgabe zu haben. Das kann das Fotografieren sein, man kann sich um die Getränke kümmern oder andere sinnvolle Handreichungen übernehmen. Dies ist oft eine gute Möglichkeit, auch diese Situationen meistern zu können.

**Restaurantbesuch.** Auch in Restaurants oder Cafés sitzen die meisten Gäste nicht allein am Tisch, aber der Besuch kann dennoch ausgesprochen entspannend sein, wenn man sich an den anfänglichen Blicken der Umgebung nicht sonderlich stört. Man kann in Ruhe lesen, die vorüberlaufenden Menschen beobachten oder auch die eigenen Gedanken aufschreiben, was oft sehr hilfreich ist. Nach einigen Versuchen wird man auch sicherer und ist nicht mehr bereit, den in einigen Lokalen zugewiesenen winzigen Tisch zu nehmen, der sich noch dazu womöglich direkt an der Toilettentüre befindet, sondern selbst einen Platz zu wählen und auch zu sagen, was man sich vorstellt und was man dagegen nicht möchte. Solche Situationen können einer betroffenen Frau neben dem Entspannungseffekt daher auch helfen, das Selbstbewusstsein zu verbessern, eigene Wünsche wahrzunehmen und diese auch zu äußern.

Generell ist es für alleinstehende autistische Frauen wichtig, in Aktion zu treten, zum Beispiel in einem Verein, bei der Hausaufgabenbetreuung oder in der Kirche. Ehrenamtliche Tätigkeiten können es ihnen ermöglichen, sozial in Erscheinung zu treten, ohne Ablehnung und Verletzungen fürchten zu müssen. Und immer dann, wenn sie anderen Menschen Zuwendung und Interesse schenken, wenn sie Hilfsbereitschaft zeigen, ohne eine Gegenleistung zu erwarten, beschenken sie damit auch sich selbst.

## Das äußere Erscheinungsbild

Das attraktive Aussehen einer Frau ist in unserer Gesellschaft mit Intelligenz, Liebenswürdigkeit und allgemeinem Einfluss verknüpft. Bereits im Kindesalter vermitteln Puppen, bei denen übertrieben stark auf das Aussehen geachtet wird, den Mädchen die Botschaft, dass es möglich ist, als Frau im Leben alles zu erreichen – wenn man nur hübsch aussieht, zart und harmlos wirkt, verführerisch und sexy auftritt. Medienwissenschaftler haben durch die Vermessung des Spielzeugs herausgefunden, dass dabei die dargestellten Körperproportionen vollkommen unrealistisch sind und ein normal gewachsenes Mädchen diese Maße auch durch extreme Hungerkuren gar nicht erreichen könnte, sondern sich, um auszusehen wie eine Barbie-Puppe, ein Rippenpaar entfernen lassen müsste (Romberg 2012).

Die durchschnittliche Frau in der westlichen Welt verbringt Tausende Stunden ihres Lebens (Hunderte Tage!) damit, sich fertig zu machen, um auszugehen (Simone 2010, 63). Dies ist für Frauen mit Autismus kaum nachvollziehbar. Oft sind sie ihrem Aussehen gegenüber ambivalent oder auch gleichgültig, meist wählen sie die Kleidung nach praktischen Gesichtspunkten und vor allem danach aus, ob sie ihnen angenehm und bequem ist. Schließlich sind viele Betroffene hochsensibel auch bezüglich taktiler Reize und können steife, raue Stoffe auf ihrer Haut nicht ertragen (u. a. Preißmann 2005). Auch der Wunsch nach Beständigkeit spielt eine große Rolle, so werden unverwüstliche Materialien bevorzugt, ungeachtet der Frage, ob dies der aktuellen Mode entspricht oder nicht.

Häufig betreten sie einen Friseursalon nur notgedrungen, um »vernünftig« auszusehen, nicht aber deswegen, weil sie es genießen würden, sich die Haare machen zu lassen und mit dem Friseur über »Gott und die Welt« zu sprechen. Es ist ihnen unangenehm, sich am Kopf anfassen zu lassen, und oft vertragen sie es nicht, dem Geruch von Shampoo, Haarspray, Färbemitteln und anderen Chemikalien ausgesetzt zu sein (Preißmann 2020, Schuster 2010, 161).

Manchmal leiden sie unter ihrer mangelnden Fähigkeit, hinsichtlich ihres Aussehens zu experimentieren, dann benötigen sie Unterstützung. Hilfreich kann es sein:

- Zunächst gemeinsam aktuelle Zeitschriften oder Kataloge durchzublättern bzw. Fotos unterschiedlicher Personengruppen anzusehen, um sich zu informieren, was andere Menschen tragen.
- Zueinander und zur eigenen Person passende Farben, Muster und Schnitte herauszufinden und nach akzeptablen Materialien zu suchen.
- Eine Auswahl z. B. aus dem Katalog direkt nach Hause zu bestellen, um sie mithilfe einer Bezugsperson anzuprobieren und zu prüfen, ob einige der Artikel passen könnten. Das ist oft einfacher und weniger anstrengend als das Aussuchen und Anprobieren in einem großen Kaufhaus.
- Haarschnitte zu wählen, die keine sehr häufigen Friseurbesuche erfordern (z. B. Kurzhaarschnitte). Vielleicht gibt es außerdem die Möglichkeit, im Bekanntenkreis einen Friseur zu finden oder aber einen zu engagieren, der ins Haus kommt und so in vertrauter Umgebung die Haare schneiden kann.

## Die nötige Hygiene vermitteln

Die Basishygiene sollte eigentlich unabhängig vom Geschlecht sein, aber auch hier gibt es Unterschiede. Männer, die ungepflegt, altmodisch gekleidet oder einfach exzentrisch im Hinblick auf ihr Äußeres wirken, werden in aller Regel für diesen Mangel entschuldigt. Eine dreckige, ungepflegte oder eigenartig aussehende Frau erntet dagegen gesellschaftliche Missachtung. Oft ist aufgrund der spezifischen Schwierigkeiten auch auf diesem Gebiet

Unterstützung nötig, so kann beispielsweise das wörtliche Sprachverständnis auch zu Missverständnissen führen, wenn es darum geht, Regeln für die persönliche Hygiene aufzustellen. Bespricht man etwa einen täglichen Wäschewechsel, so kann es vorkommen, dass die Wäsche erneut im Kleiderschrank landet und nicht in der Waschmaschine, da dies ja nicht explizit vereinbart worden war (Howlin 1997, 81). Generell sind Regeln und feste Pläne auch für diesen Bereich sehr hilfreich.

Noch größer jedoch sind die Unterschiede beider Geschlechter im Hinblick auf eine »Verschönerung« der eigenen Person. Das gilt für Make-up, Haar- und Körperpflegemittel, für Kleidung, Schuhe, Schmuck, sonstige Accessoires und für viele andere Dinge mehr.

## Wie sorge ich für ein gepflegtes Äußeres?

Andere Mädchen lernen quasi nebenbei durch ihre Kontakte zu Gleichaltrigen, was sie im Hinblick auf Mode und ähnliche Themen wissen müssen, autistische Frauen müssen es oft mühsam lernen. Für einen ersten Überblick kann es sinnvoll sein, die anderen Mädchen zu beobachten oder in Katalogen nachzusehen, was Gleichaltrige tragen. Manches ist vielleicht auch für die eigene Person akzeptabel und möglich (Kleidung und Schuhe entsprechend der aktuellen Mode, evtl. auch Kosmetika), anderes wird autistische Frauen aber auch überfordern (z. B. unbequeme, »kratzende« Stoffe wie manche Jeans, Wollpullover etc.). Es ist wichtig, hier ganz individuell zu entscheiden und neben dem Wunsch, dazuzugehören, auch auf das Wohlbefinden zu achten.

Mindestens genauso wichtig ist es aber auch, autistische Frauen auf diese Themen überhaupt erst einmal hinzuweisen und ihnen die bestehenden Möglichkeiten vorzustellen. Es ist sinnvoll, ihnen in geschützter und übersichtlicher Atmosphäre so viele Informationen und Kenntnisse wie möglich zu vermitteln, ohne dabei bereits Basiswissen vorauszusetzen, und ohne den Druck und die Erwartungen, denen sie sonst überall begegnen. Dann kann es ihnen gelingen, sehr davon zu profitieren.

So kann man den Betroffenen etwa zeigen,

- welche Körperpflegemittel sie benutzen könnten (Gesichts-, Handcreme etc.), um etwa Zeichen der Hautalterung vorzubeugen;
- wie es möglich ist, mithilfe von Make-up Pickel, Rötungen, Augenringe, Falten o. Ä. zu kaschieren, wenn man das möchte;
- wie man sich durch ein gepflegtes Äußeres Respekt und Anerkennung verschaffen kann, statt Missachtung und Ablehnung für ein offensichtliches Desinteresse an diesen Themen zu ernten.

# Das eigene Leben gestalten

Auch bei autistischen Frauen steht immer wieder neu eine Entscheidung an, was für das eigene Leben möglich, sinnvoll und wünschenswert, was dagegen nicht realistisch oder nur wenig erstrebenswert ist. Dabei geht es um den Beruf ebenso wie das Privatleben und den Umgang mit Freundschaften und Beziehungen sowie um Anpassung und Individualität.

Es ist wichtig, für all diese Fragen einen vertrauten Menschen zu haben, der beraten und anleiten kann, der aber auch weiß, wo es angebracht ist, Grenzen zu setzen. Für eine solche Aufgabe muss man eine langfristige Zusammenarbeit anstreben, um die betroffene Frau gut zu kennen und ihr hilfreiche Ratschläge geben zu können. Jeder Mensch auf dem autistischen Spektrum ist schließlich unterschiedlich, daher muss man natürlich auch jede betroffene Frau individuell betrachten. Manche etwa sind offener gegenüber anderen Menschen und können leichter Freundschaften schließen, andere wünschen sich nur einen einzigen Freund, und wieder andere verbringen ihre Freizeit am liebsten allein. Das alles sind eigene Lebensentwürfe, die in Ordnung sind.

Es ist also wichtig, die jeweils eigenen Wünsche und Bedürfnisse, die unterschiedlichen Voraussetzungen und Möglichkeiten zu beachten und individuelle Lösungen und Hilfen zu finden. Frauen mit Autismus benötigen Unterstützung dabei, ihr eigenes Potenzial auszuschöpfen und ihre individuellen sozialen und gesellschaftlichen Interessen zu pflegen. Sie müssen angeleitet werden, eigene Entscheidungen zu treffen, was richtig und gut für sie ist, diesen Entscheidungen dann auch zu vertrauen und sie gegenüber sich und anderen zu vertreten. Eine Frau, die selbst keine Entscheidungen trifft, muss damit rechnen, dass andere sie für sie treffen. Und das ist immer nur die zweitbeste Lösung. Allerdings ist es durchaus sinnvoll, sich dann, wenn es allein schwierig wird oder wenn man die verschiedenen Alternativen nicht überblicken und einordnen kann, von anderen dabei beraten und unterstützen zu lassen.

## Wie meistern andere ihr Leben?

Viele Betroffene finden es hilfreich, Biografien verschiedener (autistischer wie nicht autistischer) Frauen zu lesen und dabei ganz unterschiedliche Möglichkeiten der Lebensgestaltung kennenzulernen. Manchmal lassen sich auf diese Weise Ideen entwickeln, an die man vorher noch gar nicht gedacht hat, die aber für den Einzelfall schön und passend erscheinen. Nicht immer ist es dabei jedoch sinnvoll, sich an der Normalität zu orientieren, denn die Wege für das eigene Leben sind eben oftmals ganz andere als die von anderen Menschen. Hier ist in jedem Einzelfall das richtige Maß zu finden aus Anpassung und Individualität, um nach den eigenen Wünschen teilhaben zu können, dabei aber auch Spaß und Lebensfreude erfahren zu dürfen. Die Unterstützung einer autistischen Frau muss daher immer auch die Zusicherung beinhalten: Ich möchte deinen Weg mit dir gehen und dich auf den Pfaden begleiten, die du dir für dein Leben aussuchst.

## Wie kann es gelingen?

Die Betroffenen werden das wahre Glück nicht finden, wenn sie eine Fälschung darstellen, wenn sie einfach versuchen, die Wünsche und Verhaltensweisen anderer zu kopieren. Sie können es aber immer dann erreichen, wenn sie versuchen, ihr Leben in jeder Hinsicht so gut wie möglich zu gestalten. Nach einiger Zeit der Erfahrung, des Ausprobierens, des Scheiterns und des Neubeginns merkt man allmählich, dass es für nahezu alle Probleme auch Lösungen gibt. Die verzweifelte Feststellung »Das schaffe ich nicht!« muss also gedanklich durch die Frage »Wie kann es mir gelingen?« ersetzt werden, die bereits eine Lösung impliziert und daher Mut machen und Hoffnung geben kann.

## Beides – Schwierigkeiten und Fähigkeiten – im Blick haben

Es ist »nicht automatisch glückbringend oder wünschenswert, autistisch zu sein. Dies ist aber auch nicht automatisch ein Umstand, der immer zur Verzweiflung führen muss« (Vogeley 2012, 168). Denn auch die betroffenen Frauen haben nicht nur Probleme, sondern auch viele Ressourcen und Fähigkeiten, die es zu nutzen gilt. Es ist falsch, sich nur auf eine dieser beiden Sichtweisen zu konzentrieren. Betrachtet man nur die Schwierigkeiten, reduziert man Frauen mit Autismus ausschließlich auf alles Negative, so werden sie nicht fähig sein, sich zu kompetenten Erwachsenen zu entwickeln, die sich auch in dieser ihnen oft so fremden Welt doch einigermaßen sicher bewegen können. Konzentriert man sich dagegen lediglich auf das, was gut und richtig ist, dann wird es keine effektive Unterstützung geben für schwierige Situationen, die mit ein bisschen Hilfe einfacher und besser werden könnten. Aber wenn es gelingen kann, den Autismus als einen Schlüssel zu einem besseren Verständnis zu nutzen, wird man etwas bewegen können. Es ist also wichtig, die Einzigartigkeit, Liebenswürdigkeit, die Lebensfreude und die Kraft der betroffenen Frau zu betonen und wertzuschätzen, ihr aber gleichzeitig auch zu helfen bei der Entscheidung, in welchen Situationen es sinnvoll ist, sich Hilfe zu holen, um ihr Leben so gestalten zu können, wie sie es sich wünscht.

Das alles wird nicht immer leichtfallen, aber so ist es nun einmal: Es ist einfach, normal zu sein, aber es ist immer auch ein Geschenk, einzigartig zu sein.

# Selbsthilfe und therapeutische Begleitung

**Das Leben als Autistin in einer Welt von Nicht-Autisten ist brutal anstrengend. Eine Selbsthilfegruppe kann da wie eine Oase sein – endlich Menschen, die einen verstehen und tolerieren. Auch unterstützende Therapie ist oft sinnvoll.**

# Was erleben Asperger-Frauen?

**Viele Frauen mit Autismus wünschen sich soziale Kontakte, oft insbesondere zu anderen Frauen, die dieselben Erfahrungen und Interessen teilen, ihre Schwierigkeiten verstehen und respektieren, ihre Stärken anerkennen und ihre Schwächen tolerieren. Die Selbsthilfearbeit stellt auch für autistische Menschen eine wertvolle Unterstützung dar, von der sie sehr profitieren können.**

Viele von ihnen fühlen sich in ihrer Gruppe manchmal ein bisschen wie »zu Hause angekommen«. Sie berichten zudem, welch positive Veränderungen sich bei ihnen durch die Teilnahme an der Selbsthilfegruppe zeigen. So gelingt es ihnen viel besser als vorher, mit den alltäglichen Schwierigkeiten umzugehen und Lösungen zu entwickeln. Sie empfinden ihr Auftreten als deutlich selbstbewusster und nicht mehr so ängstlich (Preißmann 2010). Während gemischte Selbsthilfegruppen für Menschen mit Autismus seit vielen Jahren erfolgreich angeboten werden, gestaltet sich die Teilnahme für die betroffenen Frauen jedoch oft schwierig.

In diesen Gruppen überwiegt nämlich meist das männliche Geschlecht, manchmal ist nur eine einzige Frau unter den Teilnehmern. Die meisten Themen und Aktivitäten sind also eher auf die Bedürfnisse der Männer zugeschnitten. Während diese aber häufig in erster Linie gemeinsame Aktivitäten planen und aktiv sein möchten, geht es Frauen immer wieder auch darum, im Gespräch zu erfahren, wie andere weibliche Betroffene mit Themen wie Freundschaft, Partnerschaft und sozialen Problemen im Alltag umzugehen wissen. Diese Erfahrungen machen viele autistische Frauen in den bestehenden gemischten Gruppen (Preißmann 2011). Hinzu kommt, dass man sich als eines der wenigen weiblichen Mitglieder manchmal so ein bisschen wie »Freiwild« vorkommt für die zahlreichen Männer, die eine Partnerschaft suchen und dabei durchaus auch bedrängend vorgehen können (ebd.).

Diese für alle Beteiligten unbefriedigende Situation hat in den letzten Jahren dazu geführt, dass der Bedarf an Angeboten ausschließlich für betroffene Frauen erkannt wurde. In Deutschland gibt es immer mehr solcher Selbsthilfegruppen speziell für Frauen. Die Teilnehmerinnen betonen, wie wichtig diese Unterstützung für sie ist und wie wohl sie sich in der geschützten Atmosphäre fühlen, wo sie auch ihre Schwierigkeiten im Hinblick auf Sexualität, Hygiene etc. ansprechen können, was in einer gemischten Gruppe so nicht möglich wäre. Andere wichtige Themen in Frauengruppen sind die im vorigen Kapitel besprochenen Punkte. Der Austausch mit den Kolleginnen ist den Betroffenen dabei sehr wichtig, vor allem ist es hilfreich zu erfahren, welche Lösungen die anderen für sich gefunden haben. Oftmals sind es Schwierigkeiten, die auf mangelnder Erfahrung beruhen und die mit gezielter Information leicht zu beheben wären. Dieser Austausch ist in der Gruppe möglich.

Hilfreich und erleichternd ist für viele Betroffene aber auch einfach die Erfahrung, mit den eigenen Besonderheiten, Schwierigkeiten wie auch Ressourcen, nicht allein zu sein. Der Besuch einer Selbsthilfegruppe speziell für Frauen wird als sehr erholsam beschrieben, als »eine regelmäßige Oase« (Heidrun, in: Steinhaus 2011, 106), aber auch als »ein Übungsfeld, da ich hier über mich selbst und andere lerne und mein Gesprächsverhalten trainieren kann« (Fenna, ebd.). Betont wird aber auch die relative Normalität der Betroffenen: »Wir sind neugierig aufeinander, nehmen Anteil, und manchmal ärgern wir uns nicht nur mit-, sondern auch übereinander. Kurz gesagt: Wir sind genau da intuitiv im Kontakt miteinander, wo es für autistische Menschen normalerweise schwierig wird, wir uns gewöhnlich unverstanden fühlen, wo wir häufig das Gefühl haben, uns für unsere anderen Verhaltensweisen, Bedürfnisse und Interessen erklären zu müssen« (Nanke, ebd.).

---

Meetje Margret Witte

## » Ich nehme an einer kleinen Therapiegruppe nur für Frauen teil

Ich bin eine 27-jährige Frau mit dem Asperger-Syndrom. Wenn ich auf mein bisheriges Leben zurückschaue, so wird mir klar, dass ich schon immer anders war als viele Menschen um mich herum. Ich bemerkte dieses Anderssein zwar von meiner Kindheit an, ging aber lange Zeit davon aus, dass mein Verhalten völlig normal sei und die anderen die »Verrückten« waren. Mit 15 Jahren bekam ich eine ADHS-Diagnose. Zum ersten Mal wurde mir klar, die Unterschiede zwischen den anderen Menschen und mir entstanden aufgrund meines Andersseins. Ich nahm die Diagnose an und hatte wenige Probleme damit. Jetzt wusste ich, dass ich die »Verrückte« war, fand mich aber grundsätzlich in Ordnung. Die Autismusdiagnose erhielt ich erst als junge Frau.

> Mir wurde klar, dass es nicht reicht, mich »einfach mehr anzustrengen«, um »normal« zu sein, sondern dass ich eine Behinderung habe.

Meine Behinderung zu erkennen, hatte erst einmal einen Nervenzusammenbruch zur Folge. Mir wurde klar, dass es nicht reicht, mich »einfach mehr anzustrengen«, um »normal« zu sein, sondern dass ich eine Behinderung habe. Ich entwickelte schwere Depressionen und Angstzustände. Während dieser Zeit begann ich, an der neu gegründeten Selbsthilfegruppe für erwachsene Menschen mit Asperger-Syndrom am

Autismus-Therapie-Zentrum Oldenburg teilzunehmen. Ich lernte dort Menschen mit ähnlichen Erfahrungen und Problemen kennen und konnte mich zunächst gut mit ihnen austauschen. Die Teilnahme gab mir das Gefühl, nicht ganz alleine zu sein. Außerdem erhielt ich Tipps für verschiedene wichtige Themen wie zum Beispiel für die Beschaffung eines Schwerbehindertenausweises, aber auch Ratschläge zur Bewältigung des Alltags.

Mit der Zeit aber wurde die Gruppe immer größer. Es kamen viele neue Teilnehmer hinzu, darunter auch viele Männer mittleren Alters. Mein Eindruck war, dass einige von ihnen im Gespräch sehr dominant waren. Häufig wurden ihre Erfahrungen immer wieder monologartig erzählt. Einige der Männer führten auch oft Nebengespräche, die dann das »Hauptgespräch« störten. Die Frauen in der Gruppe waren meistens eher ruhig und in sich gekehrt. Dies führte dazu, dass wir oft von dem Verhalten einiger Männer »überrumpelt« wurden und selbst nicht mehr zum Zug kamen. Nach einiger Zeit wurde bei den abendlichen Treffen eine kleine Gruppe gebildet, die sich in einen anderen Raum zurückzog. In dieser Zeit begann ich, mir zu wünschen, an der kleineren Gruppe nur für Frauen teilzunehmen.

## Warum ich mich in einer reinen Frauengruppe wohler fühle

Mir wurde dann angeboten, zusätzlich an einer Therapiegruppe für Frauen teilzunehmen. Zunächst lehnte ich dies jedoch ab, da ich mich von dem Gedanken, an zwei Gruppen teilzunehmen, noch überfordert fühlte. Irgendwann stimmte ich aber doch zu. Bis heute denke ich, dass dies die richtige Entscheidung war. Eine Gruppe nur mit Frauen bot mir viele Vorteile und Möglichkeiten. Hier waren Menschen, die ähnliche Erfahrungen machten und mit denen ich mich auf derselben Ebene austauschen konnte. Ich möchte damit den Austausch mit Männern nicht abwerten, aber sich mit anderen Frauen zu unterhalten war doch noch intensiver.

Welche Vorteile hatte also eine Frauengruppe für mich? Wie schon beschrieben, kenne ich das Gefühl des »Andersseins«, auch wenn ich dieses Gefühl nicht immer schlimm fand. Das bezog sich auch auf den Bereich der Weiblichkeit. Während meiner Kindheit fiel dies nicht auf, ich spielte mit Puppen und mochte niedliche rosafarbene Dinge. Ich denke, ich war, was das »Mädchenhafte« anging, kein besonders ungewöhnliches Kind. Die Unterschiede begannen erst mit der Pubertät. Meine Klassenkameradinnen fingen an, sich für Kleidung und Make-up und natürlich auch für Beziehungen zu interessieren.

**Hier waren Menschen, die ähnliche Erfahrungen machten und mit denen ich mich auf derselben Ebene austauschen konnte.**

Für mich war dieses Verhalten rätselhaft. Ich hatte zwar Spaß an Kleidung, die ich schön fand. Meine Vorstellung von »Schönheit« stimmte aber oft nicht mit der meiner Klassenkameradinnen überein. Lange Zeit trug ich eine

blau karierte Jacke im Holzfällerstil, blau lackierte Fingernägel, zerrissene Jeans und eine knallrote Mütze. Ich fand diese Zusammenstellung toll, meine Freundinnen aber sahen das nicht so.
Auch ihr plötzliches Interesse am anderen Geschlecht war für mich unverständlich, und ich wunderte mich gewaltig, als mir eine Freundin erzählte, wie schlimm sie es fand, keinen Freund zu haben. Diese Sorge konnte ich gar nicht nachvollziehen.

### Ich bin weder wirklich burschikos noch typisch weiblich

Ich entwickelte zwei verschiedene Strategien, mit dieser Dissonanz umzugehen. Eine Zeit lang versuchte ich mich in Ablehnung und definierte mich als burschikoses Mädchen, das eben keine typischen Mädchendinge mochte. Dann, in der Oberstufe und auch während der Ausbildung, begann ich, mich anzupassen. In der Kleidung, aber auch im Benutzen von Make-up, obwohl dies für mich sehr unangenehm war und auch noch ist. Ich versuchte krampfhaft, ein für mich passendes Frauenbild zu finden. Beide von mir gewählten Lösungsstrategien passten nicht zu mir, denn ich bin weder wirklich burschikos noch typisch weiblich.

Schock – die autistischen Frauen waren nicht nur anders als autistische Männer, die waren auch anders als ich!

In der Frauengruppe lernte ich dann das erste Mal direkt und bewusst andere autistische Frauen kennen. Zunächst der Schock, die waren ja nicht nur anders als autistische Männer, die waren auch anders als ich! Obwohl sie alle im autistischen Spektrum waren, zeigten sich bei jeder von ihnen die ganz eigene Persönlichkeit und unterschiedliche Eigenarten, der Autismus ist also kein »Gleichmacher«. Eine Teilnehmerin war sehr extrovertiert und hektisch, eine andere introvertiert und schweigsam, eine weitere verheiratet und Mutter von drei Kindern. So hat auch jeder andere Erfahrungen gemacht und sich auf eigene Weise entwickelt.

### Ich setzte mich mit meinem Frausein auseinander

Ich begann also, mich mit den anderen Teilnehmerinnen auseinanderzusetzen. Ich bemerkte, dass sie sich genau wie ich von den typischen Frauen unterschieden, aber auch nicht unbedingt einfach nur in das Bild der burschikosen Frau passten. In der Einzigartigkeit der Frauen der Gruppe konnte ich mich spiegeln und durch die jeweilige spezifische Identität der Gruppenteilnehmerinnen meine eigene Identität entwickeln. Ein für mich wichtiger Aspekt war dabei zu sehen, wie andere autistische Frauen mit ihren Problemen im Alltag umgingen und welche Erfahrungen sie gemacht haben. Diese Beobachtungen und Erkenntnisse halfen mir dabei, allmählich meine eigene Identität als Frau zu entwickeln. Natürlich hat die Gruppe noch weitere Vorteile. In einer kleinen Frauengruppe mit zwei Gesprächsleitern besteht keine Gefahr, von dominanten Männern überrumpelt zu werden. Es können Themen bearbeitet werden, die nicht in der Gegenwart von Männern besprochen werden mögen, weil man dann nicht über alles frei sprechen kann. Durch die nur wenigen Teilnehmerinnen gibt es die Möglichkeit zu intensiveren Gesprächen mit therapeutischer Intervention, die sich in der gemischten Gruppe oft einfach aufgrund der Gruppengröße nicht entwickeln konnten. Der geschützte Rahmen in einer kleinen Therapiegruppe nur für Frauen bietet auch die Chance, schwierige Situationen zu bearbeiten. So üben wir immer wieder, mit sozialen Situationen umzugehen, zum Beispiel beim Besuch eines Cafés, wir trainieren Small Talk in der Gruppe oder gehen gemeinsam einkaufen. Dabei liegt die Aufgabe vor allem darin, die Wünsche von mehreren Personen abzugleichen und abzustimmen. Außerdem lernen wir mithilfe von Videoanalysen, unser eigenes Verhalten zu reflektieren. Die Vertrautheit von Gleichgesinnten lässt ein gutes Öffnen zu.

**Wichtig war für mich zu sehen, wie andere autistische Frauen mit ihren Problemen im Alltag umgingen und welche Erfahrungen sie gemacht haben.**

---

Simone Pinke

## » Meine Idee: eine Selbsthilfegruppe nur für Frauen

2009 startete unsere Gesprächsrunde für autistische Frauen des ATZ Bielefeld. Wir – sechs Frauen zwischen 20 und 44 – treffen uns seither einmal monatlich im Therapiezentrum. Besprochen wird alles, was uns wichtig erscheint, z. B. die Schwierigkeiten aus der Vergangenheit, unsere gegenwärtige Lebenssituation sowie bestehende Zukunftsängste. Zu »unseren Themen« zählen die Probleme, aber auch die Besonderheiten des Autismus, also auch unsere positiven An-

*In einer Asperger-Frauengruppe fühle ich mich wohl: Wir sind keineswegs alle gleich, aber es gibt klare Strukturen, Regeln und Abläufe. Hier muss ich mich nicht verstellen.*

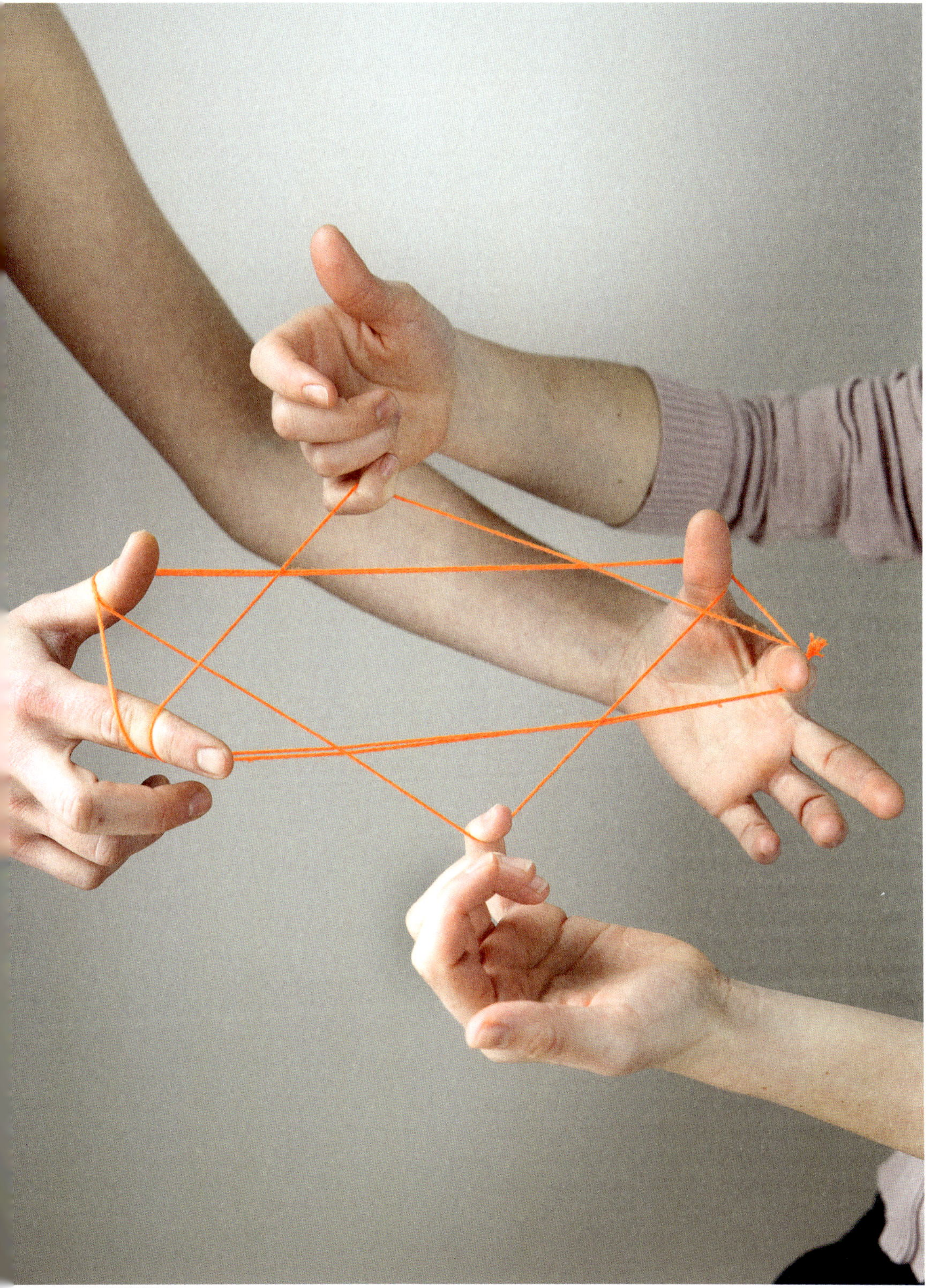

teile. Daneben gibt es Themen, die regelmäßig in unterschiedlichen Varianten wiederkehren. Dazu gehören vor allem die Probleme im sozialen Bereich. Wir besprechen die Kontakte zu Bekannten, Freunden, Nachbarn oder auch zu ganz fremden Menschen in Situationen, die sich einfach nicht vermeiden lassen, zum Beispiel bei Behördengängen oder Einkäufen. An dieser Stelle spielen auch mögliche Konflikte oder Kommunikationsprobleme eine Rolle, wir überlegen dann gemeinsam, wie sich diese Schwierigkeiten künftig vermeiden lassen. Man kann sich dafür noch zusätzlich Hilfe durch andere Fachkräfte holen, was auch das ambulant betreute Wohnen leisten kann.

## Wir Frauen zerbrechen uns ständig den Kopf darüber, was andere wohl denken

Durch meine langjährigen Kontakte zu männlichen und weiblichen Menschen mit Autismus ist mir aufgefallen, dass es die Männer im täglichen Leben einfacher haben als wir Frauen. Sie machen sich über ihre Probleme im sozialen Bereich längst nicht so weitreichende Gedanken wie wir. Sie grübeln weder permanent über ihre eigenen Unzulänglichkeiten, noch zerbrechen sie sich ständig den Kopf darüber, was ihre Mitmenschen wohl Negatives und Schlechtes über sie denken könnten.

Wenn ich beispielsweise morgens von einem Kollegen mit gereiztem Unterton begrüßt wurde, so überlegte ich immer wieder, was ich denn wohl am Vortag alles verkehrt gemacht haben könnte. Diese im Prinzip grundverkehrten Gedanken sorgten bei mir für mangelnde Aufmerksamkeit, motorische Unruhe und Nervosität, was folglich tatsächlich zu Fehlern führte. Erst später erfuhr ich, dass dieser Arbeitskollege private Probleme hatte und dass sein mürrisches Verhalten mir gegenüber rein gar nichts mit meiner Person zu tun hatte.

Auch wenn ein Nachbar, der mich sonst immer grüßte, einmal wortlos an mir vorbeilief, bezog ich das lange Zeit auf mich. Ich überlegte dann, ob ich etwas falsch gemacht hatte oder warum er mich auf einmal ignorierte. Doch in der Frauengruppe habe ich anhand ähnlicher Erfahrungen der anderen Teilnehmerinnen erfahren, dass diese Verhaltensweise auch ganz andere Gründe haben könnte, die mit mir gar nichts zu tun haben. Vielleicht war er in Gedanken und hat mich nicht bemerkt oder es ging ihm gesundheitlich nicht gut. Für das Verhalten anderer Menschen kann es sehr viele Gründe geben, und es war ein recht schwieriger Lernprozess für mich, nicht mehr alles auf mich selbst zu beziehen.

> Das Verhalten anderer Menschen kann viele Gründe haben. Es war ein recht schwieriger Lernprozess für mich, nicht alles auf mich selbst zu beziehen.

Wenn ich eine Freundin anrief und sie anders reagierte als sonst, glaubte ich bislang ebenfalls sogleich an mögliche eigene Unzulänglichkeiten. Doch in der Gruppe habe ich gelernt, dass es in diesem Fall hilfreich sein kann, sie nach den Gründen für ihre veränderte Reaktion zu fragen. Darauf erhalte ich meistens eine für mich verständliche und hilfreiche Antwort und weiß das Verhalten der Freundin besser einzuordnen. Allerdings ist diese Form der Fragestellung nur bei guten Freunden und nahestehenden Bekannten, aber nicht bei Nachbarn und Arbeitskollegen angebracht.

### Wir reden auch über Partnerschaft und Kinderwunsch

Ein auch sehr sensibles Thema in unserer Gruppe ist der Bereich Partnerschaft und Kinderwunsch. Die entsprechenden Wünsche und Bedürfnisse sind teilweise ganz eindeutig vorhanden, allerdings geht bei manchen Teilnehmerinnen der Gedanke an einen Partner auch mit dem Empfinden einer möglichen persönlichen Einschränkung einher. Ähnlich ist es auch beim Kinderwunsch. Es geht um die Befürchtung einer eventuellen Überforderung bei der Pflege und Erziehung des Kindes sowie um die ernsthafte und berechtigte Sorge, was die Aufrechterhaltung der für uns so notwendigen Strukturen im Alltag betrifft. Meine Angst wäre es, dem Kind nicht die erforderliche Liebe geben zu können, die es für seine Entwicklung benötigte. Auch deshalb habe ich mich ganz klar gegen ein eigenes Kind entschieden, was ich in Wirklichkeit allerdings als überaus traurig empfinde.

Meine Angst wäre es, dem Kind nicht die erforderliche Liebe geben zu können, die es für seine Entwicklung benötigte.

### Ich möchte andere autistische Mädchen und Frauen ermutigen

Ich wünsche mir sehr, mit meinen Ausführungen auch anderen autistischen Mädchen und Frauen ein paar nützliche Anregungen geben zu können. Ich möchte ihnen Mut machen, sich einer solchen Selbsthilfe- oder Therapiegruppe speziell für Frauen anzuschließen oder auch eine Gruppe in Eigenregie zu gründen. Auch möchte ich allen anderen Autismus-Zentren und ähnlichen in diesem Bereich tätigen Verbänden nahelegen, eine Frauengruppe dieser Art zu eröffnen – es lohnt sich für beide Seiten!

---

Christine Preißmann

## » Unterstützung durch langjährige Psychotherapie

Meine Psychotherapeutin ist seit vielen Jahren eine wertvolle und verlässliche Unterstützung für mich. Weil ich bereits im Buch »Asperger – Leben in zwei Welten« (S. 155–161) über meine Therapie-Erfahrungen berichtet habe, will ich hier nur einige Punkte aufgreifen.
Ich profitiere z. B. sehr davon, Antworten auf meine Fragen und Informationen über typisch weibliches Auftreten zu erhalten, darüber, was es bedeutet, eine

Frau zu sein, ohne dass mir jedoch gleich mit den entsprechenden Erwartungen begegnet wird. Manches von dem, was ich mit meiner Therapeutin bespreche, könnte ich sicher auch mit einer guten Freundin klären – wenn ich denn eine hätte. Meine Therapeutin hilft mir, schrittweise meine Selbstständigkeit und Lebensqualität zu erhöhen, was ich für sehr wesentlich halte. Vieles gestaltet sich schwieriger und langatmiger als zunächst von uns vorgesehen. Es ist wichtig für mich, dass sie sich darauf einlässt und auch dazu bereit ist, immer wieder einmal dieselben Themen mit mir zu besprechen, wenn diese mich gerade wieder stärker beschäftigen.
Viele autistische Frauen wünschen sich konkrete Unterstützung bei Alltagsschwierigkeiten, und auch ich stelle mir oft so etwas wie einen »Coach« für mein Leben vor, der mir in verschiedenen Situationen helfen könnte. Viele Dinge sind uns nicht klar, manche Situationen überfordern uns, und oft haben wir das Gefühl, dass wir mit nur geringer Unterstützung in solchen Momenten deutlich besser zurechtkommen könnten.

## Ich fühle mich noch immer oft unverstanden

Auch nach all den Jahren meiner eigenen therapeutischen Arbeit sind Missverständnisse und das Nicht-verstanden-Fühlen noch immer große Probleme für mich, wenngleich ich im Laufe der Zeit doch deutliche Fortschritte gemacht habe. Aber ich fühle mich nach wie vor oft unverstanden, obwohl ich meinem Gegenüber manchmal gar keine Chance gebe, mich wirklich verstehen zu können, wie ich heute weiß. Das betrifft sowohl den körperlichen als auch den psychischen und emotionalen Bereich. Ich kann starke Schmerzen, z. B. gegenüber einem Arzt, schlecht vermitteln und auch Zustände von Depression oder Angst oft nicht richtig ausdrücken. Meine Umgebung hat dann das Gefühl, ich käme ganz gut zurecht, obwohl ich mich miserabel fühle. Solche Erfahrungen frustrieren mich, weil es mir nicht gelingt, mich verständlich zu machen, und ich dann natürlich auch keine Hilfe und Unterstützung erhalten kann.
Vielen Menschen ist es auch unverständlich, dass ich Vorträge vor mehreren Hundert Zuhörern halten kann, es aber oft nicht schaffe, einen Arzttermin alleine wahrzunehmen. Sie verstehen nicht, warum ich fremde Länder bereisen kann, um dann bei nächster Gelegenheit mit kleinsten Veränderungen auch nicht ansatzweise klarzukommen. Es ist daher wichtig, unseren Bezugspersonen zu erklären, dass wir sie nicht provozieren oder schikanieren möchten, sondern dass es manchmal auch scheinbar ganz banale Dinge sind, die uns überfordern und für die wir Unterstützung brauchen. Und das immer wieder.

# Eine Therapiegruppe nur für Frauen

Martina Steinhaus

**»Wir sind eine Subkultur innerhalb einer Subkultur. Wir haben viele der gleichen Macken, Herausforderungen, Gewohnheiten und Charakterzüge wie Männer, aber doch in unserer eigenen und besonderen Art.« So hat eine Gruppenteilnehmerin die Situation autistischer Frauen beschrieben. Davon ausgehend möchte ich als leitende Psychologin dieser Gruppe aufzeigen, warum eine Therapiegruppe nur für autistische Frauen wichtig ist.**

## Asperger-Syndrom ist männlich!?

Ob ein Mensch als Frau oder Mann geboren wird, macht einen bedeutsamen Unterschied, auch bezogen auf das Asperger-Syndrom, aus. Die Klassifizierungsmanuale des ICD-10 und DSM-IV sprechen von einer eindeutigen zahlenmäßigen Überlegenheit von Männern. Diese Geschlechterverteilung ist auch bei der insgesamt höheren Anzahl diagnostizierter Personen in den letzten Jahren konstant geblieben. Bei der Gruppe der spät diagnostizierten Betroffenen im Erwachsenenalter zeigt sich allerdings eine offensichtliche zahlenmäßige Angleichung der Geschlechter von 2 : 1 (Gawronski et al. 2012, 47). Eine mögliche Ursache dieses relativ ausgeglichenen Verhältnisses vermutet man u. a. in der Tatsache, dass in der Normalpopulation weibliche Personen alles in allem über größere empathische Fähigkeiten und eine stärker ausgeprägte soziale Kompetenz verfügen (ebd.). Dies führt dazu, dass Asperger-Frauen sich von nicht betroffenen Frauen augenscheinlich unterscheiden und sich daher in Gruppen mit weiblichen Personen schlechter einfügen können.

### Der Anpassungsversuch an Rollenklischees führt zu Stress

Verschiedene Studien geben Hinweise darauf, dass Einschränkungen im Bereich der Sozialkompetenz bei Männern eher mit dem männlichen Rollenmodell in Zusammenhang gebracht werden. Weibliche Betroffene im Erwachsenenalter erleben dagegen einen gesteigerten Anpassungsdruck, um den üblichen weiblichen Erwartungen in Gesellschaft und Partnerschaft zu entsprechen. Frauen werden bereits in der Kindheit, sowohl durch traditionelle Erziehungsmuster in Familie und Gesellschaft als auch in der Schule, mit Rollenklischees konfrontiert, die Verhaltensformen wie Angepasstheit, »nett und brav sein«, »nicht auffallen« etc. fördern. Jungs dagegen wird vermittelt, dass sie dominanter, stärker und wichtiger sind. Dementsprechend bekommen sie den Raum, den sie einfordern, während Mädchen eher darin bestärkt werden, zurückhaltend und unauffällig zu sein. Durch diese frühen Lernerfahrungen ist bei Asperger-Mädchen die Entwicklung wesentlich intensiver auf Kooperation und soziale Anforderungen ausgerichtet.

Trotz aller eingeübten rollenstereotypen Klischees aber verhalten sich Asperger-Frauen häufig doch anders als andere Frauen. Sie haben vielfach nur wenig Interesse an Mode, Kosmetik oder anderen geschlechtstypischen Themen, beschäftigen sich eher mit für Frauen unüblichen Dingen und sind daher auch nur eingeschränkt in der Lage, sich in typische Frauengruppen einzugliedern. Diese widersprüchlichen Bedürfnisse nach einerseits Entsprechung der vorgegebenen Verhaltensmuster und dem andererseits häufig entgegengesetzten autistischen Anliegen bedeuten für Frauen mit Asperger-Syndrom Stress.

## Die Anforderungen in Beruf und Familie widersprechen den »autistischen Bedürfnissen«

Es kann vermutet werden, dass weibliche Betroffene im Erwachsenenalter dadurch einen höheren Leidensdruck aufweisen als männliche Personen mit Asperger-Syndrom und sich daher vermehrt zur Diagnostik vorstellen. Die Häufung psychischer Erkrankungen und psychosomatischer Störungen nimmt durch diese erschwerte Ausgangssituation bei (nicht diagnostizierten) Asperger-Frauen ständig zu und stellt eine enorme Belastung für die Betroffenen und ihr soziales Umfeld dar. Neben den persönlichen Belastungsfaktoren, die sich aufgrund der autismustypischen kognitiven sowie sensorischen Besonderheiten ergeben, geraten Frauen mit Asperger-Syndrom durch die Konflikte im Bereich beruflicher und familiärer Anforderungen, durch ihre Versagensgefühle oder dem Wunsch, den gesellschaftlichen Rollenerwartungen zu entsprechen, in eine kumulierte Überforderung, die oft schwerwiegende gesundheitliche Probleme zur Folge hat.

Für eine autistische Mutter, Ehefrau oder berufstätige Frau sind die Erwartungen und Anforderungen an Kommunikation und soziale Kompetenzen häufig nicht mit dem autistischen Bedürfnis nach Sicherheit, Planbarkeit, Überschaubarkeit und Struktur des Alltags sowie dem Bedürfnis nach Rückzug und Beschäftigung mit Sonderinteressen vereinbar. Es findet also eine ständige Abwägung zwischen den Anforderungen und Anpassungsleistungen an die Vorgaben durch Beruf oder Familie und einem notwendigen Ausgleich durch stabilisierende und strukturierende »autistische Bedürfnisse« wie Rückzug und besonderer Gestaltung von Beziehung und Alltag statt. Beispielsweise können die Bedürfnisse des eigenen Kindes nach einem unmittelbaren Kontakt, nach Trost und emotionalem Beistand für eine

Asperger-Mutter großen Stress auslösen, da sie einerseits den Bedürfnissen ihres Kindes nachkommen will, aber gleichzeitig einem großen Erwartungsdruck ausgesetzt ist. Die Anforderungen in der Partnerschaft an Kontakt, Sexualität etc. sind ebenso häufig nicht mit den Besonderheiten des Autismus in Übereinstimmung zu bringen. Die allgemeinen Erwartungen an Spontanität, Flexibilität und kommunikative Kompetenzen in vielen Berufen stellen für die meisten Asperger-Frauen eine zusätzliche Belastung dar.

Dieser »Dauerstress« findet häufig Ausdruck in Symptomen wie Migräne, Verspannungen, Ess- und Schlafstörungen, Hauterkrankungen, anhaltender Erschöpfung, Müdigkeit, Ängsten, Depressionen usw. Medizinische Erklärungsversuche aus dem neurotischen Spektrum, Zwangsstörungen, soziale Phobien oder oppositionelle, aufsässige Charakterzuordnungen sind vertraute Fehldiagnosen bei vielen Asperger-Frauen, bevor sie eine Autismusdiagnose erhalten.

Professionelle, deren Aufgabe es ist, diagnostische, therapeutische und pädagogische Angebote für Mädchen und Frauen mit Autismus zu gestalten, haben die Verantwortung, sich über die bestehenden geschlechtsspezifischen Besonderheiten, Unterschiede, Qualitäten und Persönlichkeiten der Betroffenen umfassend zu informieren.

## Warum eine Asperger-Frauengruppe?

Als Psychologin arbeite ich seit vielen Jahren mit Klienten aus dem gesamten Autismus-Spektrum zusammen, aber in den letzten Jahren wurde das Thema Asperger-Autismus bei Mädchen und Frauen in meinem therapeutischen Alltag immer stärker präsent. Noch vor zehn Jahren waren es nur vereinzelt Frauen oder Mädchen, die mir in der Therapie begegnet sind. In den letzten Jahren veränderte sich das Bild. Immer häufiger kamen auch erwachsene Frauen mit Asperger-Syndrom in die Therapie, viele davon mit dem Wunsch nach einer Diagnose. Manche hatten ein eigenes Kind mit Autismus in der Therapie und stellten bei sich selbst Ähnlichkeiten fest, andere hatten bereits eine fachärztliche Diagnose, die meist erst im Erwachsenenalter gestellt wurde. Die in der Literatur beschriebene gestiegene Anzahl diagnostizierter Erwachsener spiegelt sich also auch in unserer täglichen Arbeit im Autismus-Therapie-Zentrum wider.

Mit den Asperger-Frauen in der Therapie stellten sich mir nun neue Fragen. Was sind die besonderen Themen und Herausforderungen der Betroffenen? Gibt es Ähnlichkeiten zu Männern mit Asperger-Syndrom in der Therapie? Welches sind die Unterschiede? Wie kann ich den ganz individuellen Bedürfnissen der Frauen am besten gerecht werden?

## WICHTIG

### Frauengemäße Autismustherapie

Ganz allgemein verstehe ich unter dem Begriff »frauenspezifisch«, sich – neben der individuellen Entwicklung eines jeden Einzelnen – der besonderen Prozesse weiblicher Sozialisation bewusst zu werden und sich mit den geschlechtsspezifischen Unterschieden von gesellschaftlichen Einflüssen auseinanderzusetzen. Im Fokus stehen dabei die Auswirkungen dieser Einflüsse auf die Persönlichkeitsentwicklung von Frauen.
Diese Unterschiede in der weiblichen und männlichen Sozialisation zeigen sich in der Übernahme einer bestimmten Geschlechterrolle. Bereits in der Kindheit lernen und verinnerlichen Mädchen oder Jungen geschlechtstypisches Verhalten. Unter Berücksichtigung der besonderen Situation von Frauen mit Asperger-Syndrom bekommt der Ansatz einer »frauengemäßen Autismustherapie« eine besondere Bedeutung.
Viele autismusspezifische Therapieangebote werden der Lebenswirklichkeit von Frauen mit Asperger-Syndrom nicht gerecht und sehen in der Regel den Mann im Fokus der Aufmerksamkeit. Sie beziehen die gesellschaftliche und soziale Realität der betroffenen Frauen mit den sich daraus ergebenden Belastungen nicht umfassend genug ein. Die Abweichungen in der Gestaltung, Ausprägung, Symptomatik und Empfindung bei Frauen werden zu wenig berücksichtigt.

## Asperger-Frauengruppe als Lern- und Erfahrungswelt

Belastende Einflüsse bei Frauen mit Asperger-Syndrom können sich nicht nur zu denen der männlichen Klienten oder zu anderen Frauen unterscheiden, sie können auch Ursache für eine erhöhte gesundheitliche Beeinträchtigung sein und zusätzliche sozial-emotionale Belastungsfaktoren hervorrufen. Als besonders belastend und stressauslösend wird von den Frauen neben den beschriebenen widersprüchlichen Anforderungen und sozialen Erwartungen jeder Einzelnen oft das Gefühl des »Alleinseins« als betroffene Frau beschrieben.

Hinzu kommen bei einigen Betroffenen geschlechtsspezifische Gewalterlebnisse oder Erfahrungen von Diskriminierung, die den Lebenslauf entscheidend mitbestimmen und sich auf das gesundheitliche Erleben auswirken.

Infolgedessen spiegelt sich in gemischten Autismus-Selbsthilfegruppen vielfach die gewohnte soziale Wirklichkeit wider. Somit sind diese für viele Frauen mit Asperger-Syndrom nur ein eingeschränkt sinnvoller Ort für korrigierende und positive Neuerfahrungen, da hier die üblichen Muster von sozialem Verhalten wiederholt und bestätigt werden können. Besonders schambesetzte oder frauenspezifische Themen werden in gemischten Gruppen seltener angesprochen, da die Frauen fürchten, mit solchen Themen unverstanden und abgewertet zu werden. Vor allem Themen rund um Partnerschaft und Sexualität werden nur selten in gemischtgeschlechtlichen Gruppen angesprochen. In der Asperger-Frauengruppe kann dagegen durch Verständnis und Unterstützung der Psychologin ein Vertrauensverhältnis aufgebaut werden, sodass auch diese oft angstbesetzten Themen gemeinsam bearbeitet werden können.

### Wie alles begann

Vor diesem Hintergrund haben wir 2007 erstmals eine Gruppe für Frauen mit Asperger-Syndrom ins Behandlungskonzept unseres ATZ aufgenommen. Es zeigte sich, dass der Bedarf für ein besonderes Angebot bei den betroffenen Frauen groß war. Die Erfahrung offenbart inzwischen, dass dieser »Schutzraum« von den Betroffenen gern angenommen und genutzt wird.

Erste Erkenntnisse aus dieser geschlechtshomogenen Gruppe zeigen bereits, dass Frauen mit Asperger-Syndrom sich hier schneller und effektiver auf eine Therapie einlassen können, da weniger Ängste bestehen und die üblichen sozialen und gesellschaftlichen Wertungen in den Hintergrund treten. Dies ermöglicht vielen Betroffenen erstmals Reflexionsmöglichkeiten sowie korrigierende Neuerfahrungen unabhängig von üblichen Wertevorstellungen, und es ist zu erwarten, dass sie sehr davon profitieren.

## Rahmenbedingungen und Therapieansätze

Die Therapiegruppe findet einmal in der Woche für zwei Stunden statt und ist für Frauen ab 18 Jahren gedacht. Der Therapieansatz ist ressourcen- und lösungsorientiert auf der Basis eines guten Grundverständnisses, umfangreichen Erfahrungshintergrunds und umfassenden fachlichen Kenntnisstands der Therapeutinnen. Es kommen sowohl verhaltenstherapeutische und kognitionspsychologische Techniken, psychoedukative Interventionen als auch gesprächstherapeutische und kreativtherapeutische Ansätze zum Tragen. Einen wichtigen therapeutischen Rahmen bilden Methoden der Transaktionsanalyse, einem Therapieverfahren, das mit Techniken der Vertragarbeit, der Beziehungsanalyse sowie einer visualisierten Form von Gefühls- und Verhaltensmustern (Ich-Zustände) und Analyse von sozial-emotionalen Interaktionen (Transaktionen) dem autismustypischen Bedürfnis nach logischen, strukturierten und nachvollziehbaren Lern- und Erfahrungsfeldern entgegenkommt. Die Reflexion der Beziehungsgestaltung zwischen den Teilnehmerinnen und der Therapeutin und auch die innerpersönliche Auseinandersetzung mit belastenden Themen stellt somit einerseits einen Schwerpunkt

## WICHTIG

### Die Bedeutung der Therapeutin

Die Entwicklung einer tragfähigen Beziehung zwischen Klientin und Therapeutin ist besonders wichtig. Dabei ist es von Bedeutung, dass die Therapeutin von den Klientinnen akzeptiert wird und in ihrer Persönlichkeit Ruhe, Sicherheit und Verständnis vermitteln kann. Sie soll den Bedürfnissen nach klarer Kommunikationsstruktur und verlässlichen systematischen Routinen nachkommen und die sprachlichen Besonderheiten der Betroffenen berücksichtigen. Die Kommunikationsregeln der Gruppe müssen für alle Teilnehmerinnen gelten und für alle deutlich und nachvollziehbar sein, mögliche Probleme mit pragmatischen Aspekten der Gesprächsführung, vor allem bei der Frage, wie lange die Redezeit jeder Einzelnen ist und wann man jemanden unterbricht, sowie Sprachbesonderheiten wie verzögertes, langsames oder stockendes Sprechen sollten therapeutisch flankiert und moderiert werden.

der Schwierigkeiten dar, kann aber im Schutz der Asperger-Frauengruppe als Lern-, Erfahrungs- und Neuentscheidungsraum genutzt werden. Im Rahmen der Gruppe sollen die Frauen ermutigt werden, ein Verständnis für das Asperger-Syndrom zu entwickeln und im Kontakt zu anderen Frauen ihr eigenes Potenzial zu entdecken und zu nutzen. Sowohl geschlechtsspezifische Besonderheiten des Asperger-Autismus als auch intraindividuelle Unterschiede der teilnehmenden Frauen finden Berücksichtigung durch die Therapeutinnen.

Durch das Setting der Gruppe soll Sicherheit gewährleistet werden, die insbesondere Frauen mit Asperger-Syndrom benötigen. Gleichzeitig soll das Angebot einer therapeutischen Methodenvielfalt zur Realitätsprüfung dienen und Stärkung der Abgrenzungsfähigkeit bieten.

Persönliche und berufliche Lebenssituation sowie Möglichkeiten der individuellen Lebensgestaltung fließen in die Gruppensitzungen ebenso mit ein wie der Erfahrungsaustausch mit den anderen Frauen und die eigene Auseinandersetzung mit der Diagnose als solcher. Aber auch Wahrnehmung und Bewusstmachung der eigenen Ressourcen und Stärken sind von Bedeutung, um diese optimal nutzen zu können.

Es geht also insgesamt sowohl um eine autismusspezifische Sichtweise auf die Frauen als auch um eine geschlechtsspezifische bzw. weibliche Sicht von Lebenszusammenhängen, die neben den Unterschieden zu Asperger-Männern auch Faktoren der Unterscheidungen zu anderen Frauen und deren Auswirkungen in sozialen und gesellschaftlichen Kontexten mit sich bringt.

## Inhalt und Ablauf der Asperger-Frauengruppe

Jede Gruppensitzung beginnt mit einer Begrüßungsrunde und einer Themensammlung für die bevorstehende Sitzung. In dieser sogenannten »Wie geht es mir«-Runde können die Ereignisse der vergangenen Woche berichtet, positive und negative Erlebnisse unterschieden, eingeschätzt und skaliert und mögliche schwierige Alltagssituationen eingebracht werden. Manchmal ist hierfür ein schriftliches Arbeitsblatt nötig. Dies finden viele Teilnehmerinnen hilfreich.

Nach der Eingangsrunde werden die Themen der Stunde vorgestellt. Die Themenauswahl und der Ablaufplan bieten im Verlauf der Sitzung eine gute Orientierung und Grundstruktur. Neben einer Förderung der Eigenverantwortlichkeit werden durch den Wechsel von freien, eigenen und vorgegebenen Inhalten in jeder Gruppensitzung die Kooperations- und Kompromissfähigkeit geschult und auch insgesamt eine Veränderungsmotivation der Teilnehmerinnen angeregt.

Aufgrund der Unterschiedlichkeit einer jeden Gruppenteilnehmerin im Hinblick auf die subjektive Belastbarkeit werden auch Regeln nach individuellen »sozialen Pausen« festgelegt. Wichtig ist eine gute Vorausschaubarkeit und Planungsgrundlage der Gruppe, daher werden mögliche Änderungen der Teilnehmerzahl oder des Ablaufs der Stunde den Teilnehmerinnen per E-Mail-Verteiler bereits im Vorfeld mitgeteilt.

### Was will eine »frauenspezifische« Asperger-Gruppe?

Das Konzept einer Asperger-Frauengruppe sollte den Anspruch haben, die Lebensrealitäten und Lebenserfahrungen von Frauen mit Autismus – im Unterschied zu Asperger-Männern und auch zu anderen Frauen – zu berücksichtigen. Es geht neben den autismustherapeutischen Inhalten um die Förderung von Identitätsentwicklung unter Berücksichtigung eines Asperger-Syndroms. Persönliche Weiterentwicklung und emotionale Stabilisierung bilden die Grundlage einer Handlungskompetenz, um den Anforderungen des Alltags gerecht zu werden. Hierfür ist Selbstvertrauen wichtig, welches aus einer stabilisierenden Lernerfahrung in der Gruppe entwickelt werden kann. In Gruppenprozessen können eigene Interessen wahrgenommen und vor anderen vertreten werden. Konfliktfähigkeit und Durchsetzungsvermögen werden gefördert. Ebenso können sich aus diesen Treffen auch stärkende und stabilisierende Interessengemeinschaften oder Freundschaften entwickeln.

Durch die auf autismusspezifische Bedürfnisse nach Struktur, Klarheit, Transparenz, Verlässlichkeit und Systematik ausgerichtete Gestaltung der Gruppe wird für die Teilnehmerinnen eine Basis geschaffen, gemeinsam mit anderen Frauen in einem kleinen Kreis die persönlichen Anliegen und Entwicklungsaufgaben zu erkennen und zu bearbeiten. Von Therapeutinnen werden sie in einem stabilisierenden Setting dazu angeleitet, neue Bewältigungsstrategien für sich zu entwickeln, soziale Kompetenzen und Kommunikationstechniken zu erarbeiten und neues Verhalten in der Gruppe auszuprobieren.

Weitere wichtige Ziele sind die Klärung von Beziehungen innerhalb der Gruppe, das Aushalten und Lösen von Konflikten, die Entwicklung persönlicher und beruflicher Perspektiven, der Ausbau sozialer Netzwerke und die Vermittlung einer aktiven Freizeitgestaltung im Rahmen der individuellen Bedürfnisse.

## Was wirkt? Methoden und Techniken

In der Asperger-Frauengruppe kommt eine Vielzahl von therapeutischen Übungen und Methoden zur Anwendung. Dazu zählen psychoedukative Praktiken, Visualisierungstechniken wie Mind-Mapping, Fluss-Diagramme, Social-Storys, verhaltenstherapeutische Verfahren, Rollenspiele, Comic-Gespräche mit Sprechblasen, »4-Ohren-Modell« nach Schulz van Thun und anderes mehr. Es geht insgesamt um die Erweiterung sozialer und kommunikativer Fähigkeiten, das Training kognitiver Fertigkeiten, Theory-of-Mind-Training, Verhaltenssteuerung und emotionale Wahrnehmung und Entlastung.

Bei der Auswahl der Therapieprogramme ist zu berücksichtigen, dass es keine umfassend gültige »optimale Herangehensweise« für alle Menschen mit Asperger-Syndrom gibt. Da viele sehr unterschiedliche Schwierigkeiten und Probleme bestehen mit einer großen Variabilität der Symptomausprägung zwischen den einzelnen Frauen, müssen Besonderheiten beachtet und die Gruppentherapie den Teilnehmerinnen flexibel angepasst werden. Vor allem müssen die besondere Art des Sprachverständnisses, Rigidität und Stereotypie, soziale Problematik und Schwierigkeit der Perspektivenübernahme, die Fähigkeit zur Einsicht und Lernfähigkeit, kommunikative Besonderheiten, Probleme mit der Wahrnehmung (akustisch, visuell, taktil, olfaktorisch), mögliche Kompensations- und Anpassungsstrategien sowie Aufmerksamkeit und Konzentration berücksichtigt werden.

Eine Gruppenteilnehmerin sagte: »In einer gemischten Gruppe fühle ich mich nicht wohl, ich kann mich nicht durchsetzen mit dem, was mich interessiert; die Asperger-Männer sind sehr dominant. Wir Frauen haben Lust am »Philosophieren«, wir wollen nicht zugetextet werden. Wir beobachten uns genau, stellen Unterschiede und Gemeinsamkeiten fest, machen uns Gedanken über unser Leben. Nun habe ich sogar eine Freundin in der Gruppe gefunden. Auch wenn es anstrengend ist, mir ist diese Asperger-Frauengruppe wichtiger geworden als vieles sonst in meinem Leben.«

# Psychotherapie für autistische Frauen

**Bislang fehlen im deutschsprachigen Raum auch in therapeutischer Hinsicht die langjährigen Erfahrungen im Umgang mit erwachsenen autistischen Menschen, deshalb sucht man auch oft noch vergeblich nach speziellen Therapieangeboten für Frauen. Hier besteht ein großer Nachholbedarf.**

## Einen geeigneten Psychotherapeuten finden

Aktuell empfiehlt es sich also, beim nächstgelegenen Autismus-Regionalverband nachzufragen, ob Kontakte zu Therapeuten in Wohnortnähe bestehen und Empfehlungen ausgesprochen werden können. Auch die bestehenden Autismus-Therapie-Zentren sind eine gute Adresse, allerdings ist die Wartezeit hier meist sehr lang und die Finanzierung oft schwierig. Es bleibt die Möglichkeit, wie alle anderen Menschen auch, die einen Psychotherapeuten suchen, »auf gut Glück« aus der Liste von Ärzten und Psychologen auszuwählen und auszuprobieren. Innerhalb der fünf Probesitzungen kann man für sich klären, ob man mit diesem Therapeuten zurechtkommen und sich ihm gegenüber öffnen kann.

Ein guter Therapeut sollte offen sein auch für die autistische Problematik und die Bereitschaft mitbringen, sich einzuarbeiten. Hierfür kann der Besuch einer entsprechenden Informations- bzw. Fortbildungsveranstaltung sinnvoll sein, außerdem kann man auf Fachliteratur und Erfahrungsberichte verweisen. Mindestens ebenso wichtig ist jedoch die Offenheit des Therapeuten im Hinblick auf eine ganz individuelle Behandlung, die sich an den jeweiligen Wünschen, Bedürfnissen und Voraussetzungen orientiert. Nicht zu vernachlässigen ist auch die Frage, ob es sich um einen Mann oder eine Frau handeln sollte. Das muss jede Betroffene für sich entscheiden.

Derzeit existieren nur sehr wenige psychotherapeutische Therapieprogramme für erwachsene Menschen mit Autismus. In Umfragen wurde ermittelt, dass sich die Betroffenen in erster Linie Hilfe und Unterstützung erhoffen

- beim Umgang mit Stress,
- im Hinblick auf die eigene Identität,
- bei der sozialen Interaktion,
- beim Umgang mit Emotionen,
- im Hinblick auf Begleiterkrankungen (Preißmann 2007, Vogeley 2012).

## Autismusspezifische Therapieprogramme

An verschiedenen Kliniken wurden Therapieprogramme entwickelt, die u.a. auf Techniken der kognitiven Verhaltenstherapie (KVT) basieren. Bei dieser Therapieform geht man davon aus, dass die im Rahmen der Psychotherapie erarbeiteten Veränderungen des Verhaltens sich auch positiv auf die eigenen Gefühle und Gedanken auswirken. Die betroffenen Menschen erhalten dadurch die Möglichkeit, ihre kommunikativen, sozialen und emotionalen Kompetenzen zu verbessern. Sowohl Einzel- als auch Gruppentherapie sind möglich.

Im Einzelkontakt können das eigene Erleben und die ganz individuellen Schwierigkeiten intensiver bearbeitet werden. Eine Gruppe bietet den Vorteil, dass die erlernten sozialen Fähigkeiten unmittelbar geübt und unter therapeutischer Aufsicht und Anleitung angewendet werden können. Oft ist es also sinnvoll, wenn sich beide Möglichkeiten ergänzen.

Meist geht es bei der Therapie in erster Linie um auf die Bereiche Stressbewältigung, soziale Interaktion und soziale Kompetenz (Gawronski et al. 2012).

Hinzu kommen computergestützte Verfahren, die einzelne Fertigkeiten trainieren und hier hilfreich sein können, die aber kein umfassendes psychotherapeutisches Programm darstellen: z.B. Frankfurter Test und Training des Erkennens fazialen Affekts (FEFA; Bölte et al. 2002), Social Cognition Training Tool (SCOTT; Dziobek 2011).

Inzwischen gibt es also einige gezielte Angebote für die Gruppe autistischer Menschen, die speziell auf deren Bedürfnisse abgestimmt sind. Aber noch ist das Angebot längst nicht ausreichend. Es ist zu erwarten und zu hoffen, dass weitere therapeutische Angebote folgen werden.

## Was bringt mir die Psychotherapie?

Zu Beginn der Therapie bei erwachsenen Frauen steht oft eine intensive Auseinandersetzung damit, was der Autismus für den jeweiligen Menschen bedeutet, wie er ins Selbstbild integriert werden kann und wie es gelingt, angemessen damit umzugehen. Die Diagnose und damit die Tatsache, dass es für das Anderssein einen Namen gibt und nicht alles auf eigenes Versagen zurückzuführen ist, wird insbesondere anfangs oft von den Betroffenen selbst und auch von den Angehörigen als Erleichterung und Entlastung empfunden. Gleichzeitig aber bereitet die Tatsache einer lebenslangen Einschränkung auch Schwierigkeiten, und häufig muss das

Leben gewissermaßen neu interpretiert werden.

Frauen mit Autismus nehmen ihre Umwelt auf andere Weise wahr als andere Menschen und zeigen Unterschiede im Denken. Dies hat »Vor- und Nachteile. Ein wichtiger Nachteil entsteht dadurch, dass die Mehrheit der Nicht-Autisten sich die Welt nach ihren Erfordernissen eingerichtet hat, dass alltägliche Abläufe und Strukturen für Detail-Denker ungünstig gestaltet sind und dass die Bewertung von Fähigkeiten nach Kriterien erfolgt, die autistisches Denken diskriminieren. Die Unterstützung von betroffenen Menschen im Sinne des Inklusionsgedankens muss deshalb die individuelle Problemlage des Einzelnen erfassen und berücksichtigen und ihm helfen, für sich einen Weg zu finden, in unserer gemeinsamen Welt einen guten Platz zu finden« (Rickert-Bolg 2011).

## Es geht nicht darum, »normal« zu werden, sondern sich so zu akzeptieren, wie man ist

Das zentrale Ziel der psychotherapeutischen Behandlung von Frauen mit Autismus ist es daher nicht, sich zu ändern oder gar wie auch immer zu »normalisieren«, sondern sich mit allen seinen Eigenschaften zu akzeptieren. Dazu muss man sich gut kennen und auch ein Stück weit lernen, die Wirkung des eigenen Auftretens und der eigenen Verhaltensweisen auf andere Menschen einzuschätzen. Nur so ist es möglich, die Reaktionen anderer zu verstehen und zu akzeptieren und vielleicht auch das eigene Verhalten in sozialen Situationen zu steuern: »Wenn ich geübt habe, andere Menschen bei der Begrüßung anzusehen und ihnen die Hand zu geben, obwohl es mir unangenehm ist, kann ich mich entscheiden, ob es mir in einem spezifischen Moment wichtiger ist, mich wohlzufühlen und auf Abstand zu bleiben oder den Erwartungen der anderen zu entsprechen, vielleicht, weil ich etwas von ihnen erreichen will« (Rickert-Bolg 2011, 278). Andererseits aber sind Anpassungsversuche in der Regel anstrengend und manchmal sogar schmerzhaft.

Es geht also in erster Linie nicht darum, ob eine Therapie nötig ist oder nicht, sondern es geht um die Frage, ob es sinnvoll und hilfreich sein könnte, durch die Verbesserung der kommunikativen, sozialen und emotionalen Kompetenzen ein bisschen mehr Handlungsfreiheit zu erlangen, die die Wahl lässt, neue soziale Erfahrungen zu machen, und die dazu befähigt, das eigene Leben bestmöglich nach den eigenen Wünschen und Vorstellungen gestalten zu können.

## Positive Beziehungen erleben

Für viele autistische Frauen ist das Thema Beziehungen wichtig. Sie wünschen sich, einen für das eigene Leben passenden und akzeptablen Kompromiss zwischen der Einsamkeit einerseits und den oft konfliktbehafteten zwischenmenschlichen Kontakten andererseits zu finden. Das stellt für viele Betroffene die vielleicht größte Herausforderung ihres Lebens dar.

Durch die therapeutische Beziehung lassen sich im geschützten Rahmen Strategien und Möglichkeiten für gelegentliche soziale Kontakte entwickeln, die für sie angenehm sind und die sie nicht überfordern. In der Interaktion mit dem Therapeuten kann sich über die Dauer der Behandlung hinweg ein stabiles therapeutisches Arbeitsbündnis entwickeln, innerhalb dessen oft auch korrigierende Beziehungserfahrungen möglich sind. Dies ist vor allem dann von Bedeutung, wenn in der Vergangenheit Erfahrungen von Ausgrenzung oder Mobbing gemacht wurden.

## Das Anderssein würdigen

Bislang gibt es im deutschsprachigen Raum kaum spezifische Angebote für Mädchen und Frauen mit Autismus und deren soziales Umfeld. Was bei uns in der Regel noch nicht einmal bedacht wurde, wird anderswo aber bereits erfolgreich praktiziert. In Denver, Colorado, beispielsweise existiert ein für diese Zielgruppe entwickeltes Programm, das die Vermittlung sozialer Kompetenzen mit Gruppentherapie, Einzelberatung, Angeboten für Angehörige, Netzwerkarbeit, externen Trainingsprogrammen etc. kombiniert (Hubbard 2010).

Insgesamt gilt es aber zu bedenken, dass alle Menschen verschieden sind, ausgestattet mit einem individuellen genetischen Code und einer ganz eigenen Lebensgeschichte. Auch wenn es Gründe gibt, bestimmte Erlebnisweisen als Normabweichungen zu definieren, so ist doch jeder einzelne Mensch ein Individuum. Die Symptome sind bei jeder Person anders ausgeprägt, und jeder Einzelne geht anders damit um. Auch alle Mädchen und Frauen mit Autismus unterscheiden sich im Hinblick auf Sprache, soziale und kommunikative Fähigkeiten, Intel-

*Wo ist mein Platz im Leben? Wie kann ich in einer Welt von Nicht-Autisten mein Leben leben? Selbsthilfe und Therapie können dabei helfen, den eigenen Weg zu finden.*

ligenz, Verhaltensauffälligkeiten, Problemlösefähigkeiten, Interessen, Wünsche und Bedürfnisse und in vielen anderen Bereichen. Es ist daher wichtig, in jedem Einzelfall individuelle Hilfen zu überlegen und zu entwickeln.

Ein guter Therapeut verleiht Frauen mit Autismus eine Würde, indem er ihnen menschlich begegnet, sie in ihrem Anderssein respektiert, sowohl ihre Begabungen als auch ihre Schwierigkeiten anerkennt und die Vorstellung fördert, dass Personen aus dem autistischen Spektrum nicht besser oder schlechter sind als andere, sondern dass sie sich einfach in ihren Eigenschaften und Fähigkeiten von anderen Menschen unterscheiden: »Menschen mit Autismus sind wie Salzwasserfische, die gezwungen werden, im Süßwasser zu leben. Es geht uns gut, wenn man uns in die richtige Umgebung setzt. Wenn die Person mit Autismus und die Umwelt zusammenpassen, verschwinden die Probleme, und wir können sogar sehr erfolgreich werden. Wenn sie nicht zusammenpassen, wirken wir behindert« (Baron-Cohen 2004, 245).

Allen Menschen mit Behinderungen müssten also ganz selbstverständlich die Assistenzleistungen gewährt werden, die sie für ihre persönliche Entwicklung brauchen, und das unabhängig vom eigenen Einkommen. Das ist in manchen Ländern bereits üblich, und erst das wäre wirkliche Inklusion.

# Psychotherapie: Was der Therapeut beachten sollte

**Die Arbeit mit autistischen Menschen ist in vielerlei Hinsicht eine besondere Herausforderung und nicht immer leicht. Viele Besonderheiten wurden durch die Schilderungen der Betroffenen schon deutlich. Auf einige Punkte, die vermutlich anders sind als in der Therapie von Nicht-Autisten, möchte ich hier aber noch einmal gesondert hinweisen.**

Weil es so wichtig ist, sei zunächst betont, dass im Therapieverlauf deutlich mehr konkrete Hilfestellungen bei organisatorischen Aufgaben und lebenspraktischen Anforderungen nötig sind, als es sonst im psychotherapeutischen Kontext üblich ist. Bei Erläuterungen muss der Therapeut wesentlich detaillierter vorgehen, damit die betroffene Frau tatsächlich davon profitieren kann. Unverstandene soziale Situationen und Missverständnisse, die zur Sprache kommen, müssen in allen Einzelheiten erklärt und aufgeklärt werden.

In einer Umfrage äußerten die meisten Betroffenen, es sei ihnen schon häufiger passiert, dass sie mit einer Äußerung die Gefühle anderer Menschen verletzt hatten. Trotzdem verstanden sie oftmals auch im Nachhinein nicht, warum die andere Person gekränkt reagierte, wenn die Äußerung doch der Wahrheit entsprach (Baron-Cohen 2004, 200). Gleichzeitig aber haben Forscher auch herausgefunden, dass Menschen mit Autismus unter deutlich stärkerem Stress leiden als andere Menschen, wenn sie erkennen, dass es jemandem schlecht geht, der ihnen etwas bedeutet. Es ist also keineswegs richtig, dass sie keine Gefühle hätten, nur gelingt es ihnen alleine oft nicht, richtig damit umzugehen. Dies zu verbessern, ist ein wichtiges Ziel einer psychotherapeutischen Behandlung, und hier sind durchaus auch große Fortschritte möglich.

Weiterhin ist es wichtig, der betroffenen Frau dabei zu helfen, individuelle Wünsche und Bedürfnisse überhaupt erst einmal auszubilden. Das setzt das Angebot voraus, unterschiedliche Möglichkeiten kennenzulernen und zu beurteilen. Nicht alle autistischen Frauen haben bereits entdeckt, was ihnen guttut, bei manchen müssen Bedürfnisse erst geweckt werden. Das ist eine sehr wichtige Aufgabe in allen Lebensbereichen.

## Die Äußerungen wörtlich nehmen

Für die Therapie mit autistischen Frauen ist es wichtig zu wissen, dass man sich auf sie und ihre Worte verlassen kann. Sie sind in aller Regel zuverlässig, offen und ehrlich, man muss nicht mühsam überlegen, wie sie etwas gemeint haben könnten, sondern man darf es einfach wörtlich nehmen. Sie sind »sanftmütige, freundliche Zeitgenossen, die um soziale Anerkennung ringen und sich leidenschaftlich für soziale Gerechtigkeit einsetzen« (Baron-Cohen 2004, 250). Zu Beginn wirken sie oft übermäßig schüchtern, nicht selten abweisend und ablehnend, aber wenn man sie näher kennengelernt hat, so erkennt man doch die oft hoch sensible, schutzbedürftige Seite und merkt, dass sie die angebotene Hilfe und Unterstützung sehr zu schätzen wissen und sehr dankbar dafür sind. Sie sind durchaus in der Lage, sich auf eine therapeutische Beziehung einzulassen, und sie profitieren von der Therapiemaßnahme nicht selten in einer Intensität, die man nie für möglich gehalten hätte. Sollte man gelegentlich ihre Gedankengänge nicht nachvollziehen können, so ist es möglich und hilfreich, sie ganz direkt danach zu befragen. Dadurch kann man Missverständnissen entgegenwirken und beispielsweise das ungewöhnlich hohe Maß an Offenheit und Ehrlichkeit, mit dem die Betroffenen ihrem Gegenüber begegnen, nicht mit Arroganz oder Besserwisserei verwechseln.

## Reizüberflutung und Umgang mit Stress

Stress entsteht bei autistischen Menschen häufig vor allem dann, wenn sie Veränderungen, unvorhergesehenen Ereignissen oder unstrukturierten Situationen ausgesetzt sind oder aber anderen Menschen bzw. vielfältigen Sinnesreizen begegnen. Oft haben sie keine geeigneten Strategien zum Umgang mit diesen Stresssituationen. Sinnesreize verschiedenster Art werden von den Betroffenen immer dann als besonders schlimm empfunden, wenn sie keine Kontrolle über sie haben.

Im Hinblick auf verhaltenstherapeutische Maßnahmen ist es wichtig zu bedenken, dass bei solchen autistischen Reizüberflutungsphänomenen in aller Regel keine Gewöhnung eintritt und deshalb keine unüberlegte Expositionstherapie erfolgen sollte. Durch häufiges »Unter-Leute-Gehen« beispielsweise nimmt also die soziale Kompetenz nicht zu, und das Gefühl von Reizüberflutung wird eher noch verstärkt (Biscaldi et al. 2012).

Sehr sinnvoll ist es dagegen, Hilfe bei der Stressbewältigung anzubieten. In den Alltag gut integriert werden kann beispielsweise die Methode der Achtsamkeit: Sie ist überall unauffällig durchzuführen, dient der Schulung von Wahrnehmung und Aufmerksamkeitslenkung und kann, wenn diese gut trainiert sind, in Situationen der Reizüberflutung helfen, diese zu meistern, ohne die Situation verlassen zu müssen (Gawronski et al. 2012).

Viele weitere Anregungen und Hilfen für Therapeuten finden sich in »Psychotherapie und Beratung bei Menschen mit Asperger-Syndrom« bzw. in »Autismus und Gesundheit« (Preißmann 2018b bzw. 2017, Verlag W. Kohlhammer).

# Ergotherapie bei Frauen mit Autismus

**Meike Miller**

Als Ergotherapeutin werde ich häufig gefragt: »Was genau machst du eigentlich?« Wenn ich dann mal wieder meiner Ungeschicklichkeit alle Ehre mache und beim Um-die-Ecke-Laufen an der Türzarge hängenbleibe oder mir etwas herunterfällt, bekomme ich von meinem Mann mit einem Augenzwinkern zu hören: »So, so – und du hilfst anderen Leuten, in ihrem Alltag zurechtzukommen ...?«

## Was ist eigentlich Ergotherapie?

Genau dieser Satz aber trifft am besten den Inhalt meiner ergotherapeutischen Arbeit – ganz egal, ob mein Klient nun orthopädisch oder neurologisch erkrankt ist oder eben im Autismus-Spektrum ist. Meine Aufgabe ist es, herauszufinden, wo und wodurch mein Klient im Alltag in seiner Handlungsfähigkeit eingeschränkt ist und wie sehr ihn diese Einschränkung belastet. Das wichtigste Therapiemittel ist daher das Gespräch. Nur der Hilfesuchende selbst weiß, welche Alltagssituationen für ihn schwierig oder gar nicht zu bewältigen sind. Nur er kann einschätzen, ob er dies als Einschränkung seiner persönlichen Handlungskompetenz empfindet und ob es für ihn wichtig wäre, eine Veränderung der Situation zu erreichen. Nur er kann entscheiden, ob eine Veränderung auch eine Verbesserung seiner Lebensqualität zur Folge hätte. Maßstab für die ergotherapeutische Hilfe ist also nicht »eine gewisse Norm«, die zu erreichen »wünschenswert« wäre. Es wird vielmehr genau dort nach Lösungsansätzen gesucht, wo der Klient selbst Einschränkungen erlebt.

### Meine Frage lautet: »Was möchten Sie verändern?«

Meine Suche zu Beginn des Kontaktes richtet sich also nach den Wünschen des Hilfesuchenden, und meine Fragen an ihn lauten dementsprechend:

- Wo fühlen Sie sich im Alltag in Ihrer Handlungsfähigkeit eingeschränkt?
- Was würden Sie gerne verändern?

Im Vergleich zu Asperger-Betroffenen ist die Therapieplanung bei anderen Krankheitsbildern vermeintlich einfacher: Der erfahrene Therapeut hat bei Erkrankungen aus den Fachgebieten der Neurologie und noch mehr der Orthopädie meist verschiedene »Schubladen« voller Ideen, die er bei den sich wiederholenden Problemen ziehen kann. So geht es hier oft um die Verbesserung von Mobilität oder Hilfsmittelberatung und -anpassung. Bei der Diagnose einer autistischen Störung jedoch lässt man sich bei jedem Klienten wieder auf ein neues Abenteuer ein. Jeder Betroffene bringt seine eigenen Handlungskompetenzen mit und empfindet seine Defizite (und auch Fähigkeiten) in ganz bestimmten Bereichen.

## Geschlecht und Rolle des Therapeuten

Entscheidend für den Erfolg einer ergotherapeutischen Intervention bei Frauen mit Asperger-Syndrom ist das Vertrauensverhältnis. Die intelligente Klientin weiß oder ahnt zumindest, dass sich viele ihrer Schwierigkeiten für den »Normalbürger« als völlig unproblematisch darstellen. Häufig wurden bereits zahlreiche negative Erfahrungen gemacht im Sinne von Unverständnis oder gar Belustigung durch Dritte. Daher sind die Themen, die die betroffenen Frauen beschäftigen, häufig schambehaftet und kommen meist nicht in den ersten Sitzungen zur Sprache. Erst wenn der Therapeut ausreichend »beschnuppert« und für vertrauenswürdig empfunden wurde, wird sich die Klientin zu tiefer gehenden, ihr wichtigen Themen bekennen. Hierfür kann es hilfreich sein, dass der Therapeut dasselbe Geschlecht hat wie der Klient. So gelingt es einer Frau mit einer Asperger-Diagnose sicher leichter, Themen wie Partnerschaft, Kleidung, Sexualität oder Hygiene mit einer Frau zu besprechen.

Noch wichtiger ist aber die Tatsache, dass sie in vielen Bereichen nicht auf eigene Erfahrungen zurückgreifen kann und es daher hilfreich ist, wenn die Therapeutin ihren Erfahrungsschatz teilt.

### Die Therapeutin sollte eine »Vorbildrolle« einnehmen

Die Rolle, die die Therapeutin dabei einnimmt, ist nicht selten die einer »älteren Freundin« oder der »großen Schwester«. Es sollte kein Tabu geben. Alle von der Klientin angeführten Themen sollten ernsthaft angegangen werden. Die Therapeutin begegnet ihrer Klientin dabei respektvoll und einfühlsam. Hierdurch entsteht Vertrauen, und nur so wird sich die Betroffene trauen, auch wirklich offen über ihre Probleme und Wünsche zu sprechen. Das Vertrauen der Hilfesuchenden und das Einfühlungsvermögen der Therapeutin sind also für einen Therapieerfolg entscheidend.

Die Aufgabe der Therapeutin besteht darin, Wünsche und Unsicherheiten der Klientin aufzuspüren und ernst zu nehmen. Lässt sich die Therapeutin im gemeinsamen Aufarbeiten der Themen auf die oben beschriebene »Vorbildrolle« ein, kann sie bildlich gesprochen die Klientin »an die Hand nehmen« und ihr den Weg möglicher Lösungen aufzeigen.

### Die therapeutische Distanz verringern

Ich möchte dazu ermutigen, die sonst so wichtige therapeutische Distanz bei Asperger-Betroffenen ein wenig aufzuweichen. Wenn die Klientin am Denken und Fühlen der Therapeutin als Frau teilhaben kann, so gelingt es ihr besser, auch ihre eigenen Gedanken und Gefühle einzusortieren. Man denke hierbei an die Erfahrungen, die heranwachsende Frauen »normalerweise« sammeln: Sie führen als Mädchen unzählige Gespräche mit Freundinnen über Freundschaften, Beziehungen, Mode, Körperhygiene etc. Sie unterstützen sich bei der Wahl der neuen Frisur, sind gegenseitiger Einkaufsberater und besprechen, welche Ansprache oder Annäherung an das andere Geschlecht angemessen und angenehm sind. Frauen mit Asperger-Syndrom aber sind gerade als Heranwachsende oft isoliert. Ihnen fehlen all diese Gespräche und die Rückmeldungen der Freundinnen. So fällt es ihnen deutlich schwerer, sich eine Meinung darüber zu bilden, welche Kleidung und Frisur ihnen stehen und welches Verhalten in bestimmten Situationen angemessen ist. Die Ergotherapeutin, die die sichere therapeutische Distanz ein wenig verlässt, hat die Möglichkeit, hier die Funktion der »Freundin« und eines »Spiegels« zu übernehmen und so die Entwicklung des Selbstbildes ein Stück weit nachzuholen.

## Sinneswahrnehmung und Reizüberflutung

Um zunächst einmal das Vertrauensverhältnis aufzubauen, welches der Therapeutin das Einnehmen einer entsprechenden Rolle überhaupt ermöglicht, hat es sich bewährt, die Behandlung mit einem allgemeinen Thema zu beginnen, das alle Betroffenen mehr oder weniger betrifft und das ihnen Zeit verschafft, den Ergotherapeuten zu »beschnuppern«: der Sinneswahrnehmung.

In meiner Arbeit mit betroffenen Frauen wurden mir ganz unterschiedliche »Besonderheiten« des Alltags beschrieben. So kann es die eine kaum ertragen, in einer Fußgängerzone unterwegs zu sein, oder es fällt ihr schwer, mit der Straßenbahn zu fahren. Die nächste Klientin trägt ausschließlich enge Kleidung – aber nicht, um ihre Figur zu betonen. Nein, das sei halt einfach so. Sie wisse auch nicht genau, warum. Andere können buntes Geschirr nicht leiden und tragen selbst bei diesigem Wetter Sonnenbrillen. Die Haare seien auch ein Thema. Kurz müssten sie sein und bloß nicht in das Gesicht oder den Nacken fallen.

Alle diese Beschreibungen gehören in den Bereich der Sinneswahrnehmung. Asperger-Betroffene empfinden anders als andere Menschen. Sie geraten daher deutlich schneller in Situationen der Reizüberflutung. Entscheidend hierfür ist das hirnorganische System der Reizfilterung. Während es anderen Menschen besser gelingt, »unwichtige Reize« wegzufiltern, besteht bei Menschen mit Asperger-Syndrom hier meist ein großes Problem. Man kann es in zwei Bereiche untergliedern:

- Es strömen alle Reize gleich stark auf einen Asperger-Betroffenen ein. Es gelingt ihm z. B. nicht, lästige Störgeräusche (wie das Ticken einer Uhr, den Straßenlärm etc.) auszublenden.
- Einzelne Reize werden verstärkt aufgenommen, zum Teil so intensiv, dass sich der Betroffene kaum auf etwas anderes konzentrieren kann (z. B. verstärkte Licht- oder Lärmempfindlichkeit, Schwindel auf Gleichgewichtsreize etc.).

Ergotherapeuten – gerade solche mit einer Ausbildung in der Sensorischen Integrationstherapie (SI) – sind Spezialisten für den Bereich der Wahrnehmung (Miller 2020).

## Die Entwicklung der Wahrnehmung

Allgemein sind zwei Gruppen von Wahrnehmungsbereichen zu unterscheiden: die Körpernahsinne und die Fernsinne.

- Zu den Fernsinnen zählen das Sehen und das Hören. Hierbei werden Reize der Umgebung durch die Augen und Ohren aufgenommen.
- Zu den Nahsinnen zählen das taktile System (die Wahrnehmung von Berührungsreizen über die Oberfläche der Haut), das vestibuläre System (die Wahrnehmung von Gleichgewichtsveränderungen über das Innenohr) und die propriozeptive Wahrnehmung (die Wahrnehmung von Bewegung und Muskelaktivität des eigenen Körpers über Muskel- und Gelenkrezeptoren).

Im Laufe der Entwicklung vom Baby über das Kleinkind bis hin zum Erwachsenen werden diese Sinnessysteme zunächst unabhängig voneinander »beübt« – z. B. das vestibuläre System beim Stützen, Sitzen, Hochziehen, bis letztlich über viele einzelne Zwischenschritte das fein abgestimmte Balancieren auf einem Mäuerchen möglich ist.

Später, wenn sich die Wahrnehmung in allen Bereichen differenziert hat, wird die Verknüpfung zwischen ihnen möglich, sodass nun auch anspruchsvollere Anforderungen erfüllt werden können. So können Schulkinder auf ihrem Stuhl sitzen (Gleichgewichtskontrolle), dabei zuhören (Leistung der auditiven Wahrnehmung) und zugleich verinnerlichen (kognitive Leistung), was der Lehrer sagt. Gleichzeitig ist es ihnen noch möglich, ein Schaubild an der Tafel zu erkennen (Leistung der visuellen Wahrnehmung) und dasselbe zu kopieren und in ihr Heft zu übertragen (Stiftführung = Visuomotorik + taktile Kontrolle der Stifthaltung).

## Die fehlende Reizfilterung führt zur Reizüberflutung

Bei der Entwicklung der Wahrnehmung ist die Filterung von großer Bedeutung. Nur wenn es gelingt, unwichtige Reize auszublenden, ist die Konzentration auf das vermeintlich Wesentliche möglich. So haben Menschen mit Autismus bereits in der Entwicklung ihrer Sinnessysteme Nachteile. Häufig gelingt es ihnen nur unzureichend, Störgeräusche auszublenden, was den Schulalltag ebenso wie später den Einkaufsbummel zur Herausforderung macht.

Die Schwierigkeiten der Reizfilterung stellen sich also zum einen durch eine erhöhte Durchlässigkeit für zu viele verschiedene Reize dar. Sie können aber auch zu einer zu intensiven Wahrnehmung führen, da zu viele Informationen eines einzigen Reizes durchgelassen werden. Beides kann zu einer Überforderungssituation im Sinne einer Reizüberflutung führen. In aller Regel versucht der Betroffene dann, der Situation zu entkommen, und »flüchtet«. Somit durchleben Frauen mit Asperger-Syndrom häufig Vermeidungssituationen. Dies hindert sie daran, ihr (berufliches und privates) Potenzial voll auszuschöpfen, was zu Frustration und Minderwertigkeitsgefühlen führen kann.

Auch kann ihr Verhalten bei anderen Menschen auf Unverständnis stoßen, da es kaum möglich ist, sich in einer derart stressbelasteten Situation angemessen zu erklären. Und wieder hat man »seinen Stempel« weg (»beteiligt sich nicht an Gruppenarbeiten«, »ist kein Teamplayer« ...).

## Überempfindlichkeit der Sinneswahrnehmung

Eine ähnliche Überempfindlichkeit der Sinneswahrnehmung findet man häufig bei entwicklungsverzögerten Kindern mit sensorischer Integrationsstörung. Dort nennt man sie auch Modulationsstörung. Dabei unterscheidet man zwischen den sogenannten unterempfindlichen und den überempfindlichen Kindern. Beide zeigen deutliche Verhaltensauffälligkeiten:

- Bei den Unterempfindlichen funktioniert die Filterung »zu gut«. Reize werden nur in abgeschwächter Weise verarbeitet – es kommt nur ein geringer Teil der Information an. Diese Kinder zeigen sich häufig als »Draufgänger«. »Je doller, desto besser«, ist ihre Devise.
- Asperger-Betroffenen ähnlicher sind die Überempfindlichen. Diese Kinder sind häufig übervorsichtig und ängstlich. An Materialien wie Kleister oder Fingerfarben wagen sie sich nur zurückhaltend und oft mit Abscheu heran. Häufig sind sie im Kleinkindalter schon auffällig empfindlich, wenn es um Baden, Abtrocknen oder Eincremen geht. Auf dem Spielplatz wirken sie häufig deplatziert. Statt sich mit den Kletter-, Rutsch- oder Schaukelelementen zu beschäftigen, sitzen sie gerne an einer Stelle, wo möglichst keine anderen Kinder überraschend vorbeirennen. An wilden Bewegungsspielen haben sie keine Freude. Wirft ein begeisterter Vater solch ein

Kleinkind übermütig in die Luft, wird es nicht vor Freude quieken, sondern aus Angst.

In der Ergotherapie lässt sich viel für diese Kinder tun. Durch gezielt ausgewählte Therapiemittel in adäquater Intensität lernt das Gehirn, sich Schritt für Schritt an die Reize anzupassen und sie adäquat zu verarbeiten. Dennoch ist bei einem überempfindlichen Kind nicht zu erwarten, dass es nach der Therapie »geheilt« ist und in derselben Art und Intensität wie andere Kinder nach den zuvor gemiedenen Reizen suchen wird. Es ist aber eine gewisse Desensibilisierung gegen diese Reize zu erwarten.

Die ergotherapeutische Behandlung setzt neben der Arbeit mit dem Kind auch immer auf die Beratung der Eltern. Es wird genau eruiert, wie diese die für ihre Kinder unangenehmen Reize im Alltag reduzieren können (»sensorische Diät«).

## Bei Erwachsenen bringt die sensorische Desensibilisierung meist nicht viel

Bei vielen Menschen mit Asperger-Syndrom – gerade bei denen, die erst im Erwachsenenalter mit der Diagnose vorstellig werden – zeigt meine bisherige Erfahrung eine starke Resistenz gegen eine sensorische Desensibilisierung. Daher stehen für mich hier Aufklärung über die Wahrnehmungsstörung und Anleitung zur sensorischen Diät im Vordergrund. Häufig bedeutet bereits das Verständnis für die Ursachen der eigenen Empfindlichkeit oder der »sonderbaren Gewohnheiten« eine große Erleichterung. Die Betroffenen erkennen, wo das eigene Verhalten herrührt. So begriff meine Klientin, die stets enge Kleidung trug, dass diese sie taktil einfach weniger irritierte als weite Kleidungsstücke, die mal hier und mal da über die Haut streichen und dabei kitzeln. Intuitiv entschied sie sich also für etwas, das ihr guttat. Dies zu begreifen, bedeutete für sie zum einen Erleichterung (»Ich trage diese Kleidung nicht, weil ich insgeheim von allen angesehen werden will«), verschaffte ihr aber auch neues Selbstvertrauen, da sie merkte, dass sie sich auf ihre Intuition verlassen kann, dass sie sich insgeheim so verhält, wie es ihr mit ihrer besonderen Wahrnehmung guttut.

Aufklärung schafft hier also Selbstvertrauen. Weiterhin führt sie zu einer Erweiterung der Handlungskompetenz, da erst das Verständnis für das eigene Verhalten eine Einflussnahme auf dasselbe und damit eine Veränderung ermöglicht. Die Folgen sind mehr Selbstbestimmtheit und ein größeres Selbstbewusstsein.

## Sensorische Diät: Reize gezielt reduzieren

Bei der sensorischen Diät geht es darum, Reize, die für den Klienten Stress bedeuten, im Alltag zu reduzieren. Dies gelingt, indem man z.B. an der Wohnsituation oder am Arbeitsplatz Änderungen vornimmt oder sich gegebenenfalls durch Verhaltensänderungen den Reizen fernhält. Gemeinsam mit dem Betroffenen werden Alltagssituationen durchgesprochen, in welchen sich Überforderungen im Sinne von Stress und Reizüberflutung einstellen. Die Aufgabe des Therapeuten ist es zu analysieren, welche Wahrnehmungsbereiche besonders betroffen sind. Manche Schwierigkeiten lassen sich sogar ganz einfach lösen, z.B. durch eine getönte Brille bei starker Lichtempfindlichkeit.

### Das Umfeld oder das Verhalten ändern

Durch die Analyse der sensorischen Bereiche mit den Verarbeitungsschwierigkeiten, aber auch den Ressourcen entwickelt der Therapeut mit dem Klienten gemeinsam ein Bild davon, wo eine Erleichterung erreicht werden kann, entweder durch Veränderungen des Umfelds oder des eigenen Verhaltens (vgl. Miller 2020).

- Beispiele für Veränderungen des Umfelds sind die getönte Brille bei Lichtempfindlichkeit, das Streichen der Wände in einer gedeckten Farbe, das Herausschneiden der Etiketten aus Kleidungsstücken, um den taktilen Reiz zu verringern etc.

WICHTIG

### Mögliche Überempfindlichkeiten

Es können alle Wahrnehmungsbereiche von einer Überempfindlichkeit betroffen sein. Hier eine kleine Auswahl möglicher Stressoren:

- Visuell: helles Licht; Gewimmel in der Fußgängerzone; Bildschirmarbeit etc.
- Akustisch: Straßen-, Baulärm; Lärm auf dem Schulhof; Großraumbüro etc.
- Gleichgewicht (vestibuläre Reize): Fahrradfahren; Bus- und Straßenbahnfahrten; Schiffs- und Bootstouren etc.
- Taktil: Etiketten in der Kleidung; Kleidung aus Wolle, bestimmte Stoffe; lange Haare; klebriges und feuchtes Material (Schneiden von saftigem Obst, Arbeiten mit Kleister o.Ä.) etc.

Alle diese Reize können als äußerst unangenehm empfunden werden. Sie fordern häufig die gesamte Aufmerksamkeit des Betroffenen, weshalb es zu Konzentrationsstörungen kommen kann. Insbesondere vestibuläre Reize können zu Übelkeit bis hin zum Erbrechen führen. Insgesamt verursachen alle zu intensiv wahrgenommenen Reize Stress.

- Veränderungen des Verhaltens können beispielsweise darin bestehen, den Einkauf am frühen Morgen zu erledigen (wenn weniger los ist) oder per Katalog zu bestellen (bei Reizüberflutung in einem Kaufhaus), die Möglichkeit von Heimarbeit zu nutzen oder größere Strecken mit Zug oder Auto zu bewältigen – je nachdem, was weniger Stress bedeutet.

### Vermeidung ist manchmal die richtige Strategie

Nach der Analyse, welcher Wahrnehmungsbereich besonders betroffen ist, gilt es, dem Klienten den Zusammenhang zwischen seiner Wahrnehmung und der Stresssymptomatik bzw. den körperlichen Symptomen näherzubringen. Genaues Nachfragen und Zuhören sind erforderlich, um bereits vorhandene Strategien der »Vermeidung« zu beleuchten und dem Betroffenen als Kompetenz klarzumachen. Hierdurch verändert sich häufig das Selbstbild der Betroffenen. So kommt es z. B. vor, dass sich der Klient selbst als »gestört« oder »zwanghaft« erlebt, da er immer erst alle Etiketten aus seinen Kleidungsstücken entfernen muss, bevor er diese Kleidung tragen kann. Vermittelt man ihm hingegen, dass diese Strategie hervorragend geeignet ist, um die negativen Folgen wie ständige Ablenkung und Stress zu vermeiden, erlebt er sich als kompetent und beginnt darüber nachzudenken, wie er diese Strategie auch auf andere Bereiche übertragen kann.

## Wie man die Reizaufnahme hemmen kann

Das Zuviel der Reizaufnahme lässt sich hemmen. Neben der Erarbeitung von Strategien der Vermeidung ist die Aufklärung über die »Hemmung« der Reizaufnahme, wie sie in der Sensorischen Integrationstherapie gelehrt wird, hilfreich für den Betroffenen. Zur Verdeutlichung dient die Durchführung eines kleinen Versuchs:

1. Der Klient greift in ein Gefäß, welches mit einem Handtuch abgedeckt ist, in diffuses Material (z. B. Raps) und beschreibt, was er fühlt und welche Gefühle es in ihm auslöst (z. B. Stress, Ekel …).
2. Im zweiten Schritt ist das Gefäß nicht mehr abgedeckt und der Klient soll zuvor versteckte Steine mit den Händen herausfischen. Meist sind hierbei die zuvor ausgelösten Emotionen schon nicht mehr so stark oder werden nicht mehr als so negativ erlebt.
3. Der Versuchsaufbau ist wie bei 2., jedoch badet der Klient zuvor seine Hände in Eiswasser. Wieder erlebt er die Berührung als weniger belastend als bei 1. (und bei 2.).

Dies lässt sich wie folgt erklären:

1. Greift der Klient in das verdeckte Gefäß, so weiß er nicht, was ihn erwartet. Raps ist ein diffuses Material (noch schlimmer wäre etwas Anhaftendes

wie Kleister o.Ä.), womit man im Alltag nur wenig in Berührung kommt. Das Nichtwissen sowie das diffuse Material lösen Stress aus.

2. Beim zweiten Versuchsaufbau weiß der Klient bereits, was ihn erwartet. Zusätzlich hat er im Gegensatz zu der reinen Materialerfahrung im ersten Versuchsaufbau nun eine Aufgabe (das Herausfischen von Steinchen). Was hier dargestellt werden soll, ist der Einfluss von Kognition auf die Wahrnehmung. Das Wissen um das, was einem bevorsteht, bedeutet weniger Stress. So verursachen geplante Ereignisse – auch unangenehme, wie z.B. Zahnarztbesuche – häufig weniger Stress als plötzliche Ereignisse (auch freudige, wie z.B. das zufällige Treffen von netten Bekannten in unerwartetem Rahmen). Zusätzlich hemmt in diesem Versuchsaufbau die Aufgabe. Das als unangenehm empfundene Material ist leichter zu ertragen, wenn ich einen Auftrag habe und weiß, ich muss nur die vier Steine heraussuchen und darf dann mit meinen Händen wieder heraus.
3. Der dritte Versuchsaufbau zeigt die Hemmung durch Kälte. Kälte – genau wie Druck auf den Körper – beruhigt unsere Wahrnehmungssysteme. Ganz praktisch nutze ich diese Begebenheit im Praxisalltag. Wenn ein Kind leicht stürzt oder sich anschlägt und dadurch (oder auch schon vorher) völlig »durch den Wind« ist, so hole ich Kühlkompressen aus dem Kühlschrank, welche es sich auf die betroffene Stelle halten kann. Der Kontakt mit dem Kühlen reicht häufig aus, um das Kind wieder zu »erden«. Ähnliches kann erreicht werden, wenn sich ein Mensch in einer Stresssituation z.B. eiskaltes Wasser über die Innenseiten der Unterarme laufen lässt. Das kalte Wasser ins Gesicht oder die kalte Dusche kennt sicher jeder bereits als Hausmittel gegen akuten Stress.

## Den Alltag bewältigen

Neben dem großen Bereich der Wahrnehmung gibt es ein weiteres Gebiet, auf dem der Ergotherapeut einen Menschen mit Asperger-Syndrom unterstützen kann: die Bewältigung des Alltags. Wie beschrieben, ist es sinnvoll, bei der Behandlung mit der Beratung über die Wahrnehmungsverarbeitung, die Filterung und den Schutz vor Reizüberflutung zu beginnen. Hierdurch lernt der Betroffene, seine körperlichen oder auch psychischen Vorgänge besser zu verstehen und darauf Einfluss zu nehmen. Das schafft Vertrauen in sich selbst und auch in den Therapeuten, den man im Laufe der Behandlung besser kennen- und einzuschätzen lernt. Dies ist notwendig für den nächsten Schritt.

Hier geht es um den Alltag des Betroffenen, um lebenspraktische Aspekte auf ganz unterschiedlichen Gebieten wie Schule/Beruf, Mobilität, Selbstversorgung,

Teilhabe am sozialen Leben, Hobbys oder Hygiene. Im therapeutischen Vorgehen kann man folgende Möglichkeiten unterscheiden:

- Ausprobieren in der Praxis
- konkrete Hilfe in unterschiedlichen Situationen
- theoretisches Aufarbeiten
- selbstständiges Ausprobieren.

In einer ergotherapeutischen Praxis lässt sich allerhand ausprobieren. Es gibt eine Küche, in der Haushaltstätigkeiten wie Kochen und Backen durchgeführt werden können. Auch das Üben weiterer Verrichtungen wie Bügeln oder Putzen lässt sich mit wenig Aufwand realisieren.

Wenn es darum geht, passende Kleidung für einen bestimmten Anlass zu finden, können Zeitschriften, Fotos von Bekannten bei früheren Veranstaltungen und nicht zuletzt ein Spiegel weiterhelfen. Wichtig ist dabei, dass der Therapeut den Betroffenen nicht vorführt, sondern im besten Fall mit ihm gemeinsam die Themen erarbeitet. Insbesondere dann, wenn es ans »Eingemachte« geht. Beispielhaft möchte ich hier den Bereich der Hygiene aufführen.

## Hygiene und Körperpflege

Menschen mit Autismus sind häufig sehr empfindsam bei Berührungen. Das gilt auch für die Eigenberührung. Da kann es eine Herausforderung sein, sich mit dem eigenen Körper zurechtzufinden. Dies fängt bereits bei ganz alltäglichen Handlungen an: Wie schneide ich mir meine Finger- und Fußnägel? Wie kann ich mir die Beine oder Achseln rasieren? Wie benutze ich einen Tampon? Auch wenn sich solche Fragen vermeintlich mit dem gesunden Menschenverstand der oft sehr intelligenten Betroffenen beantworten lassen, so sind sie doch dankbar für eine praktische Hilfestellung in Form einer Anleitung. Auch hier gilt wieder: Die Benutzung des Verstandes und das Erstellen von Routinen hemmen die Überempfindlichkeit. Wenn ich also nach einem zuvor festgelegten oder besprochenen Schema und in einer bestimmten Reihenfolge vorgehe,

*Ich bin ich!*
*Ich muss nicht so sein wie andere Frauen.*
*Ich werde mich nicht mehr verbiegen und verleugnen.*
*Ich lerne, gut für mich zu sorgen.*

## WICHTIG

### Für ausreichende Unterstützung im Alltag sorgen

Zur praktischen Umsetzung im Alltag können Therapieeinheiten außerhalb genutzt werden, wie Straßenbahntraining, Unterstützung beim Behördengang, Arztbesuch oder Einkauf (vgl. Miller 2020). Dort, wo sich der Ergotherapeut bei der konkreten Hilfe überfordert sieht, da z. B. abzusehen ist, dass es zu zeitaufwendig wird oder eine einmalige Unterstützung nicht langfristig weiterhilft, gilt es für ihn, weitere Berufsgruppen oder Organisationen zu finden, durch die der Klient nachhaltige Unterstützung erhält, etwa Sozialarbeiter, Pflegevereine, soziale oder kirchliche Organisationen. Ist der Klient einverstanden, so kann es auch hilfreich sein, ein erstes gemeinsames Kennenlerntreffen in der ergotherapeutischen Praxis zu verabreden.

so gelingt es mir besser, die Handlung an meinem Körper durchzuführen.

Gerade bei Frauen können auch Körperpflege, Kosmetik, Frisuren zum Thema werden. Hierbei ist es hilfreich, zunächst die Stärken von Asperger-Betroffenen zu nutzen und evtl. anhand von Bildern zu analysieren: Wie trägt diese, wie jene Frau die Haare, welche Kosmetik (Lippenstift, Wimperntusche etc.) benutzt sie? Die Analyse »Wie wirkt die Person durch ihr Make-up?« bedarf wiederum der Hilfe des Therapeuten bzw. eines zweiten Gegenübers (im Film oder auf einem Bild). Wenn nun für die interessierte Klientin verständlich ist, welche Außenwirkung sie durch welches Make-up erreichen könnte, und sie sich entscheidet, es ausprobieren zu wollen, so ist wieder die Therapeutin gefragt, z. B. durch ein gemeinsames Probeschminken. Ich selbst musste in eben einer solchen Situation schon einmal gewaltig über meinen Schatten springen. So habe ich mich – die nur wenig Make-up benutzt und sicher kein Profi darin ist – vor den Augen meiner Klientin geschminkt. Sie war dankbar, 1. nicht vor mir dasselbe tun zu müssen und 2. einmal zugesehen zu haben, wie das funktionieren kann.

## Spannend und herausfordernd

Zusammenfassend lässt sich sagen, dass die Arbeit als Ergotherapeut mit Asperger-Betroffenen sehr spannend ist. Sie ist und bleibt eine Herausforderung an die eigene Kreativität. Immer wieder stößt man an Grenzen und ist unsicher, ob und wie man seinem offensichtlich intelligenten Gegenüber tatsächlich helfen kann. Meine Erfahrung zeigt mir, dass die Klienten gerade für unkonventionelles Vorgehen sehr dankbar sind. Am wichtigsten ist jedoch, dass man im Gespräch bleibt und vorher festgelegte Ziele gegebenenfalls anpasst oder zumindest vorübergehend hinten anstellt, wenn im Augenblick etwas ganz anderes Priorität hat.

# Hilfreiche Adressen

Als erste Anlaufstelle bietet sich der nächstgelegene Regionalverband von Autismus Deutschland e.V. (früher: »Hilfe für das autistische Kind«) an. Die Adressen sind auf der Homepage zu finden, inzwischen gibt es hier ein flächendeckendes Angebot von derzeit fast 60 Regionalverbänden (Stand: Juni 2020) in ganz Deutschland. Dort ist oft kurzfristig eine Beratung möglich, und in den letzten Jahren wurden hier auch für erwachsene Menschen mit Autismus und deren Angehörige zahlreiche Angebote entwickelt wie z. B. Selbsthilfegruppen (teils auch speziell für Frauen), gemeinsame Freizeitaktivitäten etc.

Auch die Autismus-Therapie-Zentren (Adressen ebenfalls bei Autismus Deutschland e.V.) mit ihren erfahrenen und qualifizierten Therapeuten können sehr empfohlen werden, allerdings besteht hier oft eine lange Wartezeit, da das Angebot nach wie vor längst nicht ausreichend ist für die vielen Menschen, die Unterstützung suchen. Vielleicht aber kann von dort auch in einem ersten Beratungsgespräch ein geeigneter niedergelassener Therapeut vermittelt werden, und die Mitarbeiter verfügen zudem über Adressen weiterer möglicher Anlaufstellen für verschiedene spezielle Fragestellungen.

Entsprechende Anlaufstellen gibt es auch in Österreich und der Schweiz, nachfolgend daher auch die Adressen der Österreichischen Autistenhilfe bzw. des Verbandes Autismus deutsche Schweiz.

Wünschenswert für die Zukunft wäre eine stärkere Vernetzung dieser Verbände mit privaten Anbietern unterschiedlicher Dienstleistungen, also mit niedergelassenen Ärzten und Therapeuten, Kliniken mit der Möglichkeit zu einer kurzfristigen Krisenintervention, Pflegediensten etc. Wichtig wären auch Kontakte zu Arbeitgebern, die keine Berührungsängste haben, Menschen mit Autismus einzustellen. Sinnvoll wären Informationsveranstaltungen auf regionaler Ebene, um die Vielfalt des Autismus zu vermitteln und eine Vernetzung zu ermöglichen.

**Autismus Deutschland e.V.**
**Bundesverband zur Förderung von Menschen mit Autismus**
Rothenbaumchaussee 15
20148 Hamburg
Telefon: 040/511 56 04
Telefax: 040/511 08 13
E-Mail: info@autismus.de
Internet: www.autismus.de

**Österreichische Autistenhilfe**
Eßlinggasse 17
A-1010 Wien
Telefon: 0043 (0)1/533 96 660
E-Mail: office@autistenhilfe.at
Internet: www.autistenhilfe.at

**Autismus deutsche Schweiz**
Riedhofstrasse 354
CH-8049 Zürich
Telefon: 0041 (0)44 341 13 13
E-Mail: info@autismus.ch
Internet: www.autismus.ch

Eine weitere Möglichkeit, sich über Hilfsangebote zu informieren, besteht bei der Selbsthilfeorganisation für autistische Menschen. Auf der Homepage finden sich zahlreiche nützliche Adressen, außerdem Hinweise auf regionale Angebote wie Selbsthilfegruppen oder gemeinsame Aktivitäten, die privat organisiert und in der Regel kostenfrei sind. Hier findet man viele »Gleichgesinnte«, mit denen man schöne Stunden verbringen kann, mit denen aber auch ein Austausch möglich ist über die bestehenden zusätzlichen Angebote, um die eigene Situation zu verbessern.

**Aspies e.V.**
**Menschen im Autismus-spektrum**
Greifswalder Str. 4
10405 Berlin
Internet: www.aspies.de

# Verwendete Literatur


Attwood T. **Asperger's and Girls.** Arlington: Future Horizons; 2006

Attwood T. **The Complete Guide to Asperger's Syndrome.** London: Jessica Kingsley Publishers; 2007

Baron-Cohen S. **Vom ersten Tag an anders.** Das weibliche und das männliche Gehirn. München: Heyne; 2004

Becker M, Seidel A (Hrsg.). **Diversity Management: Unternehmens- und Personalpolitik der Vielfalt.** Stuttgart; 2006

Biscaldi M, Rauh R, Tebartz van Elst L, Riedel A. **Autismus-Spektrum-Störungen vom Kindes- bis ins Erwachsenenalter.** Klinische Aspekte, Differenzialdiagnose und Therapie. Nervenheilkunde 2012; 7–8: 498–507

Bölte S, Feineis-Matthews S, Leber S, Dierks T, Hubl D, Poustka F. **The Development and Evaluation of a Computer-Based Program to test and teach the Recognition of Facial Affect.** International Journal of Circumpolar Health 2002; 61 (2): 61–68

Cacioppo JT, Patrick W. **Einsamkeit.** Heidelberg: Spektrum Akademischer Verlag; 2011

Dziobek I. **Ein neues Softwaretraining für komplexe Emotionserkennung: Social Cognition Training Tool (SCOTT).**

Faherty C. **Asperger's Syndrome in Women: A different Set of Challenges?** Autism-Asperger's Digest. Arlington: Future Horizons; 2002

Gawronski A, Pfeiffer K, Vogeley K. **Hochfunktionaler Autismus im Erwachsenenalter.** Verhaltenstherapeutisches Gruppenmanual. Weinheim: Beltz; 2012

Gould J. **The lack of diagnosis of women and girls on the autism spectrum.** In: Autismus deutsche Schweiz (Hrsg.): Autistische Störungen bei Mädchen und Frauen. Tagungsbroschüre. Zürich; 2011: 12–15

Grandin T. **Ich bin die Anthropologin auf dem Mars.** Mein Leben als Autistin. München: Knaur; 1997

Häußler A, Happel C, Tuckermann A, Altgassen M, Adl-Amini K. **SOKO Autismus: Gruppenangebote zur Förderung Sozialer Kompetenzen bei Menschen mit Autismus.** Erfahrungsberichte und Praxishilfen. Dortmund: Modernes Lernen; 2008

Henning AM, Bremer-Olszewski T. **Make Love.** Ein Aufklärungsbuch. Berlin: Rogner & Bernhard; 2012

Herbrecht E, Bölte S, Poustka F. **KONTAKT: Frankfurter Kommunikations- und soziales Interaktions-Gruppentraining bei Autismusspektrumstörungen.** Göttingen: Hogrefe; 2008

Howlin P. **Autism – Preparing for Adulthood.** London, New York: Routledge; 1997

Hubbard K. **Unwrapping the Mysteries of Asperger's.** Bloomington: Author House; 2010

Jenny B. **Asperger-Syndrom bei Mädchen und Frauen.** In: Autismus deutsche Schweiz (Hrsg.): Autistische Störungen bei Mädchen und Frauen. Tagungsbroschüre. Zürich; 2011: 4–11

Lovett JP. **Solutions for Adults with Asperger Syndrome.** Maximizing the benefits, minimizing the drawbacks to achieve success. Gloucester, MA: Fair Winds Press; 2005

McLennan JD, Lord C, Schopler E. **Sex differences in higher functioning people with autism.** Journal of Autism and Developmental Disorders 1993; 23: 217–227

Miller M. **Ergotherapie bei Autismus.** Stuttgart: W. Kohlhammer; 2020

Müller J. **Stil und Etikette. Sicher auftreten heute – bei geschäftlichen, offiziellen und privaten Anlässen.** Bonn: Verlag für die deutsche Wirtschaft; 2003

Müller M, Biscaldi M, Rauh R, Fleischhaker C, Schulz E. **TOMTASS – Theory of Mind Training bei Autismus-Spektrum-Störungen.** Heidelberg: Springer; 2011

Nichols S, Moravik GM, Tetenbaum SP. **Girls Growing up on the Autism Spectrum.** New York: Jessica Kingsley; 2009

Orr B. **Men, women and autism.** The Guardian; 2008

Pinke S. **Ärzte und Krankenhäuser in der somatischen Medizin – Besonderheiten und Ängste bei Menschen mit Autismus.** Unveröffentlichtes Manuskript; 2011

Preißmann C. **... und dass jeden Tag Weihnachten wär.** Wünsche und Gedanken einer jungen Frau mit Asperger-Syndrom. Berlin: Weidler; 2005

Preißmann C. **Besonderheiten im Denken und in der Wahrnehmung bei Menschen mit Autismus.** Referat. Fürstenberg/Havel; 2009

Preißmann C. **Selbsthilfe hat viele Gesichter – Indikationsbezogene Besonderheiten in der Selbsthilfe am Beispiel Autismus.** Vortrag BKK Selbsthilfetag. Düsseldorf; 2010

Preißmann C. **Mein Leben als betroffene Frau und Ärztin mit Asperger-Syndrom.** Referat Tagung Autistische Störungen bei Mädchen und Frauen. Zürich; 2011

Preißmann C. **Autismus und Gesundheit.** Stuttgart: W. Kohlhammer; 2017

Preißmann C (Hrsg.). **Asperger – Leben in zwei Welten.** Betroffene berichten: Das hilft mir in Beruf, Partnerschaft und Alltag. 3. Aufl. Stuttgart: Trias; 2018

Preißmann C. **Psychotherapie und Beratung bei Menschen mit Asperger-Syndrom.** 4. Aufl. Stuttgart: W. Kohlhammer; 2018b

Preißmann C. **Mit Autismus leben – Eine Ermutigung.** Stuttgart: Klett-Cotta; 2020

Rickert-Bolg W. **Gelebte Inklusion: Wie können die Autismus-Therapiezentren auch Menschen am Rande des Autismus-Spektrums unterstützen?** In: Autismus Deutschland e.V. (Hrsg.): Inklusion von Menschen mit Autismus. Karlsruhe: von Loeper; 2011: 272–280

Rittmann B. **Das Multimodale Therapiemodell in der Autismustherapie am Beispiel des Hamburger Autismus Instituts.** In: Autismus Deutschland e.V. (Hrsg.): Inklusion von Menschen mit Autismus. Karlsruhe: von Loeper; 2011: 245–262

Rösinger C. **Liebe wird oft überbewertet.** Frankfurt: S. Fischer; 2012

Romberg J. **Die geteilte Kindheit.** GEO 2012; 7: 42–51

Schirmer B. **Schulratgeber Autismus-Spektrum-Störungen.** Ein Leitfaden für LehrerInnen. Stuttgart: Reinhardt; 2010

Schuster N. **Ein guter Tag ist ein Tag mit Wirsing.** Berlin: Weidler; 2007

Schuster N. **Colines Welt hat neue Rätsel.** Stuttgart: W. Kohlhammer; 2010

Simone R. **Aspergirls.** Empowering Females with Asperger-Syndrome. London and Philadelphia: Jessica Kingsley; 2010

Smith JA. **The »hidden curriculum« – educating girls on the autism spectrum.** In: Autismus deutsche Schweiz (Hrsg.): Autistische Störungen bei Mädchen und Frauen. Tagungsbroschüre. Zürich; 2011: 16–50

Snyder R. **Maternal Instincts in Asperger's Syndrome.** In: McIlwee Myers, J (Hrsg.): Asperger's and Girls. Arlington: Future Horizons; 2006: 117–125

Steinhaus M. **Warum ein »Asperger-Forum« (für mich) so wichtig ist.** In: Autismus Deutschland e.V. (Hrsg.): Inklusion von Menschen mit Autismus. Karlsruhe: von Loeper; 2011: 103–108

Valerian J, Wilker C. **Das Frankfurter Frühinterventionsprogramm bei autistischen Störungen.** In: Autismus Deutschland e.V. (Hrsg.): Inklusion von Menschen mit Autismus. Karlsruhe: von Loeper; 2011: 263–271

Vogeley K. **Anders sein. Asperger-Syndrom und Hochfunktionaler Autismus im Erwachsenenalter – Ein Ratgeber.** Weinheim: Beltz; 2012

Wagner S. **Educating the Female Student with Asperger's.** In: McIlwee Myers J (Hrsg.): Asperger's and Girls. Arlington: Future Horizons; 2006: 15–32

White S, Koenig K, Scahill L. **Social skills development in children with autism spectrum disorders:** A review of the intervention research. Journal of Autism and Developmental Disorders 2007; 37: 1858–1868

# Register


## A

AAA 13
Ablenkbarkeit 30
Achtsamkeit 112, 170
ADHS 109
ADI-R 13
Adoleszenz 79
ADOS 13
Adult Asperger Assessment 13
Aggression 8, 58, 75, 77
Alleinsein 17, 137
– Gefühl 158
– genießen 138
Alltagsbewältigung, Ergotherapie 179
Alltagsplanung 136
Alltagssituationen üben 49
Anamnese 12
Andersartigkeit 17, 34
Anderssein respektieren 168
Angststörung 109
Anlaufstelle 12
Anorexie 115
Anpassung 10
Anpassungsleistungen 156
Antriebsmangel 111
Arbeitgeber 129
– Schwierigkeiten erläutern 130
Arbeitsalltag 91
Arbeitsanweisung 55, 91
Arbeitsbündnis, therapeutisches 166
Arbeitsmarkt, erster 96
Arbeitsplatz
– Diagnosemitteilung 95
– finden 130
– Rahmenbedingungen 131
– suchen 128
Arbeitsvermittler 131
Arztkontakt 116
ASAS 13
ASDI 13
Asperger-Frauengruppe 158
– Ablauf 161
– Lernfelder 160
– Methoden 162
– Ziele 161
Asperger-Syndrom-Diagnostik-Interview 13
Attraktivität, körperliche 61
ATZ 25
– Berufsfindung 97
– Frauengruppe 159
– Freunde 100
Auftreten, weibliches 108
Augenkontakt, mangelnder 40
Ausbilder 55
Ausbildung 54, 56, 127
– Stress 100
Ausbildungsbetrieb 56
Ausgrenzung 24, 55, 75, 166
Aussehen, attraktives 140
Äußeres 90
– ansprechendes 61
– attraktives 120
– gepflegtes 142
– weibliches 69, 108
Australian Scale for Asperger's Syndrome 13
Autismusambulanz 72
Autismusdiagnose 59
– Arbeitsstelle 95
Autismustherapie 72
– frauengemäße 158
Autismus-Therapie-Zentrum 25, 47, 94, 97
– Anlaufstelle 163
– Selbsthilfegruppe 148
Autismus, Unterschiede, Mädchen und Jungen 8
Autonomiestreben 68

## B

Badeanzug 102
Baden gehen 139
Bauchschmerzen 67
Bedürfnisse 12, 123, 143
– Arbeitsplatz 131
– ausbilden 169
– ausdrücken 87
– autismusspezifische 159, 161
– autistische 156
– eigene 109
– Freizeit 135
– Interventionen 14
– Kind, eigenes 124
– Kleidung 62
– Pubertät 76
– Schulalltag 22
– sexuelle 85
– Therapeutin 160
– wohnen 132
Begleiterkrankung, psychische 109
Beine rasieren 102
Benehmen, gutes 108
Beobachtungsskala, diagnostische 13
Beruf
– Inklusion 130
– sozialer 128
– technischer 127
Berufsausbildung 127
Berufsbildungswerk 54, 55
Berufsfindung 97
Berufsleben 95, 101, 128
Berufstätigkeit 91
– Erfolgsfaktoren 129
Berufsvorbereitungsjahr 54
Beschäftigung, kreative 135
Beschwerden, psychosomatische 67
Bestätigung 106
Betätigung, sportliche 135
Bewegung
– körperliche 117
– regelmäßige 135
– schaukelnde 30
– Wahrnehmung 174
Bewegungsspiel 175
BeWo 100
Beziehung 9, 69, 136, 143
– analysieren 16
– Eltern 29
– freundschaftliche 55, 63, 82
– Gestaltung 156
– Gleichaltrige 84
– Gruppe 162
– Kontrolle 90, 104
– partnerschaftliche 125, 138
– platonische 92
– therapeutische 160, 166, 170

Beziehungserfahrung, korrigierende 166
Beziehungsfähigkeit 108
Beziehungsgestaltung 159
Bibliothek 57
Biografien lesen 143
Blickkontakt 9, 10, 12, 72

## C

Clique 80
Comic-Gespräche 162

## D

Depression 17, 46, 60, 67, 75, 109
– Kennzeichen 111
Desensibilisierung, sensorische 176
Diagnose 11
– ADHS 93
– Asperger-Syndrom 25, 68
– Autismus 94
– Autismus-Spektrum-Störung 71
– Erwachsene 13
– Geschlechterverhältnis 8
– Jugendalter 53
– Mädchen 16
– Sozialphobie 93
– Störung, autistische 34
Diät, sensorische 176, 177
Disco 61
Diskriminierung 158
Distanz, therapeutische 173
Diversity Management 130
Druck, gesellschaftlicher 111
Durstgefühl 114

## E

Ehrlichkeit 69, 123, 170
Eifersucht 31
Einkaufen 133, 150
Einsamkeit 60, 134, 138, 166
Einzeltherapie 94
Eltern
– anvertrauen 24
– Auffälligkeiten verstehen 30
– Diagnose 12
– Ergotherapie 176
– Kinderarzt 35
– Kindergartenzeit 31
– Kontakte knüpfen 36
– Privatsphäre respektieren 78
– Pubertät 75
– Rolle, Therapie 47
– Schulzeit 22, 25
– Selbsthilfegruppe 75
– Sexualaufklärung 84
– Spielen 18
– Therapie 71, 72
– Überforderung 29
– Überfürsorglichkeit 78
– Urlaubsreisen 24
– Verhältnis 100
– Zusammensein 84
Elternselbsthilfegruppe 37, 74
E-Mail-Kontakt 82
Empfängnisverhütung 86
Entspannung 110, 112, 135
Entspannungsverfahren 110
Ergotherapie 35, 38, 47, 171
– Alltagsbewältigung 179
– Hygiene, Körperpflege 180
– Überempfindlichkeit, sensorische 176
Ernährung 114
– Aufklärung 115
Erwachsenenalter, Diagnostik 13
Erwachsenwerden 77, 79
Erwartungen, gesellschaftliche 107
Essen 114
– Schwierigkeiten, motorische 25
Essstörung 79
Expositionstherapie 170

## F

Fähigkeiten, soziale, kopieren 9
Fahrradfahren 35
Familienfeier 139
FASTER 164
FAW 97
FEFA 164
Fehldiagnosen 157
Fernsinn 174
Flirten 120
Fortbildungsakademie der Wirtschaft 97
Fragebogen zur sozialen Kommunikation 12
Frauenärztin 116
Frauengesundheit 116
Frauengruppe 148, 149
– Lernen, soziales 152
Frausein 107, 149
Freistunde 42
Freizeit 79
– Strukturierungshilfen 134
Freizeitgestaltung 61
Freizeitgruppe 94
Freuden, kleine 106
Freundin 63, 80
– Frauen 136
– Hilfestellung 83
Freundschaft 9, 11, 17, 32, 61, 64, 137
– Anleitung 73, 82
– Frauen 90
FSK 12

## G

GATE 164
Gedächtnis, gutes 59
Gefühle ausdrücken 123
Genauigkeit 69
Generalisierung 50
Geschenke 19, 37
Geschlechterverteilung
– Asperger-Syndrom 155
Geschlechtsidentität 107
Geschwister 73
– Eifersucht 30
– Verhältnis 33
Gesichtszüge wechselnde 26
Gesprächsthemen, mögliche 103
Gestik 10, 12
Gesundheit
– körperliche 114
– psychische 109
Gleichaltrige, Kontakt 63, 67
Glück finden 144
Glücklichsein 105
Grenzen setzen 88
Grundschulzeit, Förderung 32
Gruppentherapie 71

Gutgläubigkeit 86
Gutmütigkeit 70, 123
Gymnasium 24, 57, 66, 70
Gynäkologin 116

## H
Handlungsfreiheit 165
Handschrift 17
– schlechte 40, 41
Hänselei 40, 46
Hausarbeit 133
Hausaufgaben 42
Haushalt bewältigen 133
Haushaltsführung 134
Heimunterbrinung 27
Hilfsbereitschaft 70
Hitzewallungen 117
Hoffnungslosigkeit 111
Hunger wahrnehmen 114
Hygiene 24, 53, 142
– Ergotherapie 180

## I
Inklusion 46, 47, 165, 168
– Beruf 130
– Schule 43
Integrationsstörung, sensorische 175
Integrationstherapie, sensorische 174, 178
Intelligenztest 25, 27
Interessenfindung 134
Interessenverlust 111
Internat 27
Internet 122
Ironie 10, 22, 69
Isolation 40, 75, 134
– soziale 17

## J
Jugendalter 52, 61

## K
Kindergarten 17, 23
– Integrationsprobleme 36
– Spielen 31, 35
Kinderwunsch 104, 124, 125, 153
Kindesalter, Förderbereiche 48
Klassenarbeit 42
Klassenkamerad 17
– Anleitung 44
– Gesprächsthemen 19
– Kontakt 39
Kleidung 67, 102, 115, 141, 148
Kleinkind, Dominanz 30
Kommunikation 83, 156
– anpassen 41
– fördern 48
– Internet 122
– Probleme 59, 152
– schriftliche 60
– soziale 83
KOMPASS 164
Kompetenz
– soziale
  – trainieren 83
Kompetenz, soziale 155, 156, 162, 170
– Programme 48
– trainieren 14
– verbessern 164
Kondom 86
Kontakt
– Gleichaltrige 32
– intimer 64
– knüpfen 137
Kontaktbörse, Internet 122
Kontrolle 90
Koordination, motorische 11
Koordinationsprobleme 35
Kopfschmerzen 67
Körperhygiene 77
Körperkontakt 34
Körperpflege 102
– Ergotherapie 182
Körperpflegemittel 142
Körpersprache 83
Körperwahrnehmung 109
Kosmetik 142
Kraftquelle 106
Krisenzeit 111
Kurzgeschichten 49

## L
Lärmbelästigung 59
Leben
– eigenständiges 132
– erfülltes 138
– gestalten 143
Lebensfreude 144
Lebensgestaltung 134
Lehrer 16, 18, 20, 22, 25, 26, 27, 32, 38, 39, 49, 54, 67
– Auffälligkeiten erkennen 40
– Sexualaufklärung 84
Lehrmeister 56
Leistung, mündliche 39
Lesen 135
Lichtempfindlichkeit 177
Literatur 135
Lösungsweg, praktischer 68

## M
Mädchenfreundschaft 82
Mädchenschule 54
Mädchenspielzeug 19
Magersucht 79, 115
Make-up 149
Masturbation 78
Mehrgenerationenprojekt 133
Menstruation 76
Mimik 10, 12
Mind-Mapping 162
Missbrauch, sexueller 86
Miteinander, soziales, einüben 83
Mitschüler
– Mobbing 24
– Unterstützung 46
Mobbing 24, 55, 166
Modulationsstörung 175
Monatshygiene 76
Monologisieren 67
Motivation, Schule 44
Multi-Tasking 107, 112
Mutismus, selektiver 70
Mutter, autistische 126, 156

## N
Nahsinn 174
Naivität 16, 62, 86
Nicht-verstanden-Fühlen 154

## O
Offenheit 170

## P
Partner finden 119
Partnerschaft 91, 153

- feste 122
- langjährige 92
Partnerwahl, Unterstützung 120
Perfektionismus 90
Pornofilm 64
Praktikum 97
Privatleben, ruhiges 135
Privatsphäre 78, 87
Psychologe, Auffälligkeiten erkennen 40
Psychotherapeut finden 163
Psychotherapie 56, 72, 153
- Besonderheiten 169
- Ziele 164
Pubertät 52, 58, 64, 67, 68, 69, 75
- Anleitung, separate 77
- Kleidung 82
- Veränderungen 77
Puppe 19, 140

## R

rechnen 35
Redefluss, übermäßiger 56
Reifeentwicklung, seelische 68
Reisen 135
Reizaufnahme hemmen 178
Reizfilterung 175
Reizüberflutung 170, 174, 175, 177
Ressource 144
Restaurantbesuch 140
Rituale 72
- Stressabbau 112
Rollenklischee 155
Rollenspiele 49, 162
Routine 114
Rückzug 8, 59, 75, 84, 137

## S

Sachfächer 16
Schamgefühl 78
schauspielern 58
Schminken 62
Schrift 11, 38
Schriftbild 17
Schüchternheit 9, 16
Schuhe binden 25
Schulalltag, Veränderungen 41
Schulbegleiterin 72
Schulbegleitung 74
Schuld 34
Schule
- Anforderungen 20
- Ausgrenzung 24
- Inklusion 43
- Leistungsdefizite 26
- Motivation 43
- Pausenzeit 18
- Rückzugsraum 42
- Stress 22
Schulfähigkeit 26
Schulferien 57
Schulkamerad 16
Schulnote 17
Schulpate 44
Schulreife 26
Schulwechsel 27, 68
Schulweg 22
- Begleitung 46
Schwangerschaft 104, 125
Schwierigkeiten
- motorische 25, 40
- soziale,Therapie 48
Schwimmbad 102, 103
Schwindel 67
SCOTT 164
Selbsthilfegruppe 146
Selbstschutz, Kenntnisse vermitteln 87
Selbstständigkeit 73
Selbstverletzung 58
Selbstverteidigungskurs 67
Selbstvorwürfe 111
Sexualaufklärung 85
Sexualberatung 66, 86
Sexualität 55, 64, 123
- Aufklärung 84
- Partnerschaft 92
Sexualleben 92
Sicherheit, persönliche 87
Single-Leben 138
Sinneswahrnehmung 173
- sensible 112
- Überempfindlichkeit 175
Sitzordnung 18
Small Talk 10, 60, 120, 128
- trainiern 150
Social-Stories 162
So-tun-als-ob-Verhalten 19
Sozialisation, weibliche 158
Sozialkompetenz 53, 91
Sozialkompetenztraining 50
Spaziergang 135
Spezialinteresse 9, 11, 43, 83, 114
Spielen 18, 20
Sport 115
Sprachentwicklung 25, 35
Sprachtherapie 35, 71
Sprachverständnis, wörtliches 22, 66, 123
Stärken darstellen 130
Stichelei 24
Stift halten 25, 35
Stimmungsschwankungen 77
Störgeräusche 174, 175
stottern 38
Stress
- Depression 111
- Essgewohnheiten 114
- Kommunikation 60
- Reize, sensorische 177
- Therapie 170
Stressabbau 114
Stressbewältigung 170
Stressreduktion 135
Stundenplan 41

## T

Tampons 76
Tanzen 53, 80
Tanzkurs 79
Testdiagnostik 13
Theory-of-Mind-Training 162
Therapeut, guter 168
Therapeutin
- Bedeutung 160
- Vorbildrolle 172
Therapie
- Elterngespräch 72
- Vertrauensverhältnis 172
Therapieansatz, ressourcen- und lösungsorientierter 159
Therapiegruppe
- Frauen 148
- Rahmenbedingungen 159
Therapieprogramm 162
- autismusspezifisches 164

– computergestütztes 164
Treppensteigen 25
Treue 123
Trinken 115

## U

Überempfindlichkeit, sensorische 11, 58
– Ergotherapie 176
Ungeschicklichkeit 11
Unreife, sozio-emotionale 11
Unterempfindlichkeit, sensorische 11
Unterricht
– Aufgabenstellung 42
– Hilfen 41
– Passivität 40
– Verhalten 16
Unterrichtsgestaltung 43
Unterschrift, Nachahmung 26
Unterstützung, therapeutische, Kindesalter 47
Urlaub 139

## V

Verein 137
Verhalten
– ablehnendes 69
– geschlechtstypisches 158
– passives 8, 16
– störendes 16
Verhaltensbeobachtung 12
Verhütungsmittel 86
Vorlesen 38

## W

Wahrnehmung 59
– Kleinigkeiten 69
– Überempfindlichkeit 177
– Verknüpfung 174
Wahrnehmungsbereiche 174
Wahrnehmungsstörung 72
– Aufklärung 176
Wechseljahre 116
Weiblichkeit 148
Wertschätzung 131
Wohlbefinden, emotionales 109
Wohnen, betreutes 100, 132
Wohnmöglichkeiten 132
Wohnprojekt 132
Wunsch nach Normalität 93
Wutanfälle 30

## Z

Zuneigung zeigen 123
Zwangsstörung 109

# Autorenverzeichnis

**Bayer, Marion**
Mutter von Christine, geb. 1996 wohnhaft in Nordrhein-Westfalen; Interessen von Christine: Astronomie, Naturwissenschaften, Tiere, Schwimmen

**Höhlriegel, Nicole, Dr. med., geb. 1976**
wohnhaft in Bayern; Fachärztin für Innere Medizin; Interessen: Sport, Töpfern, Malen, Schreiben

**Meyer, Christine, geb. 1988**
wohnhaft in Nordrhein-Westfalen; Interessen: Video- und Hörspiele, Disney, Computer

**Miller, Meike**
Staatlich anerkannte Ergotherapeutin, SI-Therapeutin, Coach; Praxis für Ergotherapie, Georgenstraße, Darmstadt

**Pinke, Simone, geb. 1968**
wohnhaft in Nordrhein-Westfalen; Schriftsetzerin; Interessen: Fahrradfahren, Natur, Lesen

**Preißmann, Christine, Dr. med., geb. 1970**
wohnhaft in Hessen; Fachärztin für Allgemeinmedizin und Psychotherapie
Referate, Fortbildungen und Publikationen zum Thema Autismus
Interessen: Weihnachten, Nordic Walking, Digitalfotografie

**S., Charlotte, Dr.**
Mutter von Anna, geb. 1992 wohnhaft in Hessen; Interessen von Anna: Natur, Tiere, Pflanzen, fremde Kulturen

**Steinhaus, Martina**
Dipl.-Psychologin, Psychotherapeutin; Leiterin Autismus-Therapie-Zentrum Oldenburg, Autismus Regionalverband Weser-Ems e.V.

**Witte, Meetje Margret, geb. 1985**
wohnhaft in Niedersachsen

**Bibliografische Information der Deutschen Nationalbibliothek**
Die Deutsche Nationalbibliothek verzeichnet diese Publikation in der Deutschen Nationalbibliografie; detaillierte bibliografische Daten sind im Internet über http://dnb.d-nb.de abrufbar.

Programmplanung: Celestina Filbrandt
Redaktion: Anne Bleick, Stuttgart
Bildredaktion: Christoph Frick

Umschlaggestaltung und Layout:
CYCLUS Visuelle Kommunikation, Stuttgart

Bildnachweis:
Umschlagfoto: Silke Weinsheimer, Berlin
Fotos im Innenteil: alle Fotos von Silke Weinsheimer, Berlin

Die abgebildeten Personen haben in keiner Weise etwas mit der Krankheit zu tun.

2., überarbeitete Auflage 2021

© 2021. Thieme. All rights reserved.
TRIAS Verlag in Georg Thieme Verlag KG
Rüdigerstraße 14, 70469 Stuttgart, Germany
www.trias-verlag.de
© 1. Auflage 2013 TRIAS Verlag in
MVS Medizinverlage Stuttgart GmbH & Co. KG
Oswald-Hesse-Straße 50, 70469 Stuttgart

Printed in Germany

Satz und Repro: Fotosatz Buck, Kumhausen
gesetzt in: Adobe InDesign CS5
Druck: AZ Druck und Datentechnik GmbH, Kempten

Gedruckt auf chlorfrei gebleichtem Papier

ISBN 978-3-432-11200-8 3 4 5

Auch erhältlich als E-Book:
eISBN (ePub) 978-3-432-11201-5

**Wichtiger Hinweis:** Wie jede Wissenschaft ist die Medizin ständigen Entwicklungen unterworfen. Forschung und klinische Erfahrung erweitern unsere Erkenntnisse, insbesondere was Behandlung und medikamentöse Therapie anbelangt. Soweit in diesem Werk eine Dosierung oder eine Applikation erwähnt wird oder Ratschläge und Empfehlungen gegeben werden, darf der Leser zwar darauf vertrauen, dass Autoren, Herausgeber und Verlag große Sorgfalt darauf verwandt haben, dass diese Angaben dem Wissensstand bei Fertigstellung des Werkes entsprechen, jedoch kann eine Garantie nicht übernommen werden. Eine Haftung des Autors, des Verlags oder seiner Beauftragten für Personen-, Sach- oder Vermögensschäden ist ausgeschlossen.

Geschützte Warennamen (Warenzeichen) werden nicht besonders kenntlich gemacht. Aus dem Fehlen eines solchen Hinweises kann also nicht geschlossen werden, dass es sich um einen freien Warennamen handelt.

Das Werk, einschließlich aller seiner Teile, ist urheberrechtlich geschützt. Jede Verwertung außerhalb der engen Grenzen des Urheberrechtsgesetzes ist ohne Zustimmung des Verlags unzulässig und strafbar. Das gilt insbesondere für Vervielfältigungen, Übersetzungen, Mikroverfilmungen und die Einspeicherung und Verarbeitung in elektronischen Systemen.

Wo datenschutzrechtlich erforderlich, wurden die Namen und weitere Daten von Personen redaktionell verändert (Tarnnamen). Dies ist grundsätzlich der Fall bei Patienten, ihren Angehörigen und Freunden, z.T. auch bei weiteren Personen, die z.B. in die Behandlung von Patienten eingebunden sind.

FSC www.fsc.org MIX Papier | Fördert gute Waldnutzung FSC® C008457

# SERVICE

## Liebe Leserin, lieber Leser,

hat Ihnen dieses Buch weitergeholfen? Für Anregungen, Kritik, aber auch für Lob sind wir offen. So können wir in Zukunft noch besser auf Ihre Wünsche eingehen. Schreiben Sie uns, denn Ihre Meinung zählt!

Ihr TRIAS Verlag
Kontakt: kundenservice.thieme.de
Lektorat TRIAS Verlag, Postfach 30 05 04, 70445 Stuttgart